Fritz Wandel & Ingrid Wandel
Alltagsnarzissten
Destruktive Selbstverwirklichung im Licht der Transaktionsanalyse

Ausführliche Informationen zu jedem unserer lieferbaren und geplanten Bücher finden Sie im Internet unter ↗ http://www.junfermann.de. Dort können Sie unseren Newsletter abonnieren und sicherstellen, dass Sie alles Wissenswerte über das Junfermann-Programm regelmäßig und aktuell erfahren. – Und wenn Sie an Geschichten aus dem Verlagsalltag und rund um unser Buch-Programm interessiert sind, besuchen Sie auch unseren Blog: ↗ http://blogweise.junfermann.de.

Fritz Wandel & Ingrid Wandel

Alltagsnarzissten

Destruktive Selbstverwirklichung
im Licht der Transaktionsanalyse

Junfermann Verlag • Paderborn
2012

Copyright © Junfermannsche Verlagsbuchhandlung, Paderborn 2012

Coverfoto: © Galina Barskaya – Fotolia.com
Covergestaltung / Reihenentwurf: Christian Tschepp

Alle in diesem Buch präsentierten Fallbeispiele basieren auf realen Beispielen aus der Arbeit der Autoren. Sämtliche Namen wurden verändert und auch die geschilderten Begebenheiten so verfremdet, dass keine Rückschlüsse auf die ursprünglichen Personen und deren Leben mehr möglich sind. Sollten dennoch Übereinstimmungen mit der Lebensgeschichte realer Personen festgestellt werden, so sind diese rein zufällig.

Alle Rechte vorbehalten.

Das Werk einschließlich aller seiner Teile ist urheberrechtlich geschützt. Jede Verwendung außerhalb der engen Grenzen des Urheberrechtsgesetzes ist ohne Zustimmung des Verlages unzulässig und strafbar. Dies gilt insbesondere für Vervielfältigungen, Übersetzungen, Mikroverfilmungen und die Einspeicherung und Verarbeitung in elektronischen Systemen.

Satz: JUNFERMANN Druck & Service, Paderborn

Bibliografische Information der Deutschen Bibliothek
Die Deutsche Bibliothek verzeichnet diese Publikation in der Deutschen Nationalbibliografie; detaillierte bibliografische Daten sind im Internet über http://dnb.ddb.de abrufbar.

ISBN 978-3-87387-793-1

Inhalt

Teil I: Die Welt der Narzissten		9
1.	**Gefährliche Zeitgenossen**	11
	Alltagsnarzissten	12
	Klassische und neue Egoisten	16
	Frauen, Männer, neue Menschen	17
2.	**Die Gefahr von Faszination und Selbstgerechtigkeit in der Begegnung mit Narzissten**	19
	Die Transaktionsanalyse	20
	Das Grundmodell – Facetten der Persönlichkeit oder: Wer bin ich eigentlich?	22
	Die inneren Eltern	24
3.	**Das Verschwinden der Neurotiker**	26
	Konfliktvarianten	27
	Die Kultur der Neurotiker	29
4.	**Training für „Hechte im Karpfenteich"**	31
	„Die Masken der Niedertracht"	32
	Hase und Igel	34
5.	**Narzissmus als rationaler Lebensentwurf**	35
	Die Logik der „psychischen Investition"	36
	Die narzisstische Grundeinstellung	37
6.	**Das Märchen vom Rumpelstilzchen**	40
	Die narzisstische Versuchung	42
	Spaltung	43
	Antreiber	45

7.	**Selbstmitleid oder Versuch, sich selbst zu nähren**	48
	Geben und Nehmen und die Sucht nach Kontrolle	52
8.	**Einsam im Weltall**	55
	Die Riegel des Käfigs	55
	8.1 Grundkonstanten des narzisstischen Lebensstils	55
	Grandiosität und Hochmut	55
	Der heimliche Übermensch	56
	Einzigartigkeit	56
	Unsterblichkeit und Unverletzbarkeit	59
	Die magische Allmacht	60
9.	**Neid**	61
	„Sie sind wunderbar, Herr Michelmeier"	61
	Neid und Narzissmus	64
	Personale Überlagerung	66
10.	**Der Dämon**	67
	Der Spiegel und der Fetisch	68
	Das Märchen vom Sneewittchen	69
11.	**Narzisstisches Selbstmanagement im Alltag**	73
	Das Selbst als Götze	73
12.	**Co-Narzissmus**	76
	12.1 Beziehungsvampire	76
	Varianten	82
	Zusammenfassung	86
	12.2 Gefährliche Liebschaften	87
13.	**Lügen**	101
	Klassische und neurotische Lügen	101
	Narzisstische Lügen	102
	Liebeslügen	105
	Funktionen narzisstischer Lügen	107

Teil II: Praktischer Teil 111

14. Zwickmühlen 113
Zumutungen oder der Kampf um die Investition 114
Antithese 115
Varianten 116
Antithese 117
Abhängigkeit und der Mangel an Bewusstheit 120

15. Gewalt 122
Antithesen 126
   15.1 Das Spezifische der narzisstischen Gewaltanwendung 127
   Gewalt als Racket 128
   Gewalt als Ausdruck narzisstischer Verzweiflung 130
   Gewalt und Selbstgerechtigkeit 132
   15.2 Der virtuelle Charakter narzisstischer Gewalt 135
   Antithesen 138
   Verzicht auf jede Art von Konkurrieren 140
   Verzicht auf Abwertungen und Sticheleien 142

16. „Kleben" oder: Wie wird man einen Narzissten los? 145
Antithesen 148
Die energetische Falle 150

17. Der Ausstieg 153
Warum es so schwer ist, den Narzissmus zu überwinden 153
Narzissmus als eine Störung des freien Kindes 155
Die erfolgreiche Flucht vor dem Leiden 156
Leiden am Narzissmus und die Verlagerung der Identität 159

18. Die Wandlungskrise 160
Die Auseinandersetzung mit den narzisstischen Masken 161
Hinter den Masken von Selbstmitleid und Grandiosität 162
Der nüchterne Blick 165
*Der Verzicht auf seelische Plastiknahrung und der Ausstieg
aus narzisstischen Symbiosen* 167

19.	**Kleine Schritte zur rechten Eigenliebe**	171
	Die Stroke-Ökonomie	172
20.	**Hilfe bei der Persönlichkeitsentwicklung**	182
	Voraussetzungen und Chancen	183
	Ziele	187
	Empathie und Zuwendung	189
	Authentizität	191
21.	**Methoden**	194
	Der Vertrag	194
	Aufspüren von Klagen	197
22.	**Jenseits von Narzissmus und Neurose**	201
	22.1 Autonomie und Skript	201
	Der unbemerkte Lebensplan	203
	Die Skriptquelle	205
	Das narzisstische Skript	206
	22.2 Spiritualität und der Ausweg aus dem narzisstischen Skript	209
	Literatur	212

Teil I

Die Welt der Narzissten

1. Gefährliche Zeitgenossen

Sich im Leben durchsetzen, Geld verdienen, in Beruf und Liebe erfolgreich sein, wer möchte das nicht? Je ungewisser die Aussichten überall und besonders im Berufsleben werden, umso größer wird der Druck, sich zu sichern und oben zu bleiben – um welchen Preis auch immer. Dabei sind Konflikte mit den Mitmenschen nicht zu vermeiden und man braucht Nerven und starke Ellenbogen, um ans Ziel zu kommen. Skrupel und ethische Bedenken sind eher hinderlich, ein Luxus, den sich nicht jeder leisten kann, und je früher man das begriffen hat, umso leichter fällt es, sich in solchen Auseinandersetzungen durchzusetzen.

Das wird selten so offen ausgesprochen. Im Gegenteil! Das Bekenntnis zu Moral und Werten kann sehr nützlich sein, aber offensichtlich haben wir es mit einem Erfolgsprogramm zu tun, das sich im Alltag ebenso wie in Politik und Wirtschaft bewährt. Die Voraussetzung ist allerdings, dass viele Menschen moralische Hemmungen haben und nicht begreifen, was gespielt wird. Stoßen sie dann auf „fortgeschrittene" Zeitgenossen, macht sie das entsprechend wehrlos. Oft sind gerade die Menschen gefährlich, denen traditionell Vertrauen entgegengebracht wird: Politiker, Finanzberater, Pfarrer und überhaupt professionelle Helfer, wie Ärzte und Psychotherapeuten. Wer nimmt schon an, dass Menschenfreunde wie diese hinter ihrer guten und hilfreichen Außenseite eine Schattenseite haben? Dass sie selbstgerecht, amoralisch, nur auf den eigenen Vorteil bedacht sein könnten, voller Verachtung für andere und zerstörerisch.

Es sind auch nicht allein die Stützen der Gesellschaft, bei denen man unangenehme Überraschungen erleben kann. Der nette Arbeitskollege, der sich als Hauptakteur einer Mobbingkampagne herausstellt; der Liebhaber, der seiner Geliebten durch die Drohung mit der Veröffentlichung von Bildern ihrer Zusammenkünfte Geld abpresst; der Nachbar, der hilfsbereit die schwere Einkaufstasche vom Auto ins Haus trägt und zum brutalen Vergewaltiger wird; die liebevolle Freundin, die mitleidslos den Ruin des Geliebten in Ehe und Beruf ins Werk setzt, wenn sie ihre Ziele nicht erreicht; der Pfarrer, der für alle menschlichen Werte eintritt und seine Töchter sexuell missbraucht. All das sind Überraschungen, die das normale Bild vom Mitmenschen sprengen und schwer zu begreifen sind.

Beruhigend wäre es natürlich, wenn man es Menschen am Gesicht ansehen könnte, wozu sie in der Lage sind. Leider ist das so einfach nicht. Im Gegenteil. Die dunkle und zerstörerische Seite, die bei Gelegenheit bedrohlich zum Vorschein kommt, ist meist hinter einer attraktiven und oft sogar glänzenden Fassade verborgen. Körperlich nah an der optimalen Norm, sportlich und als Frau in keinem Fall „zu dick", mit Gespür für Trend und Mode, witzig und selbstbewusst, wirken die gefährlichen Zeitgenossen oft genau so, wie die Menge der weniger Vollkommenen gern wäre. Oft kommt noch eine psychologische Begabung hinzu, ein Gespür für die Schwächen und Illusionen der Mitmenschen, das sich zu Zwecken der Manipulation gut nutzen lässt. Es gibt Virtuosen im Loben, Bestätigen und Zustimmen, um Vertrauen und positive Erwartungen herzustellen. Das wirkt ebenso bei erotischer Verführung wie beim Verkaufsgespräch oder bei der Mitarbeiterführung. Sich solchen Praktiken zu entziehen ist nicht leicht. Und doch: Man spürt, irgendetwas stimmt nicht und kann früher oder später zu Entwicklungen führen, die zum Alptraum werden können.

Erfahrungen mit Menschen, die zwei Seiten haben, eine „gute", sogar glänzende und verführerische Außenseite und eine „böse", verborgene, die verdeckt ihre moralisch-selbstsüchtigen Ziele verfolgt, sind tief beunruhigend, vor allem wenn sie im Alltag und ohne professionelle Distanz verarbeitet werden müssen. Wir alle haben das Bedürfnis zu wissen, wen wir vor uns haben, und suchen im Guten wie im Bösen Eindeutigkeit, um Vertrauen aufzubauen und uns gegebenenfalls zu schützen. Natürlich gibt es Menschen, die lügen und heucheln, aber auch bei denen nehmen wir an, dass der Betreffende wenigstens ein schlechtes Gewissen hat, wenn er lügt. Schwierig wird es mit Menschen, die ohne Konflikt und Skrupel Widersprüchliches sagen oder tun, einfach so, weil es ihnen nützlich ist und passend erscheint. Sie können etwas, das viele nicht können und deswegen auch nicht für möglich halten, nämlich je nach Situation, Partner und erstrebtem Ziel ganz verschiedene Wirklichkeiten schaffen, und zwar ohne damit ein Problem zu haben. Das Problem hat der andere, der sich verwirrt fragt: „Wer ist das überhaupt und kann ich mich überhaupt noch auf meine Menschenkenntnis verlassen?"

Alltagsnarzissten

Was uns veranlasst hat, dieses Buch zu schreiben, ist die persönliche und berufliche Erfahrung mit Menschen, die es erfolgreich verstehen, die Grenzen der normalen Erwartungshaltungen und Wahrnehmungsmuster zum eigenen Vorteil zu nutzen. Hinzu kommt die Erfahrung, dass es sich keineswegs mehr um Ausnahmen handelt. Nennen wir diese Menschen mit einem psychologischen Etikett *Narzissten*, so sind Narzissten mittlerweile überall, Vertreter eines Lebensstils, der nicht unbedingt glücklich macht, aber Erfolg verspricht. Gerade die getarnten und im Alltag erfolgreichen Narzissten sind es aber, die viele Menschen nicht recht einordnen können. Wir nennen sie hier *Alltagsnarzissten*, oft auch nur Narzissten, wenn klar ist, dass wir diese klinisch nicht identifizierten und sozial gut oder sogar sehr gut angepassten Zeitgenossen meinen.

Ein solches Etikett wirkt zuerst einmal beruhigend, auch wenn es sich auf manchmal bedrohliche Personen bezieht. Menschen, die in diese Kategorie fallen, haben zwar eine „Störung", so etwas wie eine psychische Krankheit oder einen Charaktermangel, aber die Wissenschaft und die Psychiater werden schon wissen, worum es sich handelt und behalten die Dinge sicher im Griff.

Das trifft auch zu. Es gibt einschlägige Theorien und Behandlungskonzepte, wobei jedoch die beunruhigende Tatsache übersehen wird, dass oft gerade die Alltagsnarzissten trotz mancher Handicaps und Leiden eine Überlegenheit über ihre herkömmlich strukturierten Mitmenschen besitzen, oft auch über ihre Therapeuten. Ihr Vorteil bei der Bewältigung des modernen Lebens besteht einfach darin, dass ihnen ein Großteil der herkömmlichen Skrupel und Hemmungen fehlt. Sie bilden gewissermaßen die Hechte in einem Teich voller Karpfen, die einfach nicht begreifen können, was geschieht.

Das Buch soll ihnen helfen, sich zu *schützen*, denn wir meinen, dass die Überlegenheit der Narzissten über herkömmlich strukturierte Mitmenschen damit zu tun hat, dass diese oft nicht begreifen und schlicht für unmöglich halten, was geschieht und wen sie vor sich haben: „Das gibt es doch nicht. So rücksichtslos, widersprüchlich, hinterhältig kann ‚man' doch nicht sein ..." „Man" kann durchaus, und dass die Opfer darauf nicht vorbereitet sind, ist sogar der Schlüssel zum Erfolg, der die Mittel heiligt.

Das Buch soll helfen, zu begreifen, was in solchen Fällen vor sich geht. Schlechte Erfahrungen und pessimistische Einsichten reichen nicht, um sich zu schützen. Das zeigt das Beispiel der *Co-Narzissten*, die immer wieder auf Menschen hereinfallen, wie sie verbittert feststellen, die bei aller oberflächlichen Verschiedenheit eben diese narzisstische Persönlichkeitsstruktur zeigen. Sich wirksam schützen kann aber nur, wer die narzisstische Art zu denken begreift, eine einfache, aber realistische Logik, sowie die üblichen auf typische Schwächen der Opfer zugeschnittenen Strategien und Inszenierungen.

Natürlich werden auch Narzissten dieses Buch lesen. Sie benützen es vielleicht als Spiegel, um ihre Stärken geschmeichelt und ihre Schwächen mit Entrüstung und Selbstmitleid zur Kenntnis zu nehmen. Vielleicht können sie durch die Lektüre ihre Strategien auch noch verfeinern, denn wir haben uns bemüht, diese im Detail und anhand von Beispielen darzustellen. Der Zweck, den wir dabei im Auge haben, ist jedoch ein anderer. Wir gehen davon aus, dass selbst ein erfolgreicher narzisstischer Lebensstil sich nicht lohnt, wenn man die Kosten bedenkt, die für andere und für den Betreffenden selbst entstehen. Latente oder offene Depressionen, Scheitern im Beruf und in Beziehungen trotz bester Voraussetzungen, bis hin zu schweren suizidalen Krisen. All das kann der Preis für einen Lebensstil konsequenter Zentrierung auf das eigene Ich sein. Viel Leiden also. Zur Veränderung führen diese hohen Kosten allerdings meistens nicht, weil zu einem narzisstischen Lebensstil auch gehört, Leid nicht zu spüren und wirkungsvoll an andere weiterzugeben.

Es kann trotzdem gelingen, durch Selbsterkenntnis und in kleinen Schritten aus dieser Falle eines vordergründig so erfolgreichen Lebensstils herauszukommen. Leicht ist das nicht, denn warum sollte sich jemand ändern, der wirkungsvolle Strategien besitzt, Schmerzen nicht zu fühlen und andere leiden zu lassen?

Ebenso schwer ist es, jemand bei diesem Ausstieg aus dem Narzissmus zu helfen. Eine solche Persönlichkeitsstruktur ist nicht zu behandeln oder gar zu heilen, indem der Betreffende die von Staat und Gesellschaft autorisierten Spezialisten, die Ärzte und Psychotherapeuten, nur machen lässt. Eine Veränderung ist grundsätzlich nur möglich, wenn der Betreffende einen genügend tragfähigen Willen aufbringt, sein Lebensmuster *trotz* aller Vorteile aufzugeben,

Narzissmus ist eine Persönlichkeitsstruktur und ein Lebensstil im Überschneidungsbereich von *Psychologie* und *Moral*. Eine Veränderung kann deswegen nur gelingen durch eine allgemeine persönliche Weiterentwicklung, die einen Entschluss voraussetzt und gleichzeitig Kräfte aus den Tiefen der Persönlichkeit und aus dem Spirituellen aktiviert. Für eine solch tief greifende Veränderung oder Wandlung kann es jedoch Anstöße von außen geben, Hinweise zur Selbsterkenntnis und Hinweise auf konkrete Schritte und praktische Verfahren. Deswegen ist das zentrale Thema dieses Buches, Hilfe zur Selbsthilfe zu geben, neben einer Einführung in die innere Welt des Narzissmus und der Darstellung seiner wichtigsten Strategien.

Um anschaulich zu machen, wen wir konkret vor Augen haben, stellen wir zuerst einmal Herrn G. vor, einen ganz alltäglichen Mitmenschen von nebenan.

Beispiel: Herr G.
Herr G. ist ein freundlicher und erfolgreicher Mann Ende dreißig, gut aussehend im Normalbereich, Geschäftsmann, verheiratet, zwei Kinder, in der Kommunalpolitik tätig und engagiert in einem karitativen Verein. Natürlich gibt es bei der derzeitigen Wirtschaftslage auch für ihn schon mal geschäftliche Probleme, aber die hat er im Griff. Immer noch kommen Aufträge herein. Dabei hilft ihm seine Fähigkeit, Menschen zu überzeugen und genau den Punkt herauszufinden, wo sie zu fassen sind. Gern erzählt er die Geschichte von dem Kunden, mit dem sonst niemand ins

Geschäft kam, der aber eine Schwäche für Fische und Aquarien hatte. Also hat Herr G. sich kompetent gemacht und wusste dann alles – oder zumindest das meiste – über diese Tiere und ihre Lebensbedürfnisse. Und siehe da: Er bekam den Auftrag!

Im Übrigen legt er Wert darauf, auch im Alltag und nicht nur als Mitglied seines karitativen Vereins hilfsbereit und altruistisch zu sein, doch manchmal hat er Schwierigkeiten damit. Er besitzt ein altes Haus in der Stadt. Es liegt günstig und er will es demnächst möglichst teuer verkaufen. Zurzeit wohnt noch eine alte Frau darin, schon seit dreißig Jahren. Sie will nicht ausziehen und ist auch nicht zu kündigen. Diese Uneinsichtigkeit quält Herrn G. bis zur Schlaflosigkeit. Nachts entwickelt er Phantasien, was er tun könnte. Wenn sie sich weiterhin weigern sollte, könnte er z. B. eine ihm bekannte Migrantenfamilie mietfrei in die Nachbarwohnung setzen. Die Mutter sitzt den ganzen Tag an der Nähmaschine und der Sohn ist arbeitslos und macht zum Zeitvertreib Hanteltraining. Das Haus ist hellhörig. Die Nähmaschine wird lästig sein und wenn der Sohn die Hantel fallen lässt, dröhnt das ganz schön ...

Kürzlich hat er die alte Frau getroffen und ein paar Worte mit ihr gewechselt. Der Rücken tat ihr weh. Da hat er sie selbst zum Arzt gefahren, aber sie kommt trotzdem nicht auf die Idee auszuziehen, obwohl sie weiß, dass ihm das wichtig ist. Kürzlich hat sie ihm sogar vom Anwalt einen Brief schreiben lassen. Das kränkt ihn zusätzlich, denn er ist ein guter Mensch, und sie will es einfach nicht einsehen.

Merkwürdig ist es, wenn man seine Frau mit ihm zusammen sieht. Sie macht einen irgendwie gequälten Eindruck. Wenn er zu erzählen anfängt, und das tut er gern und ausführlich, schaut sie weg und versucht, auf ein anderes Thema zu kommen. Seine Erzählungen sind zum Teil lustig, aber sie hat sie scheinbar schon allzu oft gehört. Im Übrigen widerspricht sie ihm, wo sie nur kann, aber ohne rechte Wirkung. Ihre Einwände kommen einfach nicht bei ihm an. Was nicht auf seiner Linie liegt, geht ins Leere, selbst wenn er so höflich ist, irgendwie darauf einzugehen. Seine Frau macht einen erschöpften Eindruck. Da ist etwas bei ihm, an dem sie sich müde arbeitet, ohne es fassen zu können, ein Nichts, eine Leere, die sie offenbar nicht begreift. Das macht sie müde und krank, wie sie hin und wieder durchblicken lässt. Er seinerseits versteht das nicht, hat sie doch alles, was sie braucht: Wohnung, Geld, vor allem einen so guten Ehemann. Letzteres ist eine stehende Wendung bei ihm, halb ernst, halb augenzwinkernd gesagt.

Ein ganz normaler Mensch also und trotzdem schwer zu ertragen. Was ihn für andere so quälend macht, ist nicht einfach zu sagen. Manche spüren und wissen es sofort – meist durch böse Erfahrungen sensibel gemacht –, dass hier irgendetwas nicht stimmt. Andere spüren es zwar, können es aber nicht fassen und werden ihn vielleicht sogar verteidigen. Sicher, er ist nett, hilfsbereit, kommunikativ geschickt, kann reizend sein. Es ist nur so, dass er mit einer tiefen Selbstverständlichkeit davon ausgeht, dass nur er, niemand sonst, im Mittelpunkt der Wirklichkeit steht.

Klassische und neue Egoisten

Herr G. ist ein Egoist. Aber das ist eigentlich nichts Besonderes, gibt es doch seit jeher Menschen, die sich allein für wichtig halten. Manchmal nennt man sie auch starke Persönlichkeiten, was sie nicht ungern hören. Was Herrn G. von diesen klassischen Egoisten unterscheidet, ist die Selbstverständlichkeit und Spannungslosigkeit seiner Ich-Bezogenheit. Er hat mit sich selbst kein Problem. Ein klassischer Egoist hingegen verbindet Ich-Bezogenheit mit Skrupeln und ahnt, was er bei anderen anrichtet. Herrn G. liegen derartige Handicaps so fern, dass sie eigentlich gar nicht da sind. Das gibt ihm eine bemerkenswerte Freiheit und Durchsetzungsfähigkeit, obwohl er, nüchtern betrachtet, in mancherlei Hinsicht etwas widersprüchlich wirkt. Er kann Dinge miteinander vereinbaren, die nicht zusammenpassen. Vielen Menschen würde das schwerfallen und sie hätten Skrupel. Herr G. jedoch ist freundlich und aufgeschlossen und zugleich rücksichtslos und verächtlich, hilfsbereit und voller Hass – und das gegenüber den gleichen Personen und ohne dass er damit Schwierigkeiten hätte. Wenn er die Unwahrheit sagt, lügt er nicht, denn er glaubt, was ihm gerade nützt. Und wenn das morgen anders aussieht als heute, dann wird er etwas anderes behaupten und das auch wieder glauben.

Das gibt ihm einen Vorsprung gegenüber anderen Menschen, die diese Fähigkeit nicht besitzen. Ihn schwächen keine Zweifel, ob er auch Recht hat mit dem, was er denkt und tut. Wer ihm Schwierigkeiten macht, ist ihm im Wege. Ihn aus selbigem zu räumen ist allenfalls ein praktisches Problem. So ist zum Beispiel die Frage zu lösen, wie er die alte Frau endlich „entmieten" kann. Es quält ihn nur, dass ihm das nicht gelingt. Die alte Frau, ein nicht unter Kontrolle zu bringendes Hindernis, lässt Hass und Wut in ihm aufkommen, Gefühle, die chronisch an ihm zehren und ihn richtig krank machen.

Herr G. ist Geschäftsmann und kein professioneller Helfer. Dennoch können sich Persönlichkeiten wie er auch in altruistischen Berufen gut verwirklichen, da professionelles Helfen auch ohne echte persönliche Beziehung und individuelle Zuwendung möglich ist. Außerdem ist erfolgreiches und dankbar anerkanntes Helfen als Arzt, Psychotherapeut oder Pfarrer eine stete Quelle, um das Gefühl eigener Güte, Großartigkeit und Opferbereitschaft zu nähren. Diese Fassade ist immer dann gefährdet, wenn es Widerstände gibt und der Hilfsbedürftige sich nicht so helfen lässt, wie er sollte oder gar in einem Zustand verharrt, der dem Helfer seine Ohnmacht deutlich macht. Dann wird er zum „Hindernis", dessen sich der Helfer möglichst schnell entledigt, um sich wieder dankbareren Aufgaben zuwenden zu können.

Das schließt nicht aus, dass der Helfer durchaus kommunikativ geschickt und begabt ist, sich bemüht, die feinen Seelenregungen seiner Klienten und Klientinnen zu erfassen, neueste Methoden anwendet und in seinem Beruf tatsächlich auf dem letzten Stand ist und immer „besser" wird. Auch Herr G. ist ein guter und psychologisch geschickter Verkäufer, der seine Kunden an der richtigen Stelle zu fassen weiß. Er kann prächtig anzügliche Witze erzählen, an denen er selbst große Freude hat. Und er weiß genau, dass nun der lachende Kunde abgelenkt ist und nicht mehr so genau aufpasst, was sich gerade geschäftlich tut. Dieser Umstand, dass er bei aller gemütlichen Heiterkeit ein verborgenes und alles überwiegendes Interesse hat, macht ihn zum Narzissten: sein Wunsch nach Kontrolle und Überlegenheit und der Drang, groß und einzigartig zu sein.

Der Kunde oder in Helferberufen der Klient dient bei solchen Inszenierungen nur als Mittel zum Zweck. Menschen, die das durchschauen und hinter die Fassade blicken, merken trotzdem, dass da etwas nicht stimmt. Und sofern sie nicht selbst narzisstisch korrumpiert und begeistert sind, einen so „tollen" Partner, Sohn oder Vater zu haben, sind es zuerst die nächsten Angehörigen, denen etwas auffällt. Sie kennen ihn eben anders und wenn sie es in Worte fassen können und nicht nur mit Unbehagen oder gar mit psychosomatischen Beschwerden auf ihn reagieren, werden sie sagen: „Er *lügt*, das ist nicht *echt*" – was der so Bezichtigte mit großer Wahrscheinlichkeit nicht versteht. Er sieht das eben anders und allein das hat Bedeutung.

Frauen, Männer, neue Menschen

Das Beispiel von Herrn G. und die bisherigen Bemerkungen könnten nahelegen, dass es sich vor allem um ein männliches Muster handelt. Das ist nicht so. Bei Frauen zeigt es sich genauso und zunehmend häufiger: Sie sind erfolgreich dabei, eine wichtige Bastion des an Konkurrenz, Kontrolle und Ausbeutung orientierten Lebensstils zu stürmen. Von Kritikerinnen wird er als patriarchal bezeichnet, ist aber *der* Lebensstil von Männern und Frauen in unserer Gesellschaft, wenn sie zu den Gewinnern gehören möchten. In diesem Spiel um Geld, Macht und Konsum sind Männer allerdings oft Virtuosen, die ihre traditionellen Privilegien skrupellos nutzen, und ihr Beispiel schafft einen mächtigen Sog zur Nachahmung für alle, die es ebenso schaffen und nicht zu den Opfern und Verlierern gehören wollen. In dieser Hinsicht kommt es zu einer *Angleichung der Geschlechter*. Die früheren Unterschiede werden irrelevant gegenüber diesem neuen und in seiner Ich-Zentrierung einheitlichen Persönlichkeitstyp, der auch im persönlichen Bereich einen eigenen Lebensstil entwickelt. Der französischen Psychoanalytikerin *Elisabeth Badinter* ist das schon aufgefallen, als sich dieser Trend in den achtziger Jahren des vergangenen Jahrhunderts immer deutlicher abzeichnete. Sie sprach von einer „schwindelerregenden Mutation" und einer „androgynen Revolution"(1986, S. 191 ff.). Sie sprach sogar von einer fortschreitenden „Eunuchisierung", denn Menschen, wie Herr G., die Schwierigkeiten haben, sich auf andere wirklich einzustellen, sind nicht die besten

Liebhaber und ihre stärksten Motive sind nicht unbedingt erotisch: Macht, Kontrolle und der Wunsch, erst einmal selbst geliebt und bewundert zu werden.

Die Einheitlichkeit, die sich da herausbildet, hat zwar manche Vorteile und wirkt der traditionellen Diskriminierung der Frauen entgegen. Insgesamt jedoch verschärft sie die Konkurrenz und zwingt Frauen, sich durchzusetzen „wie ein Mann", auch wenn der individuelle Stil nach außen hin täuschend weich und „weiblich" wirken kann. Narzissten, männliche wie weibliche, haben in dieser Konkurrenz die besseren Karten gegenüber Menschen, die sich noch mit herkömmlichen Hemmungen herumschlagen. Traditionelle Patriarchen, Chefgestalten mit Bart und Stimme sind ebenso überholt wie der betont „männlich" wirkende Macho. Bei Herrn G. jedoch, dem netten Menschen von nebenan in seinen männlichen und weiblichen Varianten, zu denen der korrekt gestylte junge Banker ebenso gehören kann wie die so freundliche wie zielstrebige Verkäuferin, ist Vorsicht am Platze.

Narzissten sind überall. Geprägt vom Lebensstil unserer Gesellschaft, sind sie es, die sich unter den gegebenen Umständen bemühen, auf der Gewinnerseite zu sein, auch wenn ihre Strategien destruktiver Selbstverwirklichung auf Kosten der eigenen seelischen Gesundheit und auf Kosten anderer gehen.

2. Die Gefahr von Faszination und Selbstgerechtigkeit in der Begegnung mit Narzissten

Da die Menschen, um die es hier geht, und ihre Verhaltensweisen nicht immer harmlos und in vieler Hinsicht zerstörerisch sind, ist das Buch in einer *Haltung kritischer Distanz und Anteilnahme für Betroffene* geschrieben. Diese Haltung einzunehmen und an ihr festzuhalten ist nicht einfach, weder für die Autoren noch für die Leser, wie wir meinen. Die Hauptgefahr ist die *Selbstgerechtigkeit*, verbunden mit dem Gefühl eigener moralischer oder psychologischer Überlegenheit. Narzissten erscheinen dann als Menschen, die eine Persönlichkeitsstörung haben, die man entweder mit Entrüstung oder mit helferischem Mitleid zur Kenntnis nehmen kann. Jedenfalls handelt es sich um eine Abweichung vom Normalen, eine Art Krankheit, die – wenigstens grundsätzlich – geheilt werden kann.

Tatsächlich aber sind viele Narzissten glänzende und erfolgreiche Persönlichkeiten mit großen Begabungen und ausgeprägten Fähigkeiten der Durchsetzung und Verführung, die erheblich mehr Macht, Einkommen, und erotische Erfolge aufzuweisen haben als der Moralist oder Psychologe, der sie mit klinischen Maßstäben beurteilen will. Letztere unterliegen sogar der Gefahr, der *Faszination* durch *Glanz* und *Verführungskraft* erfolgreicher Narzissten zu erliegen, und diese Gefahr ist umso größer, je sicherer sich der Vertreter herkömmlicher Normalität im Schutze einer eingebildeten moralischen oder psychologischen Gewissheit fühlt.

Um der Selbstgerechtigkeit im Gefühl moralischer und psychischer Überlegenheit und auf der anderen Seite der Gefahr der Faszination durch den Glanz narzisstischer Fassaden zu entgehen, ist es wichtig, sich eines klarzumachen: Narzissten sind Menschen, die in besonderer Weise den Lebensstil unserer Gesellschaft verkörpern. Gegenüber herkömmlich strukturierten Menschen stellen sie, frei von vielen Hemmungen, Skrupeln und moralischen Zwängen, sogar eine Avantgarde dar. Dass auch solche „Hechte im Karpfenteich" für ihre Überlegenheit einen letztendlich zu hohen Preis zahlen, der die Erfolge zunichtemacht, ist eine andere Sache. Aber in jedem Fall kann man viel von ihnen lernen und es ist sogar ein Abenteuer, die Welt einmal mit den Augen eines Narzissten zu sehen. Vieles, was als „normal" oder gar „verboten" gilt, ist es plötzlich nicht mehr. Was zählt, ist die Sprache der Tatsachen: „Was ist machbar?" Und: „Welches Risiko laufe ich, entdeckt zu werden oder mir Nachteile einzuhandeln, die den erwarteten Nutzen überwiegen?"

Eine solche in vieler Hinsicht realistische und Erfolg versprechende Sichtweise blendet nur vieles aus, was zum menschlichen Leben gehört: Liebe, Aufrichtigkeit und Rücksichtnahme. Insofern ist sie destruktiv für andere und die eigene Seele. Wenn man weiß, wie Menschen durch die Umstände ihrer Biographie und eben auch durch gesellschaftlichen Druck und Verführung in dieses Lebensmuster hineinkommen und welchen Preis sie dafür zahlen, verfliegt die Faszination. Unser Mitgefühl gilt dem Menschen, der durch dieses Muster so erfolgreich wie vergeblich sein Glück und oft einfach sein Überleben sichern will. Und auch unsere Anerkennung, in Anbetracht der bemerkenswerten Leistungen und Begabungen, die viele Narzissten trotz ihres Handicaps aufzuweisen haben.

Salopp ausgedrückt entspricht unsere Haltung einem zentralen Prinzip der Transaktionsanalyse, der psychologischen Methode, mit der wir arbeiten. Es ist die Haltung: *„Ich bin o.k. – du bist o.k."*, verbunden allerdings mit einer realistischen Menschenkenntnis und der Fähigkeit, die eigenen Interessen zu wahren und eben nicht als „Karpfen" zum Opfer der „Hechte" zu werden.

Die Transaktionsanalyse[1]

Eric Berne, ein Arzt und Psychiater, entwickelte die Transaktionsanalyse vor ungefähr fünfzig Jahren in Kalifornien. Auf den ersten Blick ist sie eine amerikanisch-pragmatische Synthese aus psychoanalytischen und kommunikationspsychologischen Ansätzen. Ursprünglich war es eine Methode für Psychotherapeuten, denen *Berne* Mittel an die Hand geben wollte, endlich einmal wirkungsvoll zu heilen. Heute wird sie in verschiedenen sozialen Handlungsfeldern angewandt, von der psychologischen Beratung bis hin zur Organisationsentwicklung.

Charakteristisch für die Transaktionsanalyse ist ihr Stil bzw. die Haltung, die zu ihr „passt" – zumindest soweit sie in der Art ihres Gründers vertreten und angewendet

---

1 Bei unseren Verweisen auf die Transaktionsanalyse beschränken wir uns auf die Grundkonzepte, die sich allerdings in ihrer Anwendung auf unser Thema als überraschend aufschlussreich und unverbraucht erweisen. Für eine nähere Beschäftigung mit diesen Grundkonzepten verweisen wir auf die im Literaturverzeichnis genannte Einführung in die Transaktionsanalyse von Ian Stewart und Vann Joines; außerdem auf das ebenfalls dort genannte Handwörterbuch der Transaktionsanalyse von Leonhard Schlegel. Dieses ist auch im Internet leicht zugänglich, unter www.dgsta.ch.

wird. Es ist die eben schon erwähnte Haltung eines grundlegenden gegenseitigen Respekts und gleichzeitig ein Stil, der humorvoll, kritisch und ohne allzu große Ehrfurcht vor Autoritäten und überlieferten Meinungen ist. Den Höhepunkt an Popularität erreichte sie in der Aufbruchssituation der 1960er- und 1970er-Jahre, als in vielen Bereichen, in Politik, Wirtschaft, aber auch in Psychiatrie und Psychotherapie neue Wege gesucht wurden. Mit seinem damals bekanntesten Buch „Spiele der Erwachsenen", in dem er Winkelzüge und Manipulationen von Menschen in Alltagssituationen analysierte, hatte *Berne* nicht nur bei seinen Patienten einen Nerv getroffen. Das Buch war ein Bestseller und brachte manchen Leser dazu, sich näher mit der Transaktionsanalyse zu beschäftigen, in der Hoffnung, den Weg zu mehr Spontaneität und Autonomie zu finden, heraus aus den Verstrickungen der ganz normalen Alltagspathologie.

Bernes Erfolg war nicht zufällig oder eine bloße Modeerscheinung. Seine Theorie ist auch heute noch geeignet, durch Aktivierung von Selbsterkenntnis und eigenem Denken die Fähigkeit zur Selbsthilfe zu fördern und der eigenen Intuition und Einsicht gegenüber autoritärem Expertenwissen zu ihrem Recht zu verhelfen. Das gibt der Transaktionsanalyse trotz aller Bemühungen der verschiedenen Gesellschaften für Transaktionsanalyse, sich dem etablierten Psychotherapiebetrieb anzupassen, immer noch einen latent subversiven Charakter, was zumindest ihrer staatlichen Anerkennung bis jetzt nicht förderlich war.

Hinzu kommt noch etwas anderes, was diese Methode besonders geeignet macht als Schlüssel zum Verständnis gerade des alltäglichen Narzissmus derer, die von sich aus nie einen Psychologen oder Psychotherapeuten aufsuchen würden. Berne selbst war, soweit man das aus seiner Biographie und den Aussagen seiner drei von ihm geschiedenen Ehefrauen entnehmen kann, eine bizarre, abweichende und gegebenenfalls auch zu Handlungen außerhalb traditioneller Moral fähige Persönlichkeit (Wandel 1985, S. 109 f.). Ohne hier auf andere Eigenheiten einzugehen, würden wir ihn heute als Alltagsnarzissten bezeichnen. Diese persönlichen Voraussetzungen gaben ihm Zugang zu verdeckten und destruktiven Machenschaften unter Menschen, die er unter dem Stichwort „Spiele" analysiert hat. Allerdings stand Berne noch unter dem Eindruck der Psychoanalyse und wohl auch einer im Vergleich zu heute andersartigen Kommunikationskultur. So meinte er, all diese trickreichen Manöver würden *unbewusst* ausgeführt und die Akteure würden sich ihre destruktiven und sonst wie tabuisierten Motive nicht eingestehen. Sie tun zwar Verbotenes, verleugnen und „verdrängen" es aber und werden so zu *Neurotikern*.

Inzwischen hat sich vieles geändert, die moralischen Zwänge sind schwächer geworden. Zwar gibt es immer noch viele Menschen, die mehr oder minder von ihnen bestimmt werden, aber auch immer mehr Menschen, die diese Art von Schutz und Einschränkung nicht mehr haben – eben die Alltagsnarzissten.

Die Transaktionsanalyse ist ein vorzüglicher Schlüssel zu deren Verständnis, wenn man sie von ihrer Bindung an das Modell der Neurotiker löst. Letztere tun zwar vieles, was verboten ist, aber sie wissen nicht so recht, was sie tun. Narzissten hingegen wissen das und sind insofern noch effektiver. Was sie tun, wie sie es tun und warum, lässt sich mit den verschiedenen Begriffen der Transaktionsanalyse verstehen. Gleichzeitig kann sie einen Weg aufzeigen, um aus diesem Zustand personaler Verstrickung herauszukommen. Wenn wir davon ausgehen, dass *Berne* selber damit zu tun hatte, lässt sich vieles an seiner Methode besser begreifen, und gleichzeitig kann er auf dem Weg, durch Selbsterkenntnis und einen grundsätzlichen Entschluss, sich selbst und andere zu achten und über diese Verstrickung hinauszukommen, zum Vorbild und Lehrer werden.

Das Grundmodell –
Facetten der Persönlichkeit oder: Wer bin ich eigentlich?

Schon das Grundmodell der Transaktionsanalyse bietet eine gute Voraussetzung zum Verständnis von Menschen, die nicht einfach auf eine bestimmte Identität fixiert sind, mit allen Vor- und Nachteilen, die das mit sich bringt. Bei seinen Überlegungen ging Berne nämlich – entsprechend der Erfahrung mit sich selbst – nicht von einem einzigen und überdauernden *Ich* aus, sondern von einer Vielzahl je nach Situation wechselnder *Ich-Zustände* oder Teilpersönlichkeiten.

Jedes intensive Erlebnis bildet seiner Meinung nach einen Niederschlag in der Psyche und bleibt so erhalten. An die meisten dieser Erlebnisse erinnern wir uns nicht mehr oder unterdrücken die Erinnerung, weil wir sonst wieder Schmerz und Unbehagen empfinden würden. Manchmal aber, spontan oder durch psychotherapeutische Methoden, werden sie wieder lebendig und können manchmal so intensiv werden, dass wir denken und fühlen wie in der Vergangenheit und alles noch einmal erleben.

Doch auch wenn die Erinnerung nicht in dieser Weise aktuell bedrängend wird, ist sie da, bildet einen Ich-Zustand und kommt in Beziehung zu anderen Menschen zum Ausdruck. Mancher Lehrer und Erzieher merkt mit Schrecken, dass er in Krisensituationen Gestalten vergangener Erziehungsdramen aktiviert, die er immer noch in sich trägt – entweder das ängstliche Kind, das er früher einmal war oder auch den Lehrer, den er gefürchtet hat. So wie jener Lehrer wollte er nie werden, und nun merkt er, dass er das Gleiche tut und offensichtlich auch empfindet.

Unglücklicherweise sind es gerade die schmerzhaften und traumatischen Situationen, die so als Ich-Zustände fixiert werden und mit ihnen hatte Berne als Psychotherapeut auch in erster Linie zu tun. Grundsätzlich aber können alle intensiven Erlebnisse einen solchen *Ich-Kern* bilden, den wir bei Gelegenheit aktivieren. Unter

Umständen kann das sehr bedrohlich und schmerzhaft sein – je nach der Wirklichkeit, in die wir dann wieder „eintauchen".

Mit diesem Begriff der Ich-Zustände hatte Berne eine Selbstverständlichkeit aufgegeben, die das Fundament der naiven Menschenkenntnis darstellt, nämlich die Gewissheit, dass es bei uns wie bei anderen Menschen eine überdauernde Einheit und ein bleibendes Zentrum der Persönlichkeit gibt. Dieses überdauernde Zentrum, das „Ich", machen wir unter Umständen noch nach Jahren verantwortlich für die Handlungen eines Menschen und wundern uns dann, dass manchmal ein endlich gefasster Täter so gar nichts an sich hat, was wir mit den Schrecken seiner Tat in Verbindung bringen. Als er sie beging, befand er sich in einem destruktiven Ich-Zustand, der nur in bestimmten Situationen in den Vordergrund tritt und sonst gewissermaßen „schläft".

Nach Berne gibt es eine Vielzahl solcher Zentren, in denen unsere guten oder schlimmen Erfahrungen als Ich-Zustände fixiert wurden und je nach Situation wieder aktiviert werden. Sie sind jedoch in drei Klassen oder *übergeordnete* Ich-Zustände einzuordnen, geprägt durch die intensivsten Erlebnisse in der frühen Kindheit und die Personen, mit denen wir dabei zu tun hatten. Je nach der Situation, auf die ein Mensch reagiert, tritt jeweils einer dieser Ich-Zustände in den Vordergrund und bildet in diesem Sinne sein augenblickliches Ich. Berne nennt diese übergeordneten Ich-Zustände das Eltern-Ich, das *Kindheits-Ich,* und das *Erwachsenen-Ich.* In der Transaktionsanalyse werden sie auf einprägsame Weise durch drei übereinander stehende Kreise dargestellt.

In der Transaktionsanalyse geht man bei diesem Modell davon aus, dass es sich um ein allgemein menschliches Muster handelt. Alle Menschen haben grundsätzlich diese Ich-Zustände, was nicht heißt, dass sie ihnen auch bewusst und willkürlich verfügbar sind. Durch Selbsterkenntnis und Arbeit an der Entwicklung der Persönlichkeit können sie allerdings bewusst werden. Das ist nicht leicht, weil es bedeutet, sich den mannigfachen Konflikten und Ausflüchten zu stellen, die bei der Entstehung der Ich-Zustände mitgewirkt haben. Dann kann sich ein Erwachsenen-Ich herausbilden, das tatsächlich ein reifes und bewusstes Zentrum der Persönlichkeit darstellt. Das muss jedoch erst gegen den Widerstand der bisherigen Prägungen erarbeitet werden – unabhängig davon, ob es sich dabei „nur" um einfache innere Konflikte handelt, in denen eine überstrenge Erziehung immer noch nachwirkt, oder ob es um die Verstrickung in ein narzisstisches Lebensmuster geht.

Die inneren Eltern

Die Bedeutung, die Berne der Beziehung von Eltern-Ich und Kindheits-Ich beimisst, zeigt, dass er eine Kindheitssituation vor Augen hat, die heute immer weniger normal und selbstverständlich ist. Er nimmt offensichtlich an, dass Kinder Eltern haben, die für sie so wichtig und prägend sind, dass sie sich mit ihnen identifizieren und sie in ihre werdende Persönlichkeit aufnehmen. Dadurch bleiben sie als *innere Eltern* lebendig, auch dann, wenn die Eltern physisch nicht präsent sind oder das Erziehungsverhältnis beendet ist.

Voraussetzung dafür ist allerdings, dass die Eltern für ihre Kinder im Guten und Bösen, in Liebe und Hass, wichtige Bezugspersonen sind, mit denen beides, Auseinandersetzung und Bindung, möglich ist. Wer in diesem Sinne Eltern hatte, behält sie ein Leben lang in sich, ihre Liebe ebenso wie von ihnen ausgegangene Verbote und Verletzungen. Wer aufmerksam in sich hineinhört, kann ihre Stimmen hören, die unterstützenden oder einschränkenden Botschaften, denen er noch als Erwachsener folgt, und gerade dann am meisten folgt, wenn er sie überhört und nicht wahrhaben will. Es sind diese Botschaften, die nach Auffassung der Transaktionsanalyse das unbewusste *Programm*, das *Lebensdrehbuch* oder *Skript* bilden, durch das die Möglichkeiten und Grenzen unseres Lebens festgelegt sind.

Eine solche Ansicht von der Struktur unserer Psyche ist tröstlich oder ärgerlich – je nachdem. Mit diesen inneren Gästen wird ein Mensch sich seelisch nie leer und verlassen fühlen. Er kann zwar allein, aber nicht einsam sein. Die bleibende Gegenwart der Eltern oder der Menschen, die stellvertretend für sie wichtig waren, gibt Halt, Geborgenheit und Wärme. Auch wenn sie physisch abwesend oder schon gestorben sind, bleiben sie nahe. Vor allem aber bilden sie die wichtigste Stütze der *persönlichen Identität*.

Als Erwachsener vergisst man leicht: Die Gewissheit, dass wir eine konkrete Person und keine andere sind, bildet sich heraus, weil andere uns wahrnehmen und im Guten wie im Bösen „identifizieren". Ein Mensch, der einmal liebend wahrgenommen wurde, gewinnt eine Identität, die auch in Krisen und Lebensumbrüchen Bestand hat. Er ist jemand, der einem liebenden Menschen bekannt und wichtig ist oder es einmal war. Das ist ein seelischer Besitz, der nicht verloren geht und lebensrettend sein kann, z. B. in einer suizidalen Krise, wenn ein innerer Widerstand es verhindert, diesen Menschen, auf dem trotz aller Nöte und Unvollkommenheit ein liebender Blick ruht, zu vernichten.

Der Blick, der auf uns ruht und uns identifiziert, muss jedoch nicht immer liebevoll sein. Viele Menschen leiden darunter, dass die Blicke ihrer Eltern alles andere als liebevoll waren; vielmehr zeigten sich Hass und Überdruss, verbunden mit Verboten, Einschränkungen und Flüchen. Der innere Vater und die innere Mutter geben dann später nicht Halt, Wärme, und Orientierung, sondern vermitteln das gerade Gegenteil und sind Ursache für Angst, Schuld- und Minderwertigkeitsgefühle.

Und dennoch: Auch wenn sich auf diese Weise eine negative Identität herausbildet, ist das leichter zu ertragen als die Abwesenheit eines im Guten wie im Bösen interessierten Blickes. Dann entsteht das Gefühl, irgendwie gar nicht da zu sein, äußerlich vielleicht wichtig für die Eltern, aber nicht als Person, sondern nur durch Eigenschaften, die zur Fassade gehören: Schönheit, Intelligenz, Anpassung ..., alles Dinge, an denen sich das Selbstgefühl der Eltern aufbaut, ohne dass das Kind selbst gesehen wird.

Aus diesem Mangel an wirklichen Eltern und aus dem entsprechenden inneren Vakuum und den Strategien, dieser Leere zu entgehen, lässt sich der Narzissmus transaktionsanalytisch verstehen. Hierauf werden wir im Einzelnen eingehen.

3. Das Verschwinden der Neurotiker

Die klassische Definition der Neurose stammt von Sigmund Freud. In seiner Wiener Praxis als Nervenarzt hatte er immer wieder mit Patienten zu tun, die an unerklärlichen Hemmungen und merkwürdigen Symptomen wie Lähmungen und Sinnesdefekten litten. Das Merkwürdige war, dass keine organische Grundlage für diese Ausfälle zu finden war. Obwohl Freud selbst eine naturwissenschaftlich schulmedizinische Behandlung vorgezogen hätte, entwickelt er –gewissermaßen als Provisorium – eine psychologische Theorie, die bis heute in ihrer ursprünglichen Form oder mit einigen Veränderungen in den verschiedenen Theorien der tiefenpsychologisch orientierten Psychotherapie verwendet wird.

Neurotiker sind Menschen mit inneren *Konflikten*. Eine innere Instanz, das Über-Ich, hindert sie das zu tun, zu denken, oder zu fühlen, was eigentlich ihren Wünschen und Trieben entsprechen würde. Das Über-Ich ist so mächtig, dass es sogar im Schlaf wirksam ist. Es zwingt die Schläfer, verbotene Regungen, die im Traum Gestalt gewinnen könnten, symbolisch zu verschlüsseln, sodass sie der strenge *Zensor* unerkannt passieren lässt. Die von Freud entwickelte Methode der Traumdeutung besteht deswegen in der Kunst, diese bis in Schlaf und Traum hinein unterdrückten Regungen ins Bewusstsein zu heben und den Patienten zu helfen, sich ihrem unberechenbaren Einfluss zu entziehen und die unbekannten psychischen Seiten in die bewusste Persönlichkeit zu integrieren.

Zu Freuds Zeiten waren es vor allem die Regungen der Sexualität, die dem Verbot und damit der *Verdrängung* anheimfielen und zu Konflikten führten. Heute sind es eher moralisch fragwürdige Gefühle wie Gier, Neid und Niedertracht, die nicht zum Selbstbild eines guten Menschen passen und verdrängt werden. In jedem Fall aber führen sie zu einer inneren Spannung, werden nicht einfach hingenommen und ausgelebt, und das gibt dem traditionellen Neurotiker etwas altmodisch ehren- und fast sogar liebenswertes.

Neurotiker sind Menschen mit Werten und Normen, allerdings manchmal gegen ihren Willen und ohne dass ihnen ihr Konflikt damit so recht bewusst wird. Aber immerhin. Irgendwie haben sie diese Normen und Werte. Ihr Problem besteht nur darin, dass sie diese als Hemmung erleben und versuchen, sich an ihnen vorbeizumogeln, um dennoch zu dem kommen, was sie „verbotenerweise" erstreben.

Berne hat diese psychoanalytische Neurosenlehre mit seiner Vorstellung von den inneren Eltern verbunden. Das Kind steht in Konflikt mit den inneren Eltern, ohne dass das Erwachsenen-Ich das wahrnimmt oder einen Ausgleich schaffen kann. Deutlicher noch als bei Freud zeigt die Rede vom inneren Kind und den inneren Eltern, dass dieser Konflikt aus dem Nachwirken des frühen Eltern-Kind-Dramas entsteht. Die Eltern waren und sind immer noch wichtig und werden geliebt. Für einen Außenstehenden ist das manchmal schwer begreiflich, wenn er erfährt, was dieser Mensch alles von seinen Eltern erlitten hat. Voraussetzung des Konfliktes ist jedoch, dass der betreffende Mensch – auch gegen alle Evidenz – an diesem tief verwurzelten Glauben an die guten Eltern festhält. Seine Möglichkeiten, sich mit ihnen auseinanderzusetzen, sind Anpassung und Rebellion, aber in beiden nimmt er sie wichtig und steht in einer überdauernden inneren Beziehung mit ihnen.

Konfliktvarianten

Die Transaktionsanalyse hat eine Reihe von Konzepten, um anschaulich zu machen, wie Menschen mit diesem inneren Konflikt umgehen. Bei einem Impass oder einer *Sackgasse* besteht zwischen den Bedürfnisse des Kindheits-Ichs und den Forderungen des Eltern-Ichs eine Patt-Situation. Der Konflikt ist für den Betreffenden unlösbar, führt zu emotionaler und sozialer Lähmung und wird durch verschiedene Formen von Aktivismus verdeckt. Je nachdem, wie tief der Konflikt im Gefühlsleben verankert ist und wie früh sich ein solcher innerer Gegensatz herausgebildet hat, ist die Rede von einer Sackgasse erster und zweiter Ordnung. Die erste ist ein chronischer Konflikt in der Erwachsenen-Persönlichkeit, die zweite im Kindheits-Ich selbst.

Die Manöver, mit denen Menschen versuchen, ihre inneren Einschränkungen – meist auf Kosten anderer – zu umgehen, werden in der Transaktionsanalyse unter dem Begriff der *Spiele* analysiert. Trotz der elterlichen Verbote, die sie in sich tragen, versuchen Menschen mithilfe sozialer Schachzüge dennoch zu dem zu kommen, was sie brauchen. So sind beim Spiel *„Schlemiehl"*, wie *Berne* es beschreibt, Regungen von Neid, Hass oder Rachsucht verboten. Der Spieler kann sich diese Regungen nicht gestatten, geschweige denn die entsprechenden Handlungen. Er hat sie aber nun einmal und wird sie gegebenenfalls unter der Maske von Zufall oder Ungeschicklichkeit ausleben. Sollte er zu Besuch bei einem Objekt seiner verbotenen Regungen sein, könnte er „dummerweise" an die teure Vase stoßen und einen schlimmen Schaden anrichten. Vielleicht – denn nicht alle Leute haben teure Vasen – „vergisst" er auch eine für das Opfer wichtige Verabredung und richtet Schaden an, ganz zufällig und natürlich so, dass es ihm schrecklich Leid tut. Man kann ihm nicht einmal so richtig böse sein und er braucht sich auch selbst keine Vorwürfe machen oder sich gar tiefergehend mit den weniger idealen Seiten seiner Persönlichkeit auseinanderzusetzen. Schließlich kann er ja nichts dafür. So etwas kann jedem passieren.

Spiele haben eine Funktion im unbewussten Lebensplan, dessen dynamische Seite sie darstellen. Sie bilden die Form, in der Menschen sich dem programmierten Ziel und Ende dieses Lebensplans annähern, und wiederholen sich deshalb immer wieder in einer typischen Weise.

In jedem Fall ist der Motor der Entwicklung ein mehr oder weniger tief liegender Konflikt zwischen den inneren Instanzen oder Teilpersönlichkeiten der Betreffenden. Es gibt Regungen, Wünsche, Seiten der Persönlichkeit, die von den Eltern-Instanzen nicht zugelassen sind und deswegen erfinden Menschen Konstruktionen, um trotzdem irgendwie psychisch zu überleben. Für einen neurotischen Lebensentwurf ist dieser Kampf mit einem unbewussten und unlösbar empfundenen Konflikt charakteristisch, genauso wie der Versuch, durch mehr oder weniger kreative und wirklichkeitskonforme Ausflüchte zu überleben. Alle von dieser Sicht ausgehenden psychotherapeutischen Methoden versuchen Heilung dadurch zu fördern, dass der Konflikt bewusst gemacht wird und die inneren Instanzen in besseren Kontakt miteinander gebracht werden. Lebenslügen und trickreiche Manöver sollen so überflüssig werden.

Um genau zu sein, führt auch nicht allein der Gegensatz von kindlichen Wünschen und Bedürfnissen auf der einen Seite und einer elterlichen Forderung auf der anderen in die Neurose. Ein Mensch, der sich für das Gebot der Pflicht und gegen seine „kindlichen" Neigungen entscheidet, so schwer und hart das für ihn auch sein mag, ist deswegen nicht neurotisch. In die Neurose führen die Ausflüchte, die Konstruktionen und der Selbstbetrug, mit denen jemand versucht, sich an einer klaren Entscheidung und der Verantwortung „vorbeizumogeln" und so zu tun, als gäbe es das Problem überhaupt nicht.

Aber trotzdem: Neurotiker haben ein Entwicklungspotenzial und ihre Skrupelhaftigkeit zeigt, dass sie mit sich selbst und ihren Werten kämpfen. Diese Werte mögen eng und unrealistisch sein, aber sie haben welche. *Schlemiehl* hat wirklich ein Schuldgefühl, wenn er etwas angerichtet hat und seine Entschuldigungen sind durchaus ehrlich gemeint, wenn sich der „böse" kleine Junge, den er in sich hat, wieder einmal selbstständig gemacht hat. So lästig und destruktiv er auch sein mag: Sein Problem liegt paradoxerweise nicht darin, dass er ein „böser", sondern dass er ein „guter" Mensch ist. Allerdings lebt er moralisch über seine Verhältnisse. Er darf sich seinen Ärger und seine Aggressionen nicht gestatten und bringt sie auf diese verdeckte durch „Zufall" und „Schusseligkeit" getarnte Art zum Ausdruck. Es kann sogar sein, dass er in gewisser Weise ein Recht dazu hat. Vielleicht ist er von seinem Opfer einmal gekränkt worden, ohne dass er es zu einer offenen Ärger-Reaktion gebracht hätte. Wenn er Glück hat, kann er sich diese Vorgänge bewusst machen und persönlich wachsen, indem er für seinen Groll der Situation und dem Status eines erwachsenen Menschen angemessenere Ausdrucksformen findet. Darin liegt seine Chance.

Neurotiker sind also Menschen mit einer psychosozialen Behinderung. Sie können nicht einfach so denken, fühlen und handeln, wie es ihren Trieben und Wünschen entsprechen würde, weshalb sie gegebenenfalls ihr destruktives Potenzial nicht voll ausschöpfen. Sie sind keine Heiligen und setzen ihre verbotenen Regungen auch in die Tat um, aber es gelingt ihnen nicht recht, einfach nur so zu sein und sich zu verhalten, wie es ihnen passen würde. Das macht sie zu Nachzüglern, zu Vertretern einer Zeit, in der noch vieles durch Moral und strenge Elterninstanzen verboten war und eine Kultur der indirekten und verdeckten Kommunikation vorherrschte. In der Erotik z. B. neigen sie noch immer zum Flirt mit doppelbödigen Botschaften und ziehen sich gegebenenfalls diskret zurück, statt ihre Wünsche offen auszuhandeln. Oft haben sie Schwierigkeiten, klar und entschieden *Nein* zu sagen, bringen ihren Ärger und sonstige aggressive Gefühle bevorzugt unterschwellig zum Ausdruck, und haben einfach Skrupel, wenn sie etwas tun, was Anstand und Moral widerspricht. Wenn es ums Gewinnen geht, sind sie inzwischen beim Kampf um Lebenschancen in der modernen Welt mit einem Handicap belastet und deshalb tatsächlich auch stark im Schwinden begriffen.

Die Kultur der Neurotiker

In seiner Beschreibung der „Spiele der Erwachsenen" hatte Berne gerade noch die Endphase dieser Kultur der Neurotiker vor Augen. Leute, die wohl möchten, aber nicht so recht können und sich deswegen durch allerlei Tricks und soziale Arrangements dem Ziel ihrer Wünsche nähern, ohne sich das selbst einzugestehen. Täter und Opfer dieser Spiele sind sich einig, dass „man" manches eben nicht tut bzw. nicht einmal fühlt oder denkt. Das ist der Grund für die *Unschuld* der Täter und die *Hilflosigkeit* der Opfer.

Zu dieser Kultur gehört, dass ein Mensch, der z. B. zum Opfer eines Schlemiehl wird, diesen nicht etwa beschimpft, hinauswirft oder ihm kalt lächelnd die Rechnung präsentiert. Er wird vielmehr die Entschuldigung anhören und sie, wenn auch zähneknirschend, annehmen, weil er das Gerede von Zufall und bedauerlicher Ungeschicklichkeit hinnehmen muss, denn die eigene und die fremde Fassade müssen höflicherweise gewahrt bleiben. Schlemiehl lügt ja nicht. Er glaubt es selber und wäre tief beleidigt, wenn man ihm seine „wahren" Motive vorhalten würde.

Wird irgendeine lästige Hilfeleistung abverlangt, wird in der Kultur der Neurotiker auch niemand einfach Nein sagen, sondern Ausflüchte suchen, vielleicht sogar im Gegenzug „Holzbein" spielen, indem er klagend auf eigene Belastungen hinweist, die viel schlimmer sind als die des Bittstellers. Damit ist er nicht alleine, denn viele haben wie er Schwierigkeiten, sich gegenüber Zumutungen abzugrenzen und Nein zu sagen. Gemeinsam ist ihnen allen die Überzeugung, dass „man" doch ein guter und hilfreicher Mensch sein sollte und keineswegs etwa „egoistisch".

Das macht natürlich angreifbar, aber die Täter, die andere ausbeuten oder ihnen sonstwie schaden, machen das in der Regel auch nicht bewusst und kaltherzig, sondern brauchen dafür so etwas wie eine innere Erlaubnis. Deshalb auch all die mehr oder weniger einleuchtenden Vorwände und Rechtfertigungen, die ihnen möglich machen, bei ihrem Tun ein gutes Gewissen zu behalten. Beliebt und weit verwendet ist z. B. die Überzeugung, dass sie den Opfern ja „nur helfen" wollen.

Es ist klar, dass diese halbherzige Art von Angriff und Verteidigung heute hoffnungslos veraltet ist und nur noch in Nischen eine Chance hat. Besonders gefährlich wird die Situation für die Restneurotiker dadurch, dass die in ihren eigenen Reihen ja schon immer vorhandenen Verfolger zunehmend ihre traditionellen Hemmungen verloren haben und zu fortgeschrittenen Gegnern geworden sind, die ohne bisher übliche Konflikte und Skrupel zur Tat schreiten. Es sind die von uns so genannten Alltagsnarzissten, Vertreter einer fortgeschrittenen destruktiven Kommunikationskultur, die gegenüber den Zeitgenossen herkömmlicher Struktur gewissermaßen den Vorteil des „Hechtes" gegenüber dem „Karpfen" haben.

4. Training für „Hechte im Karpfenteich"

Der Markt der Trainer und Buchproduzenten hat längst auf die veränderte Situation reagiert, und während manche traditionellen Psychotherapeuten noch dabei sind, die verbliebenen vom inneren Zwiespalt gequälten Neurotiker zu einer ehrenwerten Autonomie zu führen, gibt es schon detaillierte Anleitungen für „Hechte" und „Haie" oder für solche, die es werden wollen.

Eine solches praktisches Handbuch für Menschen, die die Wandlung vom behinderten Neurotiker und Opfer zum Gewinner entschlossen in Angriff nehmen wollen, hat Karl-Heinz Anton verfasst: „Mit List und Tücke argumentieren. Technik der boshaften Rhetorik" (1996). Das Buch ist ernsthaft gemeint, auch wenn der untergehenden Kultur der Neurotiker noch verhaftete Leser es vielleicht für Ironie und Satire halten. Wir kommentieren es als aufschlussreiches Dokument für das Heraufkommen einer neuen, nicht mehr neurotisch behinderten Kommunikationskultur. Es ist faszinierend durch seine zynische Offenheit im Bekenntnis zu einer nicht mehr durch Scham und Skrupel beeinträchtigten sozialen Bösartigkeit. Je nach Zugehörigkeit zur herkömmlich neurotischen oder zur neu-narzisstischen Kommunikationskultur wird der Leser mit Abscheu reagieren oder eine Menge nützlicher Information entnehmen.

In dem Buch werden 20 „Fehler" aufgelistet, die zusammengenommen eine Art Kodex herkömmlichen Anstands im Umgang miteinander bilden. Es sind Prinzipien wie: „Bleibe solide und vertrauenswürdig in Diskussionen und Verhandlungen!" (Fehler 16), „Mache ehrliche Versprechungen für die Zukunft" (Fehler 18) oder – ganz grundsätzlich – „Beachte in Diskussionen und Verhandlungen immer die Gesetze der Ethik" (Fehler 20).

All das sollte man als Gewinner nicht mehr tun. All die Strategien, die bisher unbewusst, mit schlechtem Gewissen und unter dem Schutz von Verleugnung und Verdrängung angewandt wurden, werden nun offen als erfolgreiche Manöver für Menschen empfohlen, die oben bleiben wollen. „Schikanen", „Prinzipienschmeichelei", „gespielte Entrüstung", „geheuchelte Inkompetenz" und „Maskierung" sind nützliche Mittel und offensichtlich hat Karl-Heinz Anton einen breiten Adressatenkreis vor Augen, der durch sein Buch entweder den letzten Schliff erhalten oder zum längst schon fälligen „Coming out" ermutigt werden kann. Er nennt diese potenziellen Abnehmer Eristiker, in Anlehnung an eine altgriechische Bezeichnung für skrupellose Kommunikationstechniker und versucht sogar, sie irgendwie klinisch einzuordnen. Seiner Meinung nach sind sie „manchmal sogar als neurotisch, gelegentlich auch fast als antisozial zu bezeichnen" (S. 21).

Dem kann man zustimmen, sind es doch genau die Menschen, die wir als Alltagsnarzissten bezeichnen und das Buch ist eine detaillierte Anweisung zur Jagd auf altmodische Neurotiker, die all die beschriebenen Fehler der Rücksichtnahme und Einfühlung in andere begehen oder allenfalls dilettantisch versuchen, sich trotz des Handicaps von Skrupeln und inneren Widerständen an der Ethik vorbeizumogeln. Sollte einem von ihnen sein moralisches Gepäck lästig geworden sein, findet er hier eine Einladung und praktische Anweisung, um in den Klub der Gewinner überzuwechseln. Vorausgesetzt natürlich, dass noch genug traditionell Behinderte vorhanden sind, „Karpfen" eben, damit die „Hechte" mit ihrem fortschrittlichen Programm erfolgreich sein können. Das ist allerdings die Bedingung für die Gewissheit des „modernen Eristikers", in dessen Seele sich Karl-Heinz Anton so kongenial hineinversetzt hat: „Ich bin die Zukunft. Oder hat irgendjemand etwas dagegen?" (S. 14).

„Die Masken der Niedertracht"

Karl Heinz Anton ist als Trainer und Coach im Organisationsbereich tätig und gibt seine Ratschläge für dieses Milieu. Man könnte meinen, dass Strategien kaltherziger Überwältigung und Vorteilnahme hier besonders verbreitet sind, gibt es doch viel Konkurrenzkampf und hoch gefährdete Arbeitsplätze. Neurotische Skrupel sind ein Luxus, den man sich einfach nicht leisten kann. Strategien, die hier im Berufsleben erfolgreich sind, sind es jedoch auch im Privatleben.

Die französische Psychoanalytikerin Marie-France Hirigoyen hat ein Werk über „Die Masken der Niedertracht" geschrieben, über „seelische Gewalt im Alltag und wie man sich dagegen wehren kann" (1999). Neben der Gewalt am Arbeitsplatz beschreibt sie auch, wie „perverse Narzissten" sich in der Familie und gegenüber dem Lebenspartner verhalten. Wir treffen hier auf den gleichen Persönlichkeitstyp, den auch Karl-Heinz Anton vor Augen hat. Als Psychoanalytikerin und Anhängerin traditioneller Ethik begrüßt Marie-France Hirigoyen diese Entwicklung jedoch nicht, sondern äußert ihr Bedauern, dass „in einem System, das nach dem Gesetz des Stärkeren, des Gerisseneren funktioniert (...) die Perversen Könige" sind (S. 9 ff.).

So berichtet sie z. B. von einem Paar, „seit dreißig Jahren verheiratet" (S. 30 ff.). Der Mann hat ein Verhältnis, worüber sich seine Partnerin sehr grämt. Das ist nicht ungewöhnlich; bemerkenswert ist jedoch die Art und Weise, wie der Leiden schaffende und erfolgreich selbst vermeidende Partner, „Lucien" genannt, mit der Situation umgeht. Er „bittet" die Partnerin, „weiter regelmäßig mit ihm zu frühstücken, um die Bindung aufrechtzuerhalten". Andernfalls bestehe die Gefahr, dass er für immer fortginge. Denn wenn sie sich von ihm entfernt, könnte er sie vergessen, und wenn sie sich deprimiert zeigt, hat er einfach keine Lust mehr, mit ihr zusammenzubleiben. Auf Anraten seines Psychoanalytikers, offenbar eines Geistesverwandten, schlägt er ihr sogar vor, seine Freundin zu treffen, um miteinander „ins Gespräch zu kommen".

Marie-France Hirigoyen meint, dass Lucien ein „Individuum mit perversen Verteidigungsmechanismen" sei und nicht imstande, „die Verantwortung für eine schwierige Wahl auf sich zu nehmen". (...) „Nicht für einen Moment hat man den Eindruck, dass er sich je gefragt hat, was er seiner Frau antut. Er sagt nur, er habe genug, sie mit dieser Leichenbittermine herumlaufen zu sehen. Indem er seiner Frau Schuldgefühle einredet, weil sie nicht tut, was nötig wäre, um ihn zu halten, entlastet er sich von der Verantwortung für die Trennungsentscheidung."

In der herkömmlichen ethischen und psychoanalytischen Sichtweise ist das natürlich richtig. Andererseits ist Lucien der Gewinner in diesem Drama. Er hat die Initiative und lässt andere leiden. All die Zwiespältigkeiten und lästigen Konflikte, mit denen er sich als Neurotiker eigentlich herumzuschlagen hätte, hat er erfolgreich hinter sich gelassen und zeigt sich sogar als kommunikativer Virtuose bei der Abwehr der neurotisch indirekten und entsprechend wirkungslosen „Gegenangriffe" seiner Frau. Da sie unfähig ist, „Zorn gegenüber ihrem Mann zu empfinden", wehrt sie sich mit Weinen, Vorwürfen und anklagenden psychosomatischen Symptomen, offenbar um bei ihm Schuldgefühle und damit den Konflikt zu wecken, der ihr selbst so vertraut ist.

Er seinerseits weiß das geschickt abzuwehren, indem er ihr gerade ihre hilflose Verteidigung zum Vorwurf macht und sie damit in eine ausweglose Zwickmühle bringt. Nun kann er frei von allen Zwiespältigkeiten tun, was er möchte und sie die psychische Last tragen lassen. Karl-Heinz Anton würde ihm sicher seine Anerkennung als erfolgreicher Kommunikationstechniker nicht versagen, denn genau das, was Marie-France Hirigoyen als Mangel sieht – seine Unfähigkeit, sich in seine Frau hineinzuversetzen –, macht gerade seine Stärke aus. Er kann sich „ganz auf seine Technik" verlassen, die zumindest im Augenblick den Erfolg sicherstellt.

Marie-France Hirigoyen beschreibt in ihrem Buch eine ganze Reihe solcher Szenen und spricht mit Recht von der „gegenwärtige(n) Häufung perverser Handlungen in Familien und Unternehmen". Ihre Erklärung ist jedoch unbefriedigend und ihre Vorschläge zur gesellschaftlichen Prävention eher beunruhigend. Sie meint, die sich ausbreitende Bösartigkeit sei ein „Symptom des Individualismus, der unsere Gesellschaft beherrscht" und empfiehlt staatliche Maßnahmen (S. 236 ff.). Als Beispiel weist sie auf einen Gesetzesentwurf in Frankreich hin, „der beabsichtigt, jede Form von Schüler- und Studentenulk als strafbare Handlung einzustufen, die entwürdigend und demütigend ist". Das spricht für ihre ethische Kompromisslosigkeit, ist jedoch naiv, denn, wie wir die Alltagsnarzissten kennen, werden sie alsbald auch bei diesem Programm die Führung übernommen haben. Ethik lässt sich nicht per Gesetz durchsetzen und die von Karl-Heinz Anton beschriebenen und empfohlenen Techniken lassen sich nicht durch die Polizei verbieten, zumal sie üblich und Erfolg versprechend sind. Wie man weiß, sind ja auch die Politiker, die diese Gesetze erlassen müssten, keineswegs frei von der Versuchung, ihre Macht und Vorteile auf diese Weise zu sichern.

Hase und Igel

Der Kampf mit den Alltagsnarzissten, den von Marie-France Hirigoyen sogenannten „Perversen", würde wahrscheinlich so ausgehen wie der Wettlauf zwischen Hase und Igel im Märchen. Der Igel, auch nicht durch Gebote sportlicher Fairness gebunden, nimmt seine ihm aufs Haar gleichende Frau zur Hilfe und lässt den Hasen sich zu Tode rennen. Jedes Mal, wenn er glaubt, nun endlich gesiegt zu haben, sitzt da schon ein Igel vor ihm am Ziel und tut den berühmten Ausspruch: „Ick bün allhier!" – Das wäre wahrscheinlich ganz ähnlich bei der neuen Moralpolizei, an die Marie-France Hirigoyen in durchaus verständlichem Schrecken vor den Entwicklungen denkt, die sie so eindringlich beschreibt.

Das Märchen, das eine wirklichkeitsgetreue Beschreibung einer menschlichen Grundsituation ist, macht deutlich, dass der Hase – ein zwar eitles, aber ansonsten sportlich korrekt kämpfendes Wesen – gegen die unfaire Schläue des Igels keine Chance hat. Vor allem hat der Igel eine Fähigkeit, die in gewisser Weise auch beim Narzissten vorhanden ist: Er kann sich verdoppeln. Scheinbar einer, sind es doch zwei Igel, die den Kampf bestreiten, und das zu fassen gelingt dem Hasen nicht. Eigentlich ist es ein mentaler Kampf, der auf der physischen Ebene ausgetragen wird, und weil der Hase nicht begreifen kann, was eigentlich gespielt wird, unterliegt er – eine Art tierischer Neurotiker, der sich durch seine Eitelkeit in ein Spiel verwickeln lässt, dessen tödlichen Ernst er erst begreift, als es zu spät ist und seine Kräfte irreversibel erschöpft sind.

Nun können Narzissten sich glücklicherweise nicht in diesem elementaren Sinne verdoppeln wie der Igel im Märchen. Sie können jedoch in verwirrender Weise zwei unterschiedliche Seiten ihrer Persönlichkeit aktivieren, eine „gute" und eine „böse", was einen ähnlichen Effekt ergibt. Das Opfer kann, ähnlich wie der Hase im Märchen, nicht fassen, wen es da eigentlich vor sich hat, und glaubt im schlimmsten Fall bis zum bitteren Ende an die gute Seite, während es von der bösen psychisch und sozial vernichtet wird.

5. Narzissmus als rationaler Lebensentwurf

Eine narzisstische Persönlichkeitsstruktur bringt also Vorteile bei der Lebensbewältigung. Es entfallen lästige Handicaps und Hemmungen, mit denen sich Neurotiker herumschlagen. Die Spannung im Konflikt zwischen verinnerlichten Normen und eigenen Wünschen und Begierden ist geringer und entsprechend weniger sind auch die lästigen Schuldgefühle. Beziehungen und überhaupt die ganze Lebensplanung lassen sich *rationaler* gestalten, immer unter dem Gesichtspunkt: Was bringt *mir* das? Diese Rationalität in der Einschätzung von Menschen und Situationen, ausgehend von der unerschütterlichen Gewissheit, dass das eigene Interesse in jedem Fall vorgeht, macht die Stärke von Narzissten aus und bildet gleichzeitig das Gefängnis, aus dem sie sich nicht befreien können.

Narzissten besitzen eine Persönlichkeit, die immer wieder durch Erfolge in den verschiedensten Bereichen des modernen Lebens Bestätigung erfährt. Hier liegt auch der Grund für die *Resistenz* des *Syndroms* gegen die Bemühungen von Psychotherapeuten, die wie viele der tiefenpsychologisch orientierten Therapeuten von klassisch „neurotischen" Voraussetzungen ausgehen und nicht realisieren, dass der narzisstische Lebensstil eine effektive Anpassung an heutige Lebensbedingungen darstellt. Das hat zwar seinen Preis, wird aber teilweise ausgeglichen durch eine Kombination von Strategien, um diesen Preis nicht zahlen zu müssen bzw. um Leid zu vermeiden. Solange diese Strategien erfolgreich sind, wird ein Narzisst auch kaum einen Psychotherapeuten aufsuchen, der berufsbedingt eher mit Menschen zu tun hat, die ihr Leid selbst nicht mehr bewältigen können, mit Neurotikern also und scheiternden Narzissten. Vielleicht ist das Leid Letzterer, das sie eventuell doch Hilfe suchen lässt, sogar schlimmer als das der Neurotiker. Wir werden darauf noch eingehen. Die Schwierigkeit, etwas zu ändern, liegt jedoch an der *Funktionalität* und *Rationalität* ihres Lebensstils und nicht, wie bei den Neurotikern, daran, dass überholte Liebes- und Gehorsamsbindungen sich hemmend bemerkbar machen. Paradox ausgedrückt: Erfolg und Elend der Narzissten liegen darin, dass sie ihr Leben und andere Menschen rational im Griff behalten, und dazu gehören natürlich auch ihre Helfer.

Die Logik der „psychischen Investition"

In klinischer Sicht entsteht die narzisstische Persönlichkeit „irgendwann zwischen dem dritten und fünften Lebensjahr" (Kernberg 1996, S. 249), wenn es Kindern nicht gelingt, nach einer ersten „Separations-, Individuations- und Explorationsrationsphase" (Kouwenhoven et. al. 2002, S. 169 ff.) konstruktiv mit der Erkenntnis umzugehen, dass sie in einer Welt mit anderen leben, und dass in dieser Welt nicht immer alles nach ihrer Nase geht. Damit ist salopp die schwere Krise benannt, die ein Kind ungefähr mit anderthalb bis zwei Jahren erlebt, wenn es sich als eigene Persönlichkeit aus der frühkindlichen Einheit mit der Mutter gelöst hat und nun vor der Aufgabe steht, seine Freiheit zu einer ersten persönlichen Bindung und Beziehung zu gebrauchen. Damit macht es eine Erfahrung, die ihm im Leben immer wieder begegnen und die riskant bleiben wird – bei diesem ersten Mal wie bei allen späteren Malen.

Bindung beinhaltet immer ein Wagnis und je nach den Voraussetzungen und Lebensumständen des Kindes kann dieser erste grundlegende Schritt gelingen oder misslingen. Macht das Kind gute Erfahrungen bei seiner Annäherung an die Bezugsperson, werden diese als erste und tiefste Schicht seines künftigen Eltern-Ich-Zustandes aufbewahrt. Aus ihnen entsteht das *Urvertrauen* in die nährende und fördernde Qualität von Beziehungen, auch wenn sie später mit Frustrationen und Kränkungen verbunden sind. Mit diesem Vertrauen hat das Kind eine elementare und für seine spätere Beziehungsfähigkeit etwas Grundlegendes errungen: Es kann auch die bösen, d. h. kränkenden, nicht befriedigenden Seiten einer Beziehungsperson aushalten, ohne die Beziehung zu dieser Person aufzugeben.

Vertrauen aber, zu uns selbst und zu anderen ist bei Risiken immer nötig, wie eben bei jeder Beziehung. Das ist beim kleinen Kind nicht anders als beim Erwachsenen, und hier nun setzt die *Logik des Narzissmus* an: Es ist die *Logik der psychischen Investition*. Um sein Vertrauen in diese erste wichtige Person in seinem Leben zu setzen und Liebesenergie auf sie zu richten, muss sich dieser Schritt lohnen. Wird das Kind nun missachtet und misshandelt und nicht als Person mit eigenem Wert gesehen, ist das nicht der Fall. Dann ist es sinnvoll und manchmal sogar lebensrettend, wenn das Kind sich auf diese Beziehung nicht einlässt und die Person, mit der es zu tun hat, nicht wichtig werden lässt.

In der Transaktionsanalyse sprechen wir in Hinsicht auf solche frühen Entscheidungen von *Überlebensschlussfolgerungen*. Kinder versuchen, auf diese Weise ihr psychisches Überleben und zumindest Elemente ihrer Integrität zu retten. Die Entscheidung, *sich selbst,* Leben und Integrität durch *Verweigerung von Beziehung* zu retten, ist *die* zentrale Überlebensschlussfolgerung, die zu einer narzisstischen Persönlichkeitsentwicklung führt.

Das hat zuerst einmal eine Reihe von Vorteilen. Vertrauen kann enttäuscht werden. Dieses Risiko entfällt, wenn von vornherein klar ist, dass von dem anderen nichts Gutes zu erwarten ist. Hinzu kommt, dass Kränkungen und Verletzungen zwar wehtun, aber keine wirkliche psychische Bedeutung haben, wenn einem die Person, von der sie ausgehen, gleichgültig ist. Der Entzug von Bedeutung bzw. die Weigerung, einer Bezugsperson überhaupt Bedeutung zu verleihen, sie zu lieben, zu hassen, oder überhaupt innerlich wichtig zu nehmen, ist ein Schutz vor Kränkung und Schmerz und gibt ein Gefühl der Unangreifbarkeit.

Natürlich findet die Entscheidung, psychische Energie nicht in eine Bezugsperson zu investieren, sondern sie selbst zu behalten, nicht bewusst statt, wie bei einem Erwachsenen. Derartige Entscheidungen werden unter dem Druck der Umstände durch intuitive Einsicht und geleitet vom Überlebenswillen getroffen. Sie sind dann später umso schwerer zu ändern, da sie als selbstverständliche Lebenshaltungen erscheinen und nie infrage gestellt wurden. Abgesehen davon liegt natürlich die Verantwortung für eine solche Entscheidung, mit der sich ein Kind von elementaren Entwicklungsmöglichkeiten abschneidet, nicht bei ihm selbst, sondern bei den Erwachsenen, die es in die Lage gebracht haben, eine solche Entscheidung als rettend für Leben und Integrität anzusehen.

Die narzisstische Grundeinstellung

In der Transaktionsanalyse gehen wir von verschiedenen Grundhaltungen aus, mit denen Menschen der Welt und den Mitmenschen begegnen. Es sind elementare Haltungen der Lebensbewältigung und Beziehungsgestaltung, die nicht immer sofort sichtbar sind, aber unter Stress und in Problemsituationen aktiviert werden.

Das Ideal einer solchen Grundeinstellung dem Leben und anderen Menschen gegenüber ist die Haltung: „Ich bin o.k. – du bist o.k.", die einer realistischen und zugleich wertschätzenden Einstellung sich selbst und anderen gegenüber entspricht. Diese Einstellung ist nicht die Regel und muss durch innere Arbeit und persönliche Entwicklung erreicht werden. Normal sind eher die Einstellungen: „Ich bin o.k. – du aber nicht" und umgekehrt: „Du bist o.k. – ich bin es nicht."

Das sind saloppe Formulierungen für Einstellungen und Strategien der Lebensbewältigung, die tief in der Persönlichkeit von Menschen verankert sind, meist aus ihrer Biographie verständlich werden und bis in den Bereich ihrer ethischen und religiösen Überzeugungen reichen. Es sind Haltungen, um sich durchs Leben zu bringen und im Zweifelsfall Kraft aus dem Bewusstsein der eigenen Überlegenheit zu schöpfen, oder umgekehrt aus der Überzeugung, dass zumindest die anderen in

Ordnung sind und gegebenenfalls die eigene Schwäche tolerieren oder ausgleichen werden.

Die erste dieser beiden Grundeinstellungen – Ich bin o.k. – du aber nicht – ist die Haltung der *Arroganz*. Die andere – Du bist o.k. – ich bin es nicht – ist eine Haltung des anhänglichen *Vertrauens* darauf, dass die anderen schon helfen werden oder zumindest dazu gebracht werden können. Ob Menschen im Zweifelsfall, unter Druck und in wirklichen oder eingebildeten Notsituationen entweder zu der einen oder der anderen Haltung neigen, unterscheidet sie voneinander. Beide Haltungen aber dienen der *Abwehr* einer Erfahrung, die unmittelbar mit der Situation des kleinen Kindes verbunden ist, das sich nach der Ablösung aus der schützenden Einheit mit der Mutter und vor dem Schritt in eine erneute Bindung seiner Ohnmacht und Verletzlichkeit bewusst wird. Das ist die Erfahrung der *Verzweiflung* und die Grundhaltung des elementaren *Misstrauens*: „Ich bin nicht o.k. – ich bin ausgeliefert und in meiner Schwäche von Vernichtung bedroht. Und die anderen sind auch nicht o.k., denn sie helfen mir nicht und schützen mich nicht vor meiner Angst, Wut und Verzweiflung."

Aus diesem fatalen Zustand, den wir alle einmal durchgemacht haben und der im Seelenuntergrund als „Ich-Zustand" bei jedem Menschen vorhanden ist, gibt es zwei Auswege. Der eine wurde eben genannt. Er besteht in der Entscheidung, sich trotz Wut, Angst und Misstrauen zu *binden*, die bedrohliche Autonomie wieder aufzugeben und sich zum *Satelliten* einer mächtigen Bezugsperson zu machen, die trotz aller von ihr ausgehenden Frustrationen dennoch Schutz und Verankerung in der Welt bietet. Je nachdem wie das Kind sich zu dieser Bezugsperson stellt, entwickelt es die beiden Grundeinstellungen. Ist die Bezugsperson eher schwach und kann kontrolliert werden, entsteht die Grundeinstellung: „Ich bin o.k. – du bist nicht o.k." Ist sie stark und setzt dem Kind neben erträglichen Frustrationen Widerstand entgenen, wird es eher die Position: „Ich bin nicht o.k. – du bist o.k." entwickeln und versuchen, aus dieser Position der Unterwürfigkeit heraus, durch Anpassung und Schmeichelei, diese mächtige Person zu beeinflussen.

Der andere Ausweg besteht in der *narzisstischen Lösung*. Hier behält das Kind seine ursprüngliche Autonomie sowie all die grandiosen Gefühle der Größe und Allmacht, die ein kleines Kind bei diesem ersten Erwachen seines selbstständigen Ichs erlebt. Der Preis für seine Weigerung, sich zum Satelliten einer geliebten und manchmal auch gehassten Bezugsperson zu machen, ist seine Schutzlosigkeit gegenüber dem Absturz in die Grundposition „Ich bin nicht o.k. – du bist nicht o.k.", der Position der Ohnmacht und Verzweiflung. Um das Versinken in diese fatalen Gefühle zu vermeiden, wird es jetzt und auch später als Erwachsener nur zwei Möglichkeiten haben. Es muss einen Weg finden, um den extrem instabilen Zustand phantasierter Allmacht und Größe gegen die Berührung mit der Wirklichkeit zu schützen und sein grandioses Ich immer wieder energetisch aufzuladen, und es muss dieses Ich davor schützen, von anderen so wahrgenommen zu werden, wie es tatsächlich ist: klein, instabil, unvollkommen und schwach, alles Eigenschaften, die nur im Schutz einer liebenden Beziehung auszuhalten sind.

Entsprechend lässt sich der narzisstische Lebensstil durch zwei Dinge charakterisieren: Durch das *narzisstische Geheimnis* hinsichtlich des zugleich grandiosen und ohnmächtigen Kerns der Persönlichkeit, des zentralen Ich-Zustandes also, und durch die *Fassade* von Anpassung, Wohlverhalten, Leistungsfähigkeit und Perfektion, mit der dieses *Geheimnis* geschützt wird. Dieser nicht in eine Beziehung eingebundene Ich-Zustand im Kern der Persönlichkeit, das narzisstische Geheimnis, bildet Verlockung und Elend eines narzisstischen Lebensentwurfs: Freiheit, Größe, und Allmacht im Bewusstsein extremer Gefährdung und Schutzlosigkeit. Da es sich um einen Ich-Zustand im Kern der Persönlichkeit handelt, können die Fassade und das Geheimnis jedoch nicht einfach aufgegeben werden, wenn später einmal die hohen Kosten dieser frühen Entscheidung deutlich werden. Eine Revision der Entscheidung wäre nur möglich durch die Begegnung mit der Wut und Todesangst des kleinen Kindes, das sich bisher, wie es meint, durch Geheimnis und Fassade am Leben erhalten hat. Der Verzicht darauf wäre gleichbedeutend mit dem Verlust des einzigen Schutzes, den es sich gegenüber einer lieblosen und bedrohlichen Umwelt geschaffen hat, und ist damit verständlicherweise eine tödliche Bedrohung.

6. Das Märchen vom Rumpelstilzchen

Dass der Narzissmus eine elementare menschliche Möglichkeit darstellt, allerdings auch eine ebensolche Gefährdung, zeigt die Tatsache, dass auch in Mythen und Märchen von ihm die Rede ist. Der Name ist von Freud aus dem antiken Mythos entnommen und auch in den Märchen, wenn man ihre Bildersprache versteht, findet man das Thema immer wieder. Besonders deutlich ist das im Märchen vom „Rumpelstilzchen", in dem es um eine Frau geht, deren schöpferische Potenz von zwei Männern unter Todesdrohung für ihre Zwecke missbraucht wird.

Die Geschichte fängt so an: „Es war einmal ein Müller, der war arm, aber er hatte eine schöne Tochter". Die Tochter ist sein größter Besitz und mit dem prahlt er denn auch, als er den „König", den späteren Ehemann seiner Tochter trifft. Weil ihm aber die Schönheit nicht reicht, streicht er auch noch ihre Begabung heraus: Sie „kann Stroh zu Gold spinnen".

Das ist nun ganz unwahrscheinlich, denn dann wäre er wohl nicht so arm, wie es von ihm heißt, aber der König denkt über diese Merkwürdigkeit nicht nach und nimmt die Prahlerei ernst. Er bestellt die Tochter in sein Schloss, um sie „auf die Probe zu stellen", und diese Probe ist nun alles andere als harmlos. Sie soll eine ganze Kammer voll Stroh zu Gold spinnen. Schafft sie das nicht, muss sie sterben.

Das ist eine extreme Leistung, die da von ihr verlangt wird, um den Vater davor zu bewahren, dass seine Prahlerei offensichtlich wird und ihm zu helfen, dass seine Fassade gewahrt bleibt. Außerdem muss sie auch die Gier des Königs befriedigen. Sie selbst zählt nichts gegenüber dem Nutzen, der von ihr erwartet wird. Schafft sie es nicht, ist ihr Leben verwirkt.

In Todesangst sitzt sie in ihrer Kammer, die Angst wird unter dem Druck der Erwartungen immer größer und „endlich" fängt sie an zu weinen. In diesem Augenblick der Verzweiflung und Ausweglosigkeit öffnet sich die verschlossene Tür und ein Männlein kommt herein, das im Unterschied zu ihren Peinigern einen Blick für ihre Not hat und sie ganz mitfühlend anspricht: „Guten Abend, Jungfer Müllerin, warum weint ihr so sehr?"

In der Sprache der Transaktionsanalyse heißt das, dass sie in ihrer Angst und Verzweiflung mit einem bisher verborgenen Ich-Zustand in Kontakt gekommen ist. Das Männlein wirkt ganz kindlich und übernimmt zugleich elterliche Funktionen. Von allen bisherigen Helfern und Eltern verlassen und verraten – von einer Mutter ist im Märchen sowieso nicht die Rede –, aktiviert sie ihr inneres *Kind* und damit ihr kreatives Potenzial und hilft sich selbst, allerdings auch ihren beiden Ausbeutern. Das Männlein schafft es tatsächlich, das Unmögliche zu bewerkstelligen und aus Stroh Gold zu machen.

Allerdings tut es das nicht umsonst. Sie wird noch ärmer durch diese Hilfe, als sie es schon ist. Die ersten Male gibt sie dem Männlein ihren Schmuck, Halsband und Ring, denn der König lässt sie nicht frei, sondern sperrt sie in seiner Gier noch zweimal ein, um möglichst viel aus ihr herauszuholen. Beim dritten Mal besitzt sie nichts mehr, um es dem Männlein anzubieten, und da verspricht sie ihm ihr erstes Kind, wenn sie Königin geworden ist, was das Männlein merkwürdigerweise schon voraus zu wissen scheint. Und tatsächlich: „Als am Morgen der König kam und alles fand, wie er gewünscht hatte, so hielt er Hochzeit mit ihr" und sie „ward eine Königin".

Das Männlein hilft also bei extremem Druck, aber es zehrt auch an den Kräften der erwachsenen Persönlichkeit, deren Schmuck es verlangt. Als dann das erste Kind da ist, wird ganz deutlich, worum es geht: Es will *Leben* und spricht das auch ganz klar aus: „Nein, etwas Lebendes ist mir lieber als alle Schätze der Welt." Die fatale Zwickmühle ist klar.

Nun könnte die Geschichte ja so weitergehen, dass das Männlein tatsächlich mit dem Kind verschwindet, auf das es vertragsgemäß einen Anspruch hat. Was es mit ihm vorhat, ist im Märchen nicht gesagt, aber offensichtlich sind die Lebenskräfte des Männleins nicht so, dass es ohne Zufuhr auskommen könnte. Es hat etwas Vampirisches an sich. Für das Kind wäre der neue Besitzer also nicht günstig.

Was die Königin betrifft, so könnte man sich vorstellen, dass sie ohne Kind mit ihrem Ehemann so weiterlebt. Fürs erste ist ja Gold genug da. Man muss allerdings hoffen, dass es eine Weile reicht, bzw. dass der Mann trotz seiner Goldgier eine Weile Ruhe gibt. Sonst könnte es bald zu einem neuen Durchgang kommen, sodass die Königin wieder die fatale Hilfe des Männleins in Anspruch nehmen müsste, für die dann wohl ein noch höherer Preis zu entrichten wäre, vielleicht ihr eigenes Leben.

Denkbar wäre auch eine Lösung, die unserer Zeit näher ist: Sie könnte sich endlich von diesem Ehemann, der nur ihr Gold will, emanzipieren und ihre kreativen Kräfte auf eigene Rechnung nutzen bzw. mit Hilfe des Männleins Gold spinnen. Vielleicht lässt sich das Männlein auch auf harmlosere Formen der Bezahlung ein. Mit geeigneter psychotherapeutischer Hilfe wäre diese Befreiung vielleicht zu erreichen.

Dann wäre sie frei, vielleicht als erfolgreiche Unternehmerin finanziell unabhängig und bräuchte sich nicht mehr von Vater und Ehemann für deren Zwecke ausbeuten zu lassen. Allerdings hätte sie deren Haltung sich selbst gegenüber eingenommen.

Die Königin im Märchen macht es anders und hält an ihrem Kind fest. Der Vertrag gilt zwar, aber das Männlein hat ein Zugeständnis gemacht. Sie ist aus der fatalen Verpflichtung, ihr Liebstes zu opfern, entlassen, wenn sie seinen Namen herausfindet. Das sieht zwar wieder unmöglich aus, aber durch Zufall gelingt es und der Schluss der Geschichte ist bekannt: Das Männlein zerreißt sich vor Wut selbst, als es mit seinem Namen „Rumpelstilzchen" identifiziert wird.

Die narzisstische Versuchung

Die Geschichte zeigt unter anderem das, was wir die *narzisstische Versuchung* nennen wollen. Schon der Anfang ist für das Entstehen eines narzisstischen Lebensmusters charakteristisch: Ein Mädchen wird vom Vater und dann vom Ehemann missbraucht – vom Vater für seine Lebensfassade, vom Ehemann für seine Geldgier. Als Person wird es nicht wahrgenommen und in ihrer Not hilft ihm niemand. Sie ist allein und von allen Menschen verlassen, bis ihr ein Wesen zu Hilfe kommt, das nicht eindeutig zu identifizieren ist. Es ist eine Art Kobold, zugleich kindlich und doch auch wieder mit elterlich-fürsorglichen Zügen. Transaktionsanalytisch gesehen handelt es sich um ihr eigenes inneres Kind, das sich bisher der Einbindung entzogen hat. Es wurde ja auch von niemand wahrgenommen, wenn wir einmal davon absehen, dass der Vater bei seiner Prahlerei eine Ahnung zu haben scheint, was in seiner Tochter steckt. Dieser elementare Ich-Zustand und mit ihm Kreativität und Begabung helfen ihr jetzt und geben den Schutz und die Hilfe, die von den eigentlich Zuständigen zu erwarten wären. Weil diese Seite ihrer Persönlichkeit nicht eingebunden und noch namenlos ist, ist sie wild und magisch, kann Ungewöhnliches, bleibt jedoch außerhalb des normalen Bewusstseins. Das Männlein verkörpert das Geheimnis der narzisstischen Persönlichkeit, den unbekannten, nicht identifizierten, ungeliebten und verwahrlosten Teil der Psyche, aus dem jedoch oft ungewöhnliche Fähigkeiten und Begabungen kommen.

Die Geschichte zeigt auch, dass in der Not eine Rettung durch Kontakt mit abgespaltenen Seiten der Persönlichkeit möglich wird. Wenn sonst niemand hilft, dann hilft sich die Psyche durch Aktivierung unbekannter Kräfte, die in ihr selbst liegen. Jedoch nicht ohne Preis und Risiko, wie wir sehen. Der nicht identifizierte und damit in die Persönlichkeit nicht integrierte Ich-Zustand fordert seinen Lohn – und zwar fortschreitend mehr. Sich mit ihm einzulassen ist verführerisch und – je nach Druck und Not – höchst gefährlich. Es führt dazu, andere und auch sich selbst auf Kosten von Leben und Liebe zu nutzen, um diesen immer höher werdenden Preis zahlen zu können. Der Vater und der Ehemann sind dieser Versuchung bereits erlegen, die Königin entscheidet sich letztlich anders und zeigt den Ausweg aus der narzisstischen Falle. Sie sucht und findet den Namen des Männleins bzw. integriert diesen zwar hilfreichen aber auch destruktiven Ich-Zustand. Als Frau in der heutigen Wirklichkeit hat sie vielleicht das Glück, einen hilfreichen Therapeuten oder eine ebensolche Therapeutin zu finden.

Bei diesem Vorgang der Integration wird auch deutlich, was der gefühlsmäßige Kern des unbekannten Ich-Zustands ist. Das Männlein birgt eine so furchtbare Wut, dass es sich selbst zerstört, als es erkannt wird. Im Märchen wird nicht besonders darauf eingegangen, aber die Tatsache, dass sie dem Anblick dieser Wut standhalten kann, nachdem das Wesen identifiziert ist, ist eine Persönlichkeitsleistung der Königin.

Im Übrigen steht die Geschichte vom „Rumpelstilzchen" nicht einzig da, sondern behandelt ein Thema, das häufig in Märchen und Sagen vorkommt. Was wir den alltäglichen Narzissmus nennen, wird hier vor allem in den Erzählungen vom Teufelspakt behandelt – und wenn es gelingt, der Falle zu entgehen, in den Geschichten vom betrogenen Teufel. Die bekannteste Gestaltung dieses Themas stellt Goethes Faust dar.

Spaltung

Die transaktionsanalytische Annahme, dass in einer Person verschiedene Ich-Zustände vorhanden und nebeneinander wirksam sind, lässt eine Besonderheit leichter verständlich werden, die von klinischen Psychologen mit Frühstörungen und speziell mit dem Narzissmus in Verbindung gebracht wird: die *Spaltung*.

Gehen wir wieder von der Königin des Märchens aus, so gibt es da eine angepasste junge Frau, die sich redlich müht, den Erwartungen ihrer Herren gerecht zu werden und dann auf der anderen Seite das kleine Männlein. Im Märchen ist es ein anderes Wesen, das wir als einen Ich-Zustand der jungen Frau aufgefasst haben. Sie hat also zwei Seiten, von denen ihr im Märchen nur die eine bekannt und vertraut zu sein scheint: Die eine ist willfährig und normal angepasst. Die andere Seite, die wilde, zurückgebliebene, vampirische, und zu wilden Wutausbrüchen fähige, tritt als ein fremdes Wesen auf.

Im Märchen macht das kein Problem, denn dort kann unbekümmert von verschiedenen realen und nicht realen Personen gesprochen werden. Gehen wir jedoch von einer Person und ihren verschiedenen Ich-Zuständen aus, dann liegt die Frage nahe: Wer ist diese junge Frau nun wirklich?

Spaltung besteht in der Fähigkeit bzw. dem Unglück, die Persönlichkeit auf verschiedene Ich-Zustände zu *verteilen*, die sich mehr oder minder fremd gegenüberstehen. Von der „Multiplen Persönlichkeit", bei der die einzelnen Segmente jeweils auch nach außen hin ein eigenes Leben führen, unterscheidet sich eine Persönlichkeit mit dieser Anlage der Spaltung dadurch, dass es eine *Leitpersönlichkeit* gibt und die andere dunkle Seite nur bei Gelegenheit aktiviert wird.

Wie bei einer Kippfigur tritt diese *Schattenpersönlichkeit* unter bestimmten Bedingungen in den Vordergrund, jäh oder manchmal auch unmerklich, in Art einer kaum greifbaren und über längere Zeit andauernden Persönlichkeitsveränderung. Je größer die Gefahr für die Leitpersönlichkeit ist, von dieser Schattenpersönlichkeit überwältigt zu werden, umso stärker ist meist auch ihr Bemühen, sich über eine Fassade von Leistung, Erfolg und gelungener bürgerlicher Anpassung zu stabilisieren. Hinter der *Fassade* ist jedoch ein primitives kindliches Ich verborgen, das leben, aber sich nicht verändern will und kann. In seiner kindlichen Weise möchte es die Fäden in der Hand behalten, was es auch weitgehend schafft.

Diese Fähigkeit, sich in ein inneres *Niemandsland* zurückzuziehen, sichert unter Umständen für ein Kind das psychische Überleben und hat auch für den Erwachsenen eine Menge Vorteile. Alles was eventuell schmerzvoll und bedrohlich ist, betrifft nicht den Kern der Person, sondern nur die Außenseite: „den" oder „die da".

Aus seiner Verborgenheit schaut sich der Mensch mit einem solchen Schutzmechanismus selbst zu und ist insofern sicher vor jeder Kränkung und jedem unangenehmen Gefühl. Der Preis dafür ist allerdings, dass das Gefühl für die Wirklichkeit geschwächt wird und die Persönlichkeit zur Fassade verkommt, hinter der die nicht offizielle Schattenpersönlichkeit in immer stärkere Unruhe und Spannung gerät. Manchmal wird das so beschrieben, als spiele sich alles Wirkliche hinter einer imaginären Glasscheibe ab. Oder eine Klientin berichtet, dass sie die Fähigkeit hat, sich in bedrohlichen Situationen auf eine imaginäre Insel zurückzuziehen, auf der sie nichts mehr wirklich betreffen kann. Andererseits spürt sie jedoch auch wieder unerträgliche Spannungen, die sie nicht einordnen kann, und sie fürchtet, verrückt zu werden.

Es ist klar, dass ein Mensch, der sich in dieser Weise vor sich selbst zurückzieht, Schwierigkeiten hat, sich in Arbeit und Liebe auf die Welt einzulassen. Unter Umständen gelingen ihm jedoch mithilfe seines geheimen Ichs blendende Leistungen („Gold zu spinnen") durch überraschende kreative Leistungen. Narzisstische Künstler schöpfen aus dieser inneren Quelle. Wie wir gesehen haben, hat die Hilfe des Geheimen Ichs ihren Preis. Wie ein ganz kleines Kind ist es für sich nicht lebensfähig und saugt wie ein Vampir Lebenskräfte aus der Person, die ihn in sich trägt, wird nie wirklich satt und neigt schließlich zur Selbstzerstörung und zur Zerstörung anderer, wenn seine Ernährung in Frage gestellt wird.

Das Märchen vom „Rumpelstilzchen" macht das deutlich. Oberflächlich gesehen ist es die Geschichte einer jungen Frau, die es durch eine ungewöhnliche Leistung schafft, von einem König geheiratet zu werden. Als Geschichte eines narzisstischen Schicksals geht es jedoch ebenso um das Thema der *Ernährung* eines abgespaltenen Ich-Zustands durch sich steigernde Opfer der bewussten Persönlichkeit: zuerst der Schmuck, dann das Kind. Das Männlein stellt diesen abgespaltenen und ohne Zufuhr von Leben verhungernden Persönlichkeitsteil dar und – wenn wir uns in es hineinversetzen – wird es wohl die Grundposition haben: „Ich bin nicht o.k. – ihr seid es auch nicht."

Antreiber

Diese innere Spaltung kann also ungewöhnliche Kräfte freisetzen. Allerdings sind es Kräfte, die aus der Substanz kommen und auf Dauer die Persönlichkeit entleeren. Soweit kein anderer Ausweg aus dieser Situation gefunden wird, führt sie paradoxerweise zu einer weiteren Mobilisierung von Kräften und noch stärkerem Druck. In der Transaktionsanalyse beschreiben wir diesen Teufelskreis mit dem Konzept der *Antreiber*.

Antreiber sind Zwänge, mit denen Menschen versuchen, ihr Leben im Griff zu behalten. Sie bedeuten eine ständige Anspannung von Körper und Seele, in ruhigen Zeiten mehr im Untergrund, bei Stress und Bedrohung jedoch intensiviert. Als Gegenprogramm zum Sog, sich aufzugeben und in Passivität und Nichtstun zu versinken oder überhaupt aus dem Leben in ein Nirwana des Todes zu verschwinden, sichern sie das Funktionieren der Person im Alltag. Antreiber werden dann wirksam, wenn Menschen in einem inneren Konflikt leben: zwischen dem, was sie auf der einen Seite glauben tun oder sein zu müssen, und dem, was sie auf der anderen Seite von sich aus möchten. Die meisten Menschen befinden sich in diesem Konflikt und je tiefer er geht, umso stärker pflegen dann auch die Zwänge bzw. Antreiber zu sein, mit denen sie versuchen, ihr Funktionieren zu sichern.

In der Transaktionsanalyse sprechen wir mit Bezug auf dieses System von Hemmung und innerem Druck vom *Skriptapparat*. Antreiber sind die *Stützpfeiler der Fassade* und hilfreich, manchmal sogar lebensrettend, wenn ein Mensch sonst keinen Weg findet, der fatalen Versuchung zu widerstehen, sich entweder psychisch zu verstümmeln oder sich ganz aufzugeben. Immer vorausgesetzt, ein Weg zu einem selbstbestimmten Leben ist dem Betreffenden wirklich oder scheinbar verschlossen.

Es gibt im Ganzen fünf solcher psychischer Stützprogramme:

- Sei stark!
- Streng dich an!
- Beeil dich!
- Mach es (anderen) recht!
- Sei perfekt!

Für sich genommen sind das elterliche Ratschläge, die situationsbezogen durchaus hilfreich sein können. Zu Zwängen und Antreibern werden sie im unentschiedenen Kampf zwischen dem Streben, lebendig zu bleiben, sich zu entwickeln, elementare Wünsche und Bedürfnisse zu befriedigen und der Nötigung, sozial und psychisch in einer vorgegebenen Weise zu funktionieren. Es sind Zwänge, die sich auch körperlich ausdrücken: In steter Verkrampfung, die unter Umständen zu schweren Verspannungen und Rückenproblemen führt oder zu Hektik, Unruhe und der Unfähigkeit, wieder aus diesem Zustand herauszukommen.

Die Macht der Antreiber wird verständlich, wenn man den Gehorsam des angepassten Kindes gegenüber dem Willen der Eltern betrachtet. Die Eltern können lieblos oder sogar feindlich sein, aber dennoch den nötigen Halt im Leben bieten und deswegen auch idealisiert werden. Die Grundhaltung, aus der heraus die Antreiber aktiviert werden, ist deswegen: „Ich bin nicht o.k. Ich bin schwach, hilfsbedürftig, unvollkommen. Aber es gibt andere, die sind in Ordnung und wenn ich so bin wie die, mich anstrenge, unterwerfe, vielleicht sogar perfekt bin, dann schaffe ich es und finde Anerkennung und Unterstützung."

Unter narzisstischen Voraussetzungen sieht die Sache jedoch anders aus. Auf den ersten Blick geht es auch hier darum, es durch Leistung und Anpassung jemandem recht zu machen. Die Grundhaltung ist jedoch eine andere, nämlich die Haltung der *heroischen Verzweiflung*: „Ich bin nicht o.k. – ihr seid es auch nicht. Niemand ist vertrauenswürdig und hilft mir. Um zu überleben, muss ich alles alleine tun: Stark sein, mich anstrengen, es anderen recht machen, auch wenn ich sie eigentlich verachte. Es gibt nur eine Rettung, nämlich *perfekt* zu sein, denn dann bin ich sicher vor jedem Angriff und jedem Vorwurf!"

Dieser Zwang, einem nie genau definierten und deswegen auch nicht erreichbaren Ideal von Vollkommenheit nachzujagen, gehört wesentlich zu einer narzisstischen Lebenshaltung. Auch Neurotiker können unter dem Zwang stehen, es anderen recht machen zu müssen. Sie haben jedoch die Erfahrung gemacht, dass dies zumindest grundsätzlich möglich ist, auch wenn es im einzelnen Fall mal nicht gelingt. Es ist die Erfahrung eines Kindes mit autoritären und fordernden Eltern, die jedoch einen erkennbaren Maßstab für ihre Forderungen erkennen lassen. Der mag zwar übermäßig hoch sein, aber zum Zwang des Neurotikers, es ihnen und später anderen recht zu machen, gehört die *Hoffnung*, dass es doch einmal gelingen kann.

Das Perfektionsstreben des Narzissten dagegen ist hoffnungslos und von einem tiefen inneren Widerspruch bestimmt. Es gibt keine konkrete Person, für die es sich lohnte „perfekt" zu sein, aber trotzdem ist das unbedingt nötig, denn nur Perfektion gibt das Gefühl der Überlegenheit und Größe, die für das Gefühl einer zumindest zeitweiligen Sicherheit nötig ist.

Je nach Gebiet, auf dem sie diese Vollkommenheit anstreben, unterscheiden sich die einzelnen Personen. Es kann der eigene Körper sein, der einem bestimmten Ideal angenähert werden soll, oft verbunden mit viel Arbeit, Kosten und Energie oder – bei den Essstörungen – mit schweren gesundheitlichen Schädigungen, im Bemühen, den Körper in die Nähe des Ideals zu zwingen. Das Ideal kann seine Wirkung auch im beruflichen Bereich zeigen, wenn etwa alle menschlichen Bindungen und Verpflichtungen der „Kunst" oder der „Karriere" geopfert werden. Auch ein narzisstischer Straßenschläger kann diese Vollkommenheit erstreben, steckt doch in dieser Kunst oft viel Arbeit in Trainingsstätten – und im Hintergrund die Angst eines ausgelieferten Kindes vor der Ohnmacht, das dieser Angst verzweifelt und ohne Hoffnung zu entgehen sucht. Trivial und alltäglich zeigt sich das Perfektionsstreben von Narzissten aber auch in dem Zwang, nie einen Fehler zuzugeben, immer recht zu haben und reflexhaft zu widersprechen, wenn ein anderer eine Meinung äußert.

Dass diese ständige Aktivierung innerer Reserven an der Lebenskraft zehrt, ist klar. Im Märchen zeigt sich das unübertrefflich in der Gier des Männleins nach Lebendigem. Gleichzeitig verkörpert es die furchtbare Wut auf alle, die an der Begabung des Narzissten schmarotzen und ihn zwingen, immer wieder Stärke und Perfektion aus sich herauszuholen, ohne einen Ausgleich zu gewähren und ihn satt werden zu lassen. Für diesen mitleidslosen narzisstischen Antreiber stehen vor allem der König und die von ihm ausgehende Todesdrohung. Im Übrigen ist es auch gar nicht mehr möglich, satt zu werden, wenn sich das narzisstische Universum einmal etabliert hat und zum unentrinnbaren Gefängnis geworden ist. Dann versinken auch gutwillige Angebote von ausgleichendem Dank und Anerkennung im Nebel der Bedeutungslosigkeit.

7. Selbstmitleid oder Versuch, sich selbst zu nähren

Antreiber sind ein Notprogramm, um Energie zu aktivieren und der Versuchung zu widerstehen, sich gegenüber den Herausforderungen des Lebens einfach aufzugeben und sich treiben zu lassen, wohin auch immer. Ihr Nachteil ist, dass sie dieser Versuchung nur schlecht und recht die Waage halten und auf Dauer mehr Kraft verbrauchen als aus ihnen zu gewinnen ist. In Krisensituationen können sie lebensrettend sein, wenn innere Durchhaltebefehle und Überlebensstrategien alle Kräfte mobilisieren. Auf Dauer führt die mit ihnen verbundene chronische Anspannung jedoch zur Erschöpfung und stärkt wieder die andere Seite, sich aufzugeben und alles in Kauf zu nehmen, was auch immer damit verbunden sein mag.

Menschen, die sich auf diese Weise in einem schwankenden und kräfteverzehrenden Gleichgewicht befinden, haben zu wenig wirkliche Fürsorge und Anteilnahme für sich selber. In der Transaktionsanalyse gehen wir davon aus, dass die fürsorgliche und unterstützende Zuwendung der Eltern oder sonstiger bedeutsamer Personen im Eltern-Ich erhalten bleibt und bei Bedarf später im Erwachsenenleben als innere Kraft aktiviert werden kann. In diesem Sinne ist das Mitgefühl, das wir manchmal für uns empfinden, eine wichtige und hilfreiche Fähigkeit, um in belastenden und anstrengenden Situationen unsere Grenzen zu wahren, uns mit nachsichtigem Blick selbst wahrzunehmen und Gutes zu tun.

Manchmal sind wir tatsächlich „arm dran", überlastet, müde, hungrig, ungeliebt, und alles scheint sich gegen uns verschworen zu haben. Da ist es einfach wohltuend, wenn jemand da ist, der das ohne Wenn und Aber zur Kenntnis nimmt, ohne Vorwurf: „Hättest du doch!" und ohne antreibendem Befehl: „Nimm dich endlich zusammen!", sondern mitfühlend und in der tröstlichen Gewissheit: „Du wirst es schon schaffen!". Dieses Mitgefühl nährt und stärkt die Seele – wenn es von anderen kommt und ebenso, wenn wir es uns selbst zuteilwerden lassen.

Wie gesagt, hängt diese Fähigkeit, sich selbst zu nähren, von positiven Erfahrungen in der Kindheit ab und von der Entscheidung des Kindes, die nährende Person trotz ihrer nicht idealen Seiten in die Persönlichkeit bzw. in sein Eltern-Ich aufzunehmen. Gelingt das nicht, so entsteht ein Zustand chronischer Bedürftigkeit. Der „Lebens-Akku" ist leer und lässt sich auch nicht durch andere gute Erfahrungen „aufladen", was zu *Notprogrammen* und der Manipulation von anderen zwingt. In der Transaktionsanalyse bezeichnen wir diese Manipulationen als *Maschen* oder *Rackets*, mit denen Menschen versuchen, aus anderen herauszuholen, was zum Überleben nötig ist. Eine solche Masche ist das *Selbstmitleid*. Zum Verständnis des Narzissmus ist es von zentraler Bedeutung und hat den doppelten Zweck, Zuwendung von anderen herauszuholen und gleichzeitig diese Zuwendung radikal zu entwerten, um unabhängig zu bleiben.

Selbstmitleid beruht auf der Gewissheit des Kindes, „arm dran" zu sein. Dieses Gefühl zu vermeiden, ist kaum möglich, denn es besteht in den meisten Fällen zu Recht: Ja! Im Kern der narzisstischen Persönlichkeit ist ein ungeliebtes, bedürftiges, und oft schwer misshandeltes Kind verborgen, das von ständiger und nie gestillter Sehnsucht verzehrt wird, geliebt und anerkennend wahrgenommen zu werden. Es würde seelisch sterben, wenn es nicht zwei Möglichkeit entdeckt hätte, sich selbst zu nähren: den *Rausch* und eben das *Selbstmitleid*.

Der Rausch entsteht durch Phantasien und Bilder der Größe und des Glanzes, die zu einer Inflation des Selbstgefühls führen und das chronische Elend vergessen lassen, jedoch nicht lange vorhalten und nicht wirklich sattmachen. Statt sich an eine Elterngestalt zu binden und im Austausch für eine verfrühte Unabhängigkeit Schutz und Fürsorge zu erhalten, verweigert das Kind diese Bindung und hält sich dafür den Rückzug in ein früheres Stadium der Verschmelzung mit der Mutter offen. Das ist der heimliche *Notausgang,* mit dem sich jeder Narzisst der kränkenden und widrigen Wirklichkeit entzieht, die Rückkehr in ein phantasiertes Paradies der Liebe, der Geborgenheit, der kampf- und mühelosen Versorgung, und der ungekränkten Vollkommenheit. Diese Rückkehr kann durch Medikamente und phantasievolle Arrangements bewerkstelligt werden, durch Drogen, sexuelle Inszenierungen, eventuell auch durch Suizid. Vielen Alltagsnarzissten genügt es jedoch, sich die Erinnerung an das verlorene Paradies als Widerstand gegen jede reale Lebensbefriedigung zu erhalten, was zu einer mehr oder weniger ausgeprägten chronischen Unzufriedenheit und Depressivität führt, zum Anlass, sich selbst zu bemitleiden.

Freud sprach vom „Unbehagen in der Kultur", das durch die mannigfache Triebunterdrückung in der Zivilisation zustande komme. Die narzisstische Depressivität, die, wenn sie künstlerisch gepflegt wird, Züge einer *kultivierten Schwermut* annehmen kann, ist davon verschieden. Es geht nicht um die Trauer über Verbote und das Unterdrücken von Trieben. Im Gegenteil: Alles ist erlaubt und deswegen trivial. Aber vor allem: Es ist nicht „das", was der Narzisst als nie gestillte Sehnsucht in sich trägt.

Je nach den persönlichen Voraussetzungen kann das zu Passivität und Tatenlosigkeit führen. Es lohnt sich nicht, irgendetwas anzufangen oder in eine Sache Energie zu investieren, denn die Perfektion der verlorenen Größe und Vollkommenheit ist doch nicht zu erreichen. Mehr antreiber-gesteuerte Narzissten stellen jedoch unter Umständen gnadenlose Leistungsansprüche an sich und andere. Aber auch dahinter steht die Sehnsucht nach der verlorenen und von keiner Realität beeinträchtigten Vollkommenheit, der paradiesischen Einheit mit der Mutter noch vor aller Individuation, die auf diese Weise herbeigezwungen werden soll. Wenn der Weg in das verlorene Paradies verschlossen ist, bleibt nur noch der Weg, Vollkommenheit im Hier und Jetzt zu verwirklichen, ganz alltäglich z. B. im „Styling" der Wohnung: schwarzer Marmor, Designermöbel, abstrakte Gemälde, alles sehr „stil-" und geschmackvoll, aber bei allem Glanz kalt. Die Wohnung gehört zur Fassade und unterliegt den hier geltenden Normen, dass sie also „ausgesprochen individuell" gestaltet ist. Sie wird so zum *Fetisch*, mit dem der Besitzer sich seine Besonderheit und Überlegenheit über andere bestätigt. Ein Besucher könnte z. B. die „unverzeihliche" Schwäche besitzen, eines der vorhandenen Kunstwerke oder Möbel nicht richtig einzuschätzen und den Künstler bzw. Designer vielleicht gar nicht zu kennen.

Und dennoch. Diese Vollkommenheit ist immer gefährdet und nur mit stetem Energieeinsatz zu halten. Außerdem ist alles, was sich erreichen lässt, doch nicht „das", macht nicht wirklich satt. Dieses Gefühl, dass letztendlich alles, was sich erreichen lässt, doch sinn- und wertlos ist, ist der Grund für die narzisstische Trauer, für die alles, auch das Beste, was das Leben bieten kann, zweitrangig erscheint. Die heimliche Gewissheit, ein *entthronter König* zu sein, ist der Trost, der die Widrigkeiten des Lebens ertragen lässt und gleichzeitig jedes wirkliche Lebensglück verdirbt, weil alles gegenüber dem verlorenen Paradies wertlos erscheint. Geht z. B. wieder einmal eine Illusion in die Brüche, eine Beziehung, an deren Anfang die euphorische Hoffnung stand, endlich nun die große Liebe gefunden zu haben, so ist das zwar schmerzlich, aber zu verkraften, denn „das" war es sowieso nicht.

Hier liegt auch die Erklärung dafür, dass Narzissten Beziehungen so abrupt und für die betroffenen Partner unverständlich leicht abbrechen können. Wenn die Beziehung den Erwartungen nicht entspricht, hat sie von Anfang an nicht gelohnt. Jede weitere Bemühung – Abschiednehmen, Rücksicht auf die Gefühle des anderen – ist überflüssig und „verlorene Liebesmühe". Es lohnt sich eher, die Energie zu sparen und das Glück, das man ohne Abstriche erwartet, beim nächsten Partner oder der nächsten Partnerin zu suchen. Bis dahin hilft das Selbstmitleid, das sich bei einiger Begabung kreativ inszenieren lässt.

Eine solche Möglichkeit für die Inszenierung von Selbstmitleid könnte z. B. eine Psychotherapie sein – wenn sonst gerade nichts Besseres zur Verfügung steht. Hier kann man Verständnis für all sein Elend finden. Da Narzissten oft tatsächlich viel Schlimmes im Leben erfahren haben, liegt es nahe, dass dieses Verständnis nun von einem mitfühlenden und professionell liebevollen Therapeuten erhofft wird. Das chronische Elend der Schattenpersönlichkeit wird davon jedoch nicht berührt, solange die Gewissheit unerschüttert bleibt, ein heimlicher König zu sein, zwar entthront, aber mit unersättlichen Ansprüchen. Das schafft zwar dauerndes Leiden, aber gerade dieses Leiden gehört nun einmal zu diesem heimlichen Anspruch. Wenn ein Narzisst seinen Frieden mit der Welt macht und eine einfache menschliche Beziehung aufbaut, z. B. eine Arbeitsbeziehung mit seinem Psychotherapeuten oder eine Liebesbeziehung mit einer Partnerin, dann bedeutet das den Verzicht auf das Eintrittsbillet ins verlorene Paradies, und dieser Preis ist ihm meistens zu hoch.

So wird verständlich, warum es so schwer ist, einen Menschen zu erreichen, der sich in diese „Burg" des Selbstmitleids zurückgezogen hat oder nie aus ihr herausgekommen ist. Jedes Angebot realen Glücks, der Intimität mit anderen Menschen, der persönlichen Entwicklung, des Fortschritts durch Arbeit und wirkliche Leistung erscheint gering gegenüber dem paradiesischen Zustand verlorener Vollkommenheit, an dem der Narzisst in nostalgischem Selbstmitleid festhält. Die „Währung", die ihm Partner und Helfer anbieten, ist wertlos gegenüber dem Scheck, der seinen heimlichen Reichtum ausmacht. Sich auf das Angebot der anderen einzulassen, würde bedeuten, sich klarzumachen: Der Scheck ist längst verfallen und der Reichtum phantasiert. Dieser Schritt in das Erlebnis der äußersten Armut und Bedürftigkeit ist so bedrohlich, dass er möglichst vermieden wird.

Es wäre zugleich der Schritt zu einer wirklichen Selbsterkenntnis und der Abschied von der zentralen narzisstischen *Lebenslüge,* sich eine Größe und Unabhängigkeit zuzuschreiben, die nicht besteht und deswegen immer wieder durch Manipulation und Ausbeutung anderer bestätigt werden muss. Diese Unaufrichtigkeit gegenüber sich selbst ist auch der Grund für den *Mangel* an *Authentizität,* den nicht nur andere bei Narzissten bemerken, sondern den sie oft selbst erkennen und bei sich verabscheuen. Aber auch diese Einsicht ändert nichts und bleibt unecht, wenn sie allein wieder Anlass zur selbstmitleidigen Klage bietet, „leider" irgendwie nicht echt sein zu können.

Im Übrigen lässt sich dieses Lebensmuster des entthronten Königs auf verschiedenen Ebenen der Reife und persönlichen Entwicklung leben. Der Ausweg aus dem Narzissmus setzt nicht die Rückkehr in die Normalität der Neurotiker voraus, die unter dem Druck ihres strengen oder sonstwie hinderlichen Eltern-Ich leiden. Es gibt eine spezielle Art der Reifung bei grundsätzlich narzisstischen Voraussetzungen, auf die wir noch eingehen werden. Ohne diese Reifung ist die normale Art narzisstischer Selbstverwirklichung in der Regel mit einem Mangel an Einfühlung und Unbarmherzigkeit gegenüber anderen verbunden. Eine typische selbstmitleidige Rechtfertigung für Rücksichtslosigkeit ist der Satz: „Mit mir hat auch niemand Mitleid (Ach ich Armer!), also brauche ich es auch nicht mit andern zu haben!" Abgesehen davon kann kein Leid eines anderen so groß und schwer sein, als dass es das Leid des Narzissten je erreichen könnte. Was kann schlimmer sein, als ein

Königreich verloren zu haben und von niemandem verstanden zu werden? Unbarmherzigkeit und Verweigerung von Mitgefühl ist also die naheliegende Konsequenz des Selbstmitleids und der Grundhaltung: „Ich bin nicht o.k. und ihr seid es auch nicht, und deswegen muss ich in erster Linie nach mir selbst sehen, zumal mein Leid sowieso das größere ist."

Selbstmitleid dient also auch zur Rechtfertigung für Rücksichtslosigkeit und Aggression gegen andere. Der tiefere Grund sind jedoch immer die Wut und der Hass des vernachlässigten und hungrigen Kindes, das sich trotz allen Selbstmitleides allein nicht satt machen kann. Bekannt ist das Selbstmitleid von Tätern, die nach schweren Vergehen gegen Leben, Gesundheit und Würde anderer Menschen nicht mit Reue und Einsicht reagieren, sondern eben mit Selbstmitleid: Wegen ihrer schweren Kindheit und den vielfachen Beeinträchtigungen ihres Lebensweges fordern sie Verständnis ein. Eigentlich sind *sie* die Opfer, denen geholfen werden muss. Das ist zwar oft richtig. Wenn das Verständnis von Richtern und Helfern jedoch nur das Selbstmitleid stärkt und die narzisstische Lebenslüge unangetastet lässt, ist es nicht überraschend, wenn sich Resozialisierungs- und Hilfsprogramme als ineffektiv erweisen. Der Rückfall beim nächsten Freigang ist dann vorprogrammiert.

Eine Entwicklung ist, wie gesagt, möglich. In der reifen Form des Narzissmus kann das Selbstmitleid eine Verwandlung erfahren und zu einer Art der Weisheit werden, in der die eigenen Schwächen und die der anderen mit verzeihender Nachsicht und gegebenenfalls mit Humor zur Kenntnis genommen werden, ohne dass die Verantwortung für das eigene Tun geleugnet wird und die anderen für ihr Versagen bestraft werden müssen. Das Motto ist dann: „Ich bin nicht o.k. – ihr seid es auch nicht, aber das ist nun einmal so und es ist menschlich und damit in Ordnung." Das setzt allerdings voraus, dass das Selbstmitleid seine zentrale Bedeutung bei der psychischen Ernährung verloren hat und der Betreffende offen dafür geworden ist, von anderen zu nehmen und Dankbarkeit zu entwickeln, auch wenn es nicht „das" ist, was er eigentlich sucht.

Geben und Nehmen und die Sucht nach Kontrolle

Mit dem Selbstmitleid hängt auch das Ungleichgewicht in der Einschätzung von Geben und Nehmen zusammen, das bei Narzissten oft zu beobachten ist. Narzissten neigen dazu, ihren eigenen Beitrag für andere grandios überzubewerten und umgekehrt, das was sie von anderen bekommen, eher geringzuschätzen und abzuwerten. Das ist verständlich, wenn wir davon ausgehen, dass das Gefühl des Mangels und der Bedürftigkeit paradoxerweise konstant gehalten werden muss, um das Selbstmitleid und mit ihm den zentralen Mechanismus der psychischen Stabilisierung nicht zu gefährden. Im Alltag zeigt sich das symptomatisch in der Abneigung, um etwas zu bitten oder für etwas zu danken. Beides würde bedeuten, dass der Beitrag des anderen anerkannt und damit mit dem eigenen so wichtigen Elend verrechenbar würde. Außerdem könnte die Anerkennung der Leistung eines anderen die Sicherheit im Bewusstsein der eigenen Autarkie erschüttern und durch Selbstmitleid verdeckte Gefühle und Bedürfnisse aktivieren. Manchmal zeigt sich die Unfähigkeit, etwas anzunehmen, auch gerade umgekehrt in einem prompten, aber irgendwie nicht authentischem Dank, der das Empfangene gleich wieder abgelten soll, damit nur ja keine „Rechnung offenbleibt" oder eine Verpflichtung entsteht.

Unter diesen Umständen liegt es nahe, Beziehungen so zu gestalten, dass immer der jeweils andere etwas will, bzw. dessen Beiträge so zu deuten, dass dafür keine wirkliche Anerkennung oder Dankbarkeit nötig sind. Dafür gibt es ausgefeilte Strategien, die darauf hinauslaufen, andere in Abhängigkeit zu halten oder die Beziehung zumindest so zu definieren. Eine noch relativ harmlose Strategie ist das Verfahren, sich etwas auszuleihen und es nicht zurückzugeben. Das kann im einfachen Fall ein Buch sein, hinter dem der Besitzer nun „herlaufen" muss. Trotz immer wiederholter Versprechungen bekommt er es einfach nicht zurück. Immer wieder ist etwas dazwischengekommen oder das Buch war nicht zu finden. Das schafft Abhängigkeit und gibt dem säumigen Entleiher Wichtigkeit: Der andere will etwas von ihm und muss sich um ihn bemühen. Im Übrigen ist klar, dass die Intensität solcher Spiele mit der Bedeutung des Gegenstands für den Besitzer steigt. Es gibt Situationen, in denen dieser der Verzweiflung nahe kommt und den anderen geradezu anflehen kann, den geliehenen Gegenstand doch endlich wieder herauszurücken.

So leiht sich z. B. ein Mann von seiner Freundin deren Auto aus, das sie zu Berufszwecken braucht, und verspricht fest, es ihr zu einem bestimmten Zeitpunkt zurückzubringen, damit sie einen wichtigen beruflichen Termin einhalten kann. Die Zeit verstreicht, es wird knapp und immer knapper. Über Handy glücklicherweise doch noch erreicht und beschworen, sich zu beeilen, gibt er die beruhigende Antwort: „Gleich, reg dich nicht auf!", kommt aber immer noch nicht. Schließlich ist er da und mit so feinem Gespür für Situation und Zeit, dass sie Hals über Kopf an ihm vorbei zum Auto laufen muss, um den Termin doch noch irgendwie einzuhalten und keine Zeit mehr hat, ihm ihren aufgestauten Ärger und ihre Verzweiflung kundzutun. Wenn sie ihn am Abend wiedersieht, liegt die Situation schon etwas zurück und er kann ihr kopfschüttelnd und mit besorgtem Vorwurf sagen: „Du wusstest doch, dass ich komme. Es kann doch immer mal etwas dazwischenkommen. Hast du kein Vertrauen zu mir?" Darüber lässt sich nun trefflich diskutieren, zumal dies dann gegebenenfalls ein Defizit von ihr und nicht von ihm ist.

Eine Variante des Verfahrens ist das Zuspätkommen bei Verabredungen. Am Anfang wartet das Opfer vielleicht nur ein paar Minuten am verabredeten Ort, dann sind es halbe und ganze Stunden, in denen es sich qualvoll zerrissen fühlt zwischen dem Bestreben, nun endlich zu gehen, und dem Zwang, zu bleiben und zu warten, um den Einkaufsbummel oder gar die Beziehung nicht zu gefährden. Schließlich kann er ja doch „jeden Augenblick" kommen.

In jedem Fall handelt es sich um Inszenierungen, mit denen es dem Narzissten gelingt, einen anderen Menschen in Abhängigkeit zu bringen, sodass dieser etwas von ihm will und seine eigene Bedürftigkeit verschleiert wird.

8. Einsam im Weltall

Die Riegel des Käfigs

Ein narzisstischer Lebensstil bringt, wie gesagt, manche Vorteile, um bei Auseinandersetzungen in Beruf und Beziehung als Gewinner hervorzugehen. Gewinnen, erfolgreich sein, sich durchsetzen, um in keinem Fall zum Opfer zu werden – das ist jedoch nur die Außenansicht eines Lebensgefühls, das wenig mit der glänzenden Fassade zu tun hat, die in der Glücks-und Erfolgskonkurrenz mit den anderen aufrechterhalten wird. Tatsächlich ist die innere Welt der Narzissten dunkel und Glück und Erfolg sind Fetische, denen die Seele und ihre Werte zum Opfer gebracht werden. Dass die Rechnung nicht aufgeht und das wirkliche Leben für den Bau einer Fassade geopfert wird, ist im Untergrund irgendwie bewusst und nährt eine Art chronischer Verzweiflung, führt jedoch in der Regel nicht zu einer Änderung. Eben diese Unfähigkeit, sich wirklich zu ändern, sich zu erneuern oder einfach von anderen zu lernen, gehört zu den Grundkonstanten des narzisstischen Lebensstils.

8.1 Grundkonstanten des narzisstischen Lebensstils

Grandiosität und Hochmut

Als ein selbst geschaffener und unter hohen Kosten aufrecht erhaltener seelischer Käfig beruht der Narzissmus auf bestimmten Grundhaltungen, die gleichzeitig einen Ausstieg aus diesem Käfig verhindern. Sie stellen den „Schatten" dar, über den der Betreffende „springen" müsste. Das ist zwar physikalisch unmöglich, im personalen Bereich aber nicht ausgeschlossen. Andererseits ist es nicht wahrscheinlich, da diese Grundhaltungen geradezu den Kern der narzisstischen Persönlichkeit ausmachen.

Die ersten dieser Grundhaltungen sind die *Grandiosität* bzw. der *Hochmut* – zentrale Eigenschaften des heimlichen Königs. Verwenden wir das Wort Grandiosität, liegt der Akzent auf einer *infantilen* Haltung, einem Relikt aus der frühen Kindheit und ein Nachwirken eines Glaubens an die eigene Einzigartigkeit und riesenhafte Stärke. Bei Hochmut handelt es sich um eine ethische bzw. *spirituelle* Fehlhaltung, um ein *seelisches Laster* also. Tatsächlich zeigt der Narzissmus von Erwachsenen diese beiden Seiten. Wenn wir ihn nur psychologisch begreifen, verharmlosen wir ihn und übersehen, dass es auch eine persönliche Entscheidung ist, wieweit jemand in diese Haltung hineingerät oder nicht aus ihr herausfindet. Bei einer bloßen ethischen Bewertung dagegen wird die Macht der Umstände übersehen, die den Narzissmus zur Versuchung oder gar zu einer Art letzten problematischen Rettung für die persönliche Integrität werden lassen. Um diese Gefahr zu vermeiden, sprechen wir in erster Linie von der narzisstischen Grandiosität.

Der heimliche Übermensch

Diese Grandiosität äußert sich in drei *Überzeugungen*, die ständig von der Wirklichkeit, den Tatsachen des Lebens und anderen Menschen infrage gestellt werden und deswegen mit viel Energie und bestimmten Strategien aufrechterhalten werden müssen. Grundsätzlich aber sind sie unwiderlegbar. Es handelt sich um die Gewissheit der persönlichen *Einzigartigkeit,* der *Unsterblichkeit* bzw. *Unverletzbarkeit,* und der magischen *Allmacht.* Zusammen sind es Merkmale von einer Art Übermenschen.

Natürlich heißt das nicht, dass jeder Narzisst sich dessen bewusst ist oder sich gar offen zu diesen Gewissheiten bekennt. Schließlich sprengen derartige Überzeugungen den Rahmen des Normalen und scheinen „verrückt" zu sein. Sie bilden jedoch eine Grundkonstante des narzisstischen Lebensstils und zwar umso mehr, je weniger der Betreffende Distanz zu sich selbst hat und je selbstverständlicher ihm diese Gewissheiten sind. Als Normalbürger kann er sie nach außen hin durchaus als Wahn und Spinnerei von sich weisen und dennoch sein Leben nach ihnen ausrichten. Vielleicht lebt er sie auch nur in einer Art von Reservat aus, indem er sich mit Esoterik und Magie beschäftigt. Das tun viele; es ist nicht auffällig und doch eine Art Ventil für Träume von Allmacht und Unverletzlichkeit, die von der leidigen Wirklichkeit nicht beeinträchtigt werden. Die Begeisterung nicht nur von Kindern und Jugendlichen für die Abenteuer des Magieschülers Harry Potter könnten sich so verstehen lassen.

Man begreift diese Grundüberzeugungen leichter, wenn man davon ausgeht, dass ihnen drei tiefe *Ängste* entsprechen, deren Ausgleich sie darstellen.

Einzigartigkeit

Hinter der Überzeugung von der persönlichen *Einzigartigkeit* steht die Angst, eigentlich und im tiefen Sinne *niemand* zu sein, verloren in einer anonymen und gesichtslosen Masse, ohne individuelle Eigenschaften und ohne persönlichen Wert. Es ist die Angst vor dem Selbstverlust, dem Dahinleben in einer Existenzform, auf der kein liebender und unterscheidend wahrnehmender Blick ruht, ein sinn- und bedeutungsleeres Dasein. Vor dieser Angst rettet die Flucht in die Einzigartigkeit, die genau besehen in der Überzeugung der *Unvergleichlichkeit* besteht und eine über jede Konkurrenz erhabene *Vollkommenheit* einschließt. Der Einzigartige steht also über jedem Vergleich und über jeder Bedrohung durch den Vergleich mit einem anderen und ist insofern *perfekt*.

Natürlich beruht diese Perfektion auf einem kindlichen Fehlschluss. Konkurrenz und Vergleich sind nicht einfach durch entschlossene Verleugnung aus der Welt zu schaffen und holen den Flüchtigen immer wieder ein. Die narzisstische Einzigartigkeit ist ständig bedroht und muss durch aufwendige und mehr oder weniger destruktive Verfahren gesichert werden. Dazu gehört in erster Linie die Abwertung anderer Menschen bzw. eine *Verachtung,* bei der den anderen nicht nur einzelne wertvolle Eigenschaften abgesprochen oder moralische Vorwürfe gemacht, sondern überhaupt deren Wert und Bedeutung negiert werden. Die narzisstische Grundhaltung ist: „Ich bin o.k. – du bist nicht o.k. – und zwar *existenziell,* unabhängig von dem, was du tust; allein aufgrund der Tatsache, dass ich nun einmal da und mit dir überhaupt nicht zu vergleichen bin."

Dass das eine Falle darstellt, liegt auf der Hand, denn die existenzielle Abwertung der anderen schafft und erhält eine gefährliche Möglichkeit, die der Narzisst zutiefst fürchtet: Wenn der andere sich doch der Kontrolle entzieht und zum erfolgreichen Konkurrenten wird, dann kehrt sich das Verhältnis um und die Illusionen von Größe, Vollkommenheit und Einzigartigkeit brechen zusammen. Mit ihnen schwindet auch der Schutz vor dem schlimmen Grundgefühl, doch ein bedeutungsloser Niemand zu sein.

Einen Ausweg bietet das Bestreben, so weit wie möglich jeder wirklichen Konkurrenz aus dem Wege zu gehen bzw. alle Situationen zu meiden, in denen es in irgendeiner Weise zum Vergleich oder gar zur Messung der eigenen Persönlichkeit kommen könnte, etwa in Prüfungen. Es ist bedauerlich zu sehen, wie manchmal Begabungen ungenutzt bleiben, weil der Betreffende trotz bester Voraussetzungen nicht anfängt zu arbeiten, da er das Risiko scheut, den bei jedem konkreten Anfang unvermeidlichen und benennbaren Abstand zu seinem Ideal einzigartiger Größe ins Auge zu fassen. Es gibt begabte Schüler und Studenten, die in großartigen Plänen und Vorstellungen von ihrer beruflichen Zukunft schwelgen, aber die nötigen Schritte zu ihrer Verwirklichung unterlassen, denn jede konkrete Leistung – und selbst die beste – wäre vergleichbar mit der Leistung anderer und insofern nicht einzigartig. Verständlich ist auch, dass Menschen mit diesen Voraussetzungen ihr kreatives Potenzial am ehesten in Situationen und Positionen freisetzen können, wo Leistungsmaßstäbe gegenüber dem expressiven Ausdruck der eigenen Kreativität weniger wichtig sind, wie in der modernen Kunst. Beliebt sind auch Positionen, die der Konkurrenz enthoben sind, Leitungs- und Lehrfunktionen oder Stellungen als Vorgesetzter, Professor, Trainer, Psychotherapeut und spiritueller Guru.

Verwirrend dabei ist, dass oft dieselben Personen, die theoretisch und in Bezug auf sich selbst jede Autorität ablehnen, andere Menschen aber zielstrebig einer möglichst totalen Herrschaft unterwerfen, um ihre Position der Einzigartigkeit zu sichern. Das ist nicht leicht zu begreifen. Unter Umständen sprechen sie ja viel von Demokratie, Unternehmenskultur und Persönlichkeitsentwicklung. Das ist jedoch inhaltlich bedeutungslos und dient nur dazu, sich dem jeweiligen ideologischen Kontext anzupassen und – wo möglich – zum Meinungsführer zu werden. Narzissten als heimliche Übermenschen eignen sich deswegen hervorragend zum *Tyrannen* und charismatischen *Führer* in Religion, Wirtschaft und Politik.

Da die fiktive Einzigartigkeit nicht wirklich empfunden wird, ist sie abhängig von ständigem Nachschub an Bestätigung. Das zeigt sich in einer Art sozialen Rastlosigkeit, der Sucht nach sozialen Kontakten und Aktivitäten, und vor allem in einem starken Verschleiß von Partnerbeziehungen. Das liegt nahe, da die jeweiligen Partner und Partnerinnen in erster Linie als Spiegel der eigenen Größe gebraucht werden und das nicht lange aushalten oder ausgewechselt werden, wenn sie ihre Illusionen verloren haben oder sonst ihre Aufgabe nicht zufriedenstellend erfüllen.

In der Transaktionsanalyse sprechen wir von einem *Racket*, einer Ausbeutungshaltung als Ausdruck eines *falschen Selbst*, wenn ein Gefühl von einem anderen überdeckt und durch entsprechendes Verhalten daran gehindert wird, ins Bewusstsein zu treten. Die narzisstische Einzigartigkeit ist ein solches Racket, das ständig bestätigt werden muss und allein durch Ausbeutung anderer einigermaßen stabil bleibt. Im Hintergrund steht die vernichtende Gewissheit, eigentlich ein Nichts, ein Niemand zu sein, verbunden mit Gefühlen der Leere, Sinnlosigkeit, verzehrenden Langeweile und vor allem der *Einsamkeit*.

Narzissten haben Schwierigkeiten, mit sich allein zu sein, denn dann werden all diese Gefühle spürbar. Das inflationäre Gefühl der Größe und Unvergleichlichkeit ist extrem instabil und muss gegen den Sog der inneren Leere und Nichtigkeit ständig durch stützende Vorstellungen, Bilder vergangener und künftiger Triumphe und persönlicher Überlegenheit genährt werden. Da diese Bestätigung aus inneren Phantasieressourcen nicht ausreicht und nicht lange vorhält, ist fortwährend Nachschub von außen nötig, durch Bewunderung und Anerkennung vonseiten anderer oder durch Identifikation mit idealen Personen, realen oder vermeintlichen „Gewinnern". Es ist ein Lebensgefühl, das gut zu der schwankenden Euphorie unserer kapitalistischen Gesellschaft passt. In Zeiten der Hochkonjunktur herrscht ein rauschhaftes Gefühl des Wachstums und sieghaften Fortschreitens in eine herrliche Zukunft vor, ohne Rücksicht auf soziale und ökologische Kosten. Im Untergrund aber droht die Angst vor dem Abgleiten in Depression und Krise.

Unsterblichkeit und Unverletzbarkeit.

Die heimliche Gewissheit der Unsterblichkeit und Unverletzbarkeit als zweitem Merkmal narzisstischer Grandiosität zeigt sich auch in einem bemerkenswerten Mangel an Vorsicht und Rücksichtnahme anderen und sich selbst gegenüber. Wie die Einzigartigkeit ist auch die Unsterblichkeit eine Gewissheit, die immer wieder bestätigt und „aufgeladen" werden muss, um den „schlechten" Gefühlen des Alters, der Vergänglichkeit, der Schwäche, Krankheitsanfälligkeit und psychischer wie physischer Hinfälligkeit keinen Raum zu geben. Da ist wieder die Angst im Hintergrund, die betäubt werden muss, was unter anderem dazu führt, dass möglichst jede Berührung mit Dingen oder Wesen vermieden wird, die diese fatalen Veränderungen spiegeln und damit bewusst machen können. Das können das eigene Gesicht im Spiegel und der eigene Körper sein, deren Alterszeichen durch kosmetische und gegebenenfalls chirurgische Manipulationen verdeckt oder beseitigt werden. Das kann auch der Versuch sein, durch Sport und Bodybuilding unveränderte Jugendlichkeit bis ins hohe Alter zu bewahren oder auch den Austausch der alternden Partnerin bzw. des alternden Partners gegen eine/n jüngere/n, um nicht fortwährend in diesem Spiegel die eigene Realität wahrnehmen zu müssen.

Ein Mittel zur *Vergänglichkeitskontrolle* ist auch die Selbsterfahrung in Extremsituationen. Diese werden absichtlich und bewusst gesucht, kommen aber auch eher „zufällig zustande" bzw. werden unbewusst inszeniert. Das kann riskantes Autofahren sein, das Experimentieren mit Drogen an der Grenze zur Selbstzerstörung, Bungee-Jumping, Free-Climbing, Drachenfliegen, alle Arten von Extremsportarten, die den „Kick" ermöglichen, den Übertritt aus der Sphäre des Gewöhnlichen und Alltäglichen in den Raum rauschhafter Freiheit und Selbstgewissheit in der Nähe von Tod und Vernichtung. Da dieses „Feeling" nur begrenzt vorhält, muss es immer wieder erneuert werden, was zur Sucht werden kann, bis irgendwann einmal der Übertritt in die andere Dimension tatsächlich und irreversibel stattfindet, etwa bei einem allzu knapp kalkulierten Überholmanöver auf der Landstraße.

Das heißt natürlich nicht, dass jeder, der sportlich Auto fährt oder seine Freude an Extremsportarten hat, ein Narzisst ist. Grenzsituationen der genannten Art eignen sich jedoch gut dafür, das narzisstische Selbst mit Gefühlen der Unverletzlichkeit und Todesüberlegenheit aufzuladen und die latente Vernichtungsangst zu betäuben. Es hängt von den Motiven ab, mit denen jemand diese Situationen aufsucht und damit auch vom Suchtcharakter, den dieses Bedürfnis nach Risiko und Grenzerfahrungen hat.

Die Grenzlinie ist nicht immer deutlich zu ziehen. In früheren Kulturen wurden Grenzerfahrungen im Rahmen von Einweihungsritualen inszeniert, um das Ich der Initianden zu festigen und das Bewusstsein der Todesüberlegenheit zu schaffen. Derartiges fehlt in unserer Gesellschaft und in der Sehnsucht nach dem „Kick", der Erfahrung am Rande des Todes, kommt auch ein spirituelles Bedürfnis zum

Ausdruck, das allerdings im Falle des Narzissten auf die ganz pragmatische Notwendigkeit reduziert ist, die alltägliche Identität vor dem Zerfall und dem Absinken in Leere und Trivialität zu retten.

Die magische Allmacht

Die magische Allmacht ist die dritte Grundüberzeugung. Ihr zugrunde liegt die Angst vor der Ohnmacht, dem Zustand hilflosen Ausgeliefertseins an die Macht anderer. Macht oder gar Allmacht werden aber zur Notwendigkeit, wenn Welt und Mitmenschen feindlich und so beschaffen sind, dass sie nichts freiwillig hergeben. Um Schutz vor Bedrohung zu gewinnen und das Lebensnotwendige zu sichern, ist Kontrolle über die anderen nötig. Sie müssen gegebenenfalls dazu gezwungen werden, alles, was zum Leben und zum Lebensgenuss nötig ist, zu geben: Zuwendung, Geld, Sex, berufliche Anerkennung. Ganz tief zum narzisstischen Lebensgefühl gehört aber die Überzeugung, nicht geliebt zu werden, nicht liebenswert zu sein, und deswegen auch nichts geschenkt zu bekommen. Sollte das dennoch einmal der Fall sein, muss sich der Geber oder die Geberin irren oder sie sehen einfach nicht, wen sie da vor sich haben. Das aber ist die schlimmste Kränkung und muss bestraft werden, selbst wenn sich dieser vermeintliche Irrtum in liebevoller Zuwendung ausdrückt.

In jedem Fall ist es nötig, sich durch Kontrolle über andere das zu sichern, was man braucht und Menschen und überhaupt das Leben „im Griff" zu haben. Was freiwillig gegeben wird, ist in dieser Hinsicht wertlos, denn der Geber könnte es auch lassen – was naheliegt, wenn er wüsste, wen er vor sich hat. Narzissten sind oft sozial ungemein begabt und mit beachtlichen Fähigkeiten der Verführung und Manipulation ausgestattet. Der Erfolg bzw. die Erkenntnis, Macht zu haben und andere lenken zu können, sogar ohne dass die es selber merken, gibt das berauschende Gefühl unbeschränkter Macht, nämlich tun zu können, was man möchte, ohne die für Normalmenschen gültigen moralischen und praktischen Grenzen. Dass sich diese Machtgefühle gut mit der schon erwähnten Verachtung der anderen und mit dem berauschenden Gefühl persönlicher Auserwähltheit und einsamer Größe verbinden, braucht nicht weiter ausgeführt zu werden.

Da das Gefühl der Macht ebenso wenig vorhält wie die anderen narzisstischen Grundgefühle, muss es gleichfalls immer wieder aufgeladen werden. Das kann durch relativ harmlose Manipulationen im Alltag geschehen, durch Demonstrationen der Macht über Abhängige in Beruf und Beziehung, im sexuellen Kontext durch sadomasochistische Inszenierungen und – wenn der Schutz und die Begrenzung durch die „Normalität" endgültig wegfällt – im *Verbrechen*. Auch wenn hier oft sexuelle Motive maßgeblich zu sein scheinen, etwa bei Vergewaltigungen, so ist doch das eigentliche Motiv nicht sexuell sondern narzisstisch: Die Sucht nach dem Erleben der eigenen Allmacht, bestätigt durch die Ohnmacht und Entwürdigung des Opfers.

9. Neid

„Sie sind wunderbar, Herr Michelmeier"

Neid ist *das* narzisstische Grundgefühl. Gleichzeitig ist es nicht leicht zu akzeptieren und wird deswegen meist verleugnet, umgedeutet oder in seiner Bedeutung heruntergespielt.

Dass es so schwer und kränkend ist, sich den Neid auf andere einzugestehen, hat damit zu tun, dass dieses Gefühl Selbsterkenntnis verhindert und von den eigenen tatsächlichen oder eingebildeten Defekten ablenkt. Wer einem anderen etwas neidet, dem fehlt zwar etwas; er braucht sich das aber nicht einzugestehen, weil der Blick auf den anderen fixiert ist, der es besitzt oder zu besitzen scheint. Ein altes sinnreiches Wort für Neid ist deswegen „Scheelsucht", zwanghaft und doch unauffällig zur Seite auf einen anderen zu „schielen", wie auf ein Spiegelbild, das bei aller Schönheit und Vollkommenheit nur den einen großen Nachteil hat, dass es ein anderer ist, der da die eigenen Ideale verkörpert. Deswegen kann der Neid zur Sucht werden. Wer neidisch ist, missgönnt dem anderen etwas, worauf er eine Art Besitzrecht zu haben glaubt, ohne sich jedoch darum zu bemühen, dies im eigenen Leben zu verwirklichen. Es bei anderen zu sehen ist kränkend und schmerzvoll, aber der Neidische kommt nicht davon los und muss sich den Anblick immer wieder zu Gemüte führen. Das ergibt den bekannten „Stich" des Neides, der auch wieder auf das Schuldkonto des anderen gebucht wird: Dem geht es offensichtlich besser, er braucht keinen Neid zu empfinden und ist deswegen noch mehr zu beneiden und dafür zu hassen.

Hass und Neid gehören zusammen und lassen die Bekanntschaft mit einem Neider gefährlich werden, zumal beide Gefühle in der Regel verborgen gehalten werden und nach außen hin nicht leicht zu erkennen sind. In der Transaktionsanalyse wird ein solcher Neidangriff im Zusammenhang des Spiels *„Sie sind wunderbar, Herr Michelmeier"* analysiert. Dieses Spiel kann zum Beispiel ein Klient mit seinem Therapeuten inszenieren. Immer wieder versichert er oder lässt er durchblicken, wie froh er ist, gerade diesen Therapeuten gefunden zu haben, wie „wunderbar" er ist, „effektiv", „menschlich", „weise", je nachdem für welche Ideale der Adressat empfänglich ist. Davon haben beide etwas. Der Helfer bekommt eine Bestätigung, die schließlich jeder Mensch braucht, und der Klient kann sich im Lichte des anderen sonnen. So einen wunderbaren Therapeuten hat schließlich nicht jeder. Das kann sogar für eine Weile die Kränkung vergessen lassen, dass es eben der andere ist, der diese Vorzüge besitzt und sie nur ausleiht oder als professioneller Helfer verkauft. Über kurz oder lang setzt dann der Neid ein, spätestens dann, wenn der psychische oder sonstige Nutzen nachlässt, den der Bewunderte seinem Neider nach dessen Meinung schuldet.

Dann beginnt die Destruktion des idealen Bildes, sichtbar zuerst darin, dass Therapie oder Beratung stagnieren und der Helfer mit Gefühlen der Unzulänglichkeit und Hilflosigkeit in Berührung kommt, die umso quälender sind, da er ja durch die Bewunderung seines Klienten unter hohem Leistungsdruck steht. Am Ende des Spiels steht dann die *Plünderung* des anderen, der plötzlich oder auch langsam merkt, wie ihm all das abhandenkommt, worauf er sein Selbstgefühl gründete, vom Bewusstsein beruflicher Kompetenz bis hin zu bisher guter Partnerschaft oder materiellem Besitz.

Derartige Strategien der Destruktion und Ausplünderung lassen sich natürlich nicht so leicht mit herkömmlichen Wertvorstellungen und einem einigermaßen integren Selbstbild vereinbaren. Sie brauchen eine Rechtfertigung, eine Art Idealisierung und positiver Umdeutung, die den Neid nicht nur akzeptabel machen, sondern ihn sogar als eine Art Stärke erscheinen lassen. Dafür eignet sich besonders seine Umdeutung und Maskierung als *Gerechtigkeitsgefühl.*

Gerechtigkeit hat mit dem Streben nach Gleichheit zu tun und ungleiche Beziehungen ziehen neidische Menschen an und erwecken gleichzeitig in ihnen das Bestreben, diese Ungleichheit wieder auszugleichen, allerdings nicht durch Aktivierung eigener Stärken, sondern durch Beseitigung der quälenden Herausforderung, die im Anblick des anderen liegt. Neid ist Ausdruck einer Beziehung, die wir herstellen. Menschen, die in einer gänzlich anderen Dimension leben, werden nicht beneidet und auch nicht angegriffen. Die Angehörigen der Jetset-Society spielen in der modernen Gesellschaft die Rolle der Götter früherer Zeiten und erfüllen die wichtige Aufgabe, durch ihr augenscheinliches Glück die Masse der weniger begünstigten Bewunderer über den grauen Alltag hinwegzutrösten. Neid als destruktive Beziehungsdynamik kommt erst durch Vergleich zustande und ist Ausdruck der Unfähigkeit, das Vakuum, das einem durch den Anblick des anderen bewusst wird, durch eigene konstruktive Aktivität aufzufüllen.

Das wird durch das Gefühl der gestörten Gerechtigkeit erleichtert. Allerdings unterscheiden sich auch hier wieder Neurotiker und Narzissten je nach ihrem Bedürfnis, Hass und Neid vor sich und anderen zu bemänteln. In jedem Fall ist Neid Ausdruck eines quälenden Gefühls, zu wenig zu haben, zu kurz gekommen zu sein, persönlich nicht auszureichen und der mehr oder weniger deutlichen Überzeugung, dass dies ungerecht ist. Transaktionsanalytisch gesehen ist das Grundgefühl des Neides: „Ich bin nicht o.k. – du bist o.k. und deswegen werde ich dafür sorgen, dass auch du erlebst, was es heißt, nicht o.k. zu sein."

Beispiel: Frau M.

Frau M. ist beruflich selbstständig, Inhaberin einer kleinen Computer-Firma. Die Geschäfte gehen einigermaßen, sodass sie finanziell zumindest im Augenblick keine Sorgen haben muss. Reich und unabhängig wird sie mit ihrem Unternehmen jedoch auch nicht. Die Konkurrenz ist groß und außerdem muss sie einen Teil ihres Gewinns an die Bank abführen, denn bei der Firmengründung ist es natürlich nicht ohne Kredit abgegangen. Hinzu kommen Schwierigkeiten mit ihrem Mann. Nachdem sie zu der Erkenntnis gekommen ist, dass er ihrem Verlangen nach einem Partner, der für den Haushalt und die gemeinsame Lebensführung verantwortlich ist, auf Dauer nur sehr unvollkommen nachkommen wird, hat sie die Scheidung eingeleitet. Nun gibt es einen zermürbenden Kampf um das Sorgerecht für die Kinder, die Verteilung der finanziellen Verbindlichkeiten aus Krediten für die Eigentumswohnung, die noch längst nicht abgezahlt ist, und einen zähen Kleinkrieg um diverse Gegenstände – bis hin zum Kampf um Toilettenutensilien, die von beiden Partnern beansprucht werden. Das ist widerwärtig und aufreibend und in Frau M. wird die Frage immer stärker: „Warum habe gerade ich es so schwer? Andere haben es doch besser." Vom ehemaligen Partner fühlt sie sich ausgebeutet. Während der Ehe hat er seinen Part nicht übernommen, wie es seine Aufgabe gewesen wäre, ist vielmehr seinen künstlerischen Interessen nachgegangen, während sie immer gearbeitet hat. Nicht einmal jetzt scheint es ihm schlecht zu gehen. Er hat eine neue Freundin, die es ihm offensichtlich ermöglicht, sein bequemes Beziehungsleben einfach fortzusetzen, während sie sich mit der Firma und den Kindern abmühen muss, die sie ihm auf keinen Fall überlassen will. Auch anderen persönlichen und geschäftlichen Bekannten scheint es besser zu gehen. Deren Beziehungen und Geschäfte florieren, nur ihr geht es schlecht, und das ist ungerecht. Immer stärker wird das Gefühl in ihr, dass ihr das Leben und die anderen etwas schuldig geblieben sind und dass sie ein Recht darauf hat, nun auch ihren entsprechenden Teil am Gewinn und vom Glück abzubekommen. Je länger der ihr zustehende Ausgleich für all ihre Mühen und Leiden jedoch auf sich warten lässt, umso größer werden ihr Anspruch und ihr Groll auf die anderen, denen es ungerechterweise offensichtlich besser geht.

Frau M. ist neidisch, auch wenn sie das weit von sich weisen würde, und dieser Neid ist allmählich so stark geworden, dass sie ihn selbst kaum mehr ertragen kann und irgendwie eine Entlastung sucht. Sie tätigt wahllos Käufe und knüpft Beziehungen an, um wenigstens etwas vom Leben zu haben, sieht ihr Unglückskonto jedoch immer weiter belastet, da alles unbefriedigend bleibt und sie bei den Leuten, die sie kennenlernt, immer wieder frustriert den Eindruck hat, dass es denen besser geht als ihr. Mittlerweile ist sie schon so weit, dass sie den Anblick einer Nachbarin, die am Nachmittag im Garten mit Bekannten so „unverschämt" gemütlich ihren Kaffee trinkt, nicht ertragen kann und dass sie innerlich aggressiv wird, denn sie kann die für sie unangenehme Szene auch nicht einfach ignorieren und muss sie hinter einer Gardine verborgen immer wieder in sich aufnehmen.

Neid und Narzissmus

Wer neidisch ist, hat andere im Blick, die das haben, was ihm selber abgeht: Glück, Besitz, Begabung und Persönlichkeit – alle Werte des Lebens. Und gleichzeitig schämt sich der Neider dafür und versucht, das eigene Defizit möglichst vor sich und anderen zu verbergen. Deswegen ist der Neid ein Gefühl, das in der Regel maskiert und verborgen wird, zum Beispiel durch Bewunderung. Transaktionsanalytisch gesehen ist der Neid ein *Ersatzgefühl*. Das darunter liegende Grundgefühl ist die *Scham* über die eigene Armut und Unzulänglichkeit, die im neidischen Blick auf ein sich in irgendeiner Weise als Identifikationsobjekt anbietenden scheinbar oder wirklich begünstigten anderen vergessen wird. Die Ursprungssituation für das Entstehen von Neid ist deswegen die *Geschwisterkonkurrenz*: die Ähnlichkeit der Geschwister und ihr Kampf um Status und Zuwendung vonseiten der Eltern. Neid ist das Bestreben, sich an die Stelle eines anderen zu setzen oder – wenn man selbst aufgegeben hat, zu dem zu kommen, was man braucht – ihn zumindest aus seiner begünstigten Position zu verdrängen. Der beneidete andere stellt das eigene bessere, glückliche *Selbst* dar, all das, was „eigentlich" einem selbst gehört und nun „ungerechterweise" im Besitz des anderen ist.

Wie bei allen Ersatzgefühlen entsteht hier eine ausweglose Falle: Je stärker der Neid auf den anderen ist und das Bestreben oder der Wunsch, sich dessen Besitz anzueignen, umso größer wird die Scham im heimlichen Bewusstsein der eigenen Armut und Unzulänglichkeit, zu der eben auch der Neid als „böses" Gefühl gehört.

Der Ursprung des Neides im Geschwisterverhältnis macht auch das Gefühl verständlich, dass der Unterschied zu dem begünstigten anderen ungerecht ist, denn natürlich sollten Geschwister gleich behandelt werden, von den Eltern, von allen sonstigen Verwaltern von Lebensgütern und schließlich vom Leben überhaupt. Neid ist eine elementare menschliche Möglichkeit, auf Ungleichheit in der Verteilung von Lebensgütern zu reagieren. Auch Einzelkinder können neidisch sein, manchmal einfach darauf, dass andere Geschwister haben und sie nicht.

Narzissten und Neurotiker jedoch gehen mit dieser Situation vollkommen anders um. Bei Neurotikern ist das Gefühl des Neides mit Schuldgefühlen besetzt, oft so stark, dass der Neid gar nicht ins Bewusstsein tritt und nur in seinen verdeckten

Formen zum Ausdruck kommt, in Idealisierung und überschwänglicher Bewunderung. Dazu gehört, dass auch andere konstruktive Formen des Umgangs mit der wirklichen oder eingebildeten Benachteiligung vorhanden sind. Hilfreich ist z. B. der Glaube, dass die verteilende Instanz – ursprünglich die Eltern oder sonstige Autoritäten, später der Staat, Gott, oder das Leben – die Ungerechtigkeit doch irgendwie ausgleichen wird. Dieser Glaube ist mit der Haltung verbunden: „Ich bin zwar nicht in Ordnung – aber irgendjemand oder irgendetwas in der Welt ist es doch." Das entbindet von der Notwendigkeit, den Ausgleich selbst in die Hand zu nehmen, bzw. mildert die mit dem Neid verbundene *Selbstgerechtigkeit,* die die offene oder verdeckte *Aggression* gegen den anderen erst freisetzt.

Beim Narzissmus fehlt dieser Glaube. Er entspricht der Situation einer Kinderschar, der Vater, Mutter und jede orientierende und nährende Autorität fehlen. Mit der eigenen Armut und Bedürftigkeit steigt in dieser Situation der Anspruch ins Maßlose, ohne dass Hoffnung auf einen irgendwie gerechten Ausgleich besteht. Umso größer ist der Neid auf den anderen, der etwas zu besitzen scheint, was man nicht selber hat, und umso stärker ist die Selbstgerechtigkeit beim Versuch, ihm das zu nehmen oder es zu zerstören. Die entsprechende Haltung ist: „Ich bin nicht in Ordnung und du bist es auch nicht. Also hast du kein Recht darauf, dass es dir irgendwie besser geht als mir. Da sonst niemand für Gerechtigkeit sorgt, werde ich es tun und ich werde dich zusätzlich dafür bestrafen, dass ich den Anblick deines Glücks ertragen muss, der mich so schmerzhaft an mein Elend erinnert."

Der narzisstische Neid ist im Unterschied zum Neid des Neurotikers frei von schlechtem Gewissen, ein bewusstes Missvergnügen bis zum Hass gegenüber den wirklichen oder phantasierten Vorzügen, die ein anderer hat. Narzisstischer Neid ist kein Anlass zur Scham und wird unter Umständen offen bekannt: „Ja, ich bin neidisch. Na und? Bist du etwa besser?" Das schließt natürlich nicht aus, dass in der Beziehung zu einem beneideten anderen diese unangenehme und gefährliche Seite getarnt und verheimlicht wird. Hier kommt dem Narzissten wieder zugute, dass er im Unterschied zum Neurotiker kaum durch moralische Hemmungen behindert ist und seine unangenehme und dunkle Seite durch Abspalten vor sich und dem anderen verbergen kann. Seine Bewunderung gegenüber dem potenziellen Opfer seines Neides ist nicht unaufrichtig. Er braucht auch nicht zu lügen, wenn er sagt, dass er überhaupt nicht neidisch ist. Der Neid gehört zu seinem Schatten und der liegt unerkannt hinter ihm, wenn die Sonnenstrahlen des bewunderten Objekts auf ihn fallen.

Personale Überlagerung

Auf den ersten Blick sieht Neid wie das Bestreben aus, sich die Vorzüge eines anderen anzueignen oder sie zu zerstören und sich möglichst an dessen Stelle zu setzen. Im Hintergrund steht die Scham über die eigene Unzulänglichkeit, die durch das Bewusstsein, neidisch zu sein oder sein zu müssen, noch verstärkt wird. Gräbt man noch ein wenig tiefer, dann sieht man, dass das eigentliche Grundgefühl des Neides die *Angst* ist, von einem anderen überstrahlt, in den Schatten gestellt, und im Extremfall ausgelöscht zu werden. Der neidische Angriff ist eine Art der Selbstverteidigung, dessen Aggressivität von der Stärke des Gefühls der Bedrohung abhängt. Neurotiker sind trotz ihrer Verwundbarkeit durch den Anblick fremder Vorzüge nicht im Kern ihrer Persönlichkeit bedroht. Die Konkurrenz geht eher darauf, dass der andere mehr hat als sie. Das ist zwar unangenehm und wird entsprechend als ungerecht empfunden, doch schließt das nicht aus, dass irgendwo doch ein Glaube an die ausgleichende Gerechtigkeit da ist, in dem das Vertrauen des Kindes in die grundsätzlich wohltätige Macht der Eltern weiterlebt. Das macht den Neid erträglich und mildert den Zwang zur aggressiven Selbstgerechtigkeit.

Anders ist es beim Narzissten. Hier richtet sich die Angst nicht auf irgendeine Minderung der eigenen Vortrefflichkeit, weil der andere wirklich oder scheinbar mehr hat, sondern darauf, als *Person* überstrahlt und vernichtet zu werden. Der narzisstische Angriff ist deswegen ein elementarer Akt der Selbsterhaltung im Rahmen einer einfachen Alternative: Entweder eignet sich der andere dazu, durch die Möglichkeit der Identifikation an seiner Vortrefflichkeit teilzuhaben und damit die Persönlichkeit des Narzissten mit Kraft aufzuladen, oder er wird zur tödlichen Gefahr, wenn der Narzisst überlagert und ausgelöscht wird. Der narzisstische Neid entwickelt so eine fatale Dynamik in der Spannung zwischen *selbstvergessener Faszination und existenziellem Hass*. Das kann im Alltag und natürlich auch in therapeutischen Beziehungen eine gefährliche Bedeutung gewinnen.

10. Der Dämon

In der Transaktionsanalyse gibt es eine Vorstellung, die schon manchem Kopfzerbrechen bereitet hat und eher in den Bereich der Theologie zu gehören scheint (Wandel 1989, S. 4-15). Im Zusammenhang von plötzlichen destruktiven Entscheidungen, gerade dann, wenn eine grundsätzliche Besserung eintreten könnte, spricht Berne von einem *Dämon,* der da hindernd wirksam wird. Im Rahmen seiner Skripttheorie ist das ein elementarer kindlicher Ich-Zustand, der unter dem Einfluss einer destruktiven inneren Programmierung jedes Entkommen aus dem Einflussbereich destruktiver Lebensmächte verhindert. Bemerkenswert ist, dass Berne die Gefahr eines solchen „dämonisch" bewirkten Rückschlags gerade dann am größten sieht, wenn die beste Chance für eine wirkliche Veränderung besteht. Wir können nicht alles ausschöpfen, was bei solchen Katastrophen mit hineinspielen kann: Am besten lässt sich die Dynamik solcher Rückschläge jedoch mit dem Neid des Klienten auf seinen Helfer begreiflich machen.

Da Berne im Zusammenhang mit dem „Dämon" an schwere Störungen denkt, gehen wir vom narzisstischen Neid aus, also der Angst vor der Vernichtung durch einen faszinierenden anderen, der nun auch noch als erfolgreicher Heiler über die Pathologie seines Klienten triumphiert. Im Zwiespalt zwischen dem Wunsch, aus vielfältigen Schwierigkeiten herauszukommen und dem Neid auf den Helfer, der es offensichtlich so viel besser hat, wird der Neid übermächtig und führt dazu, dass alles Erreichte zunichte gemacht wird.

Wenn die Beziehung zwischen Klient und Helfer einigermaßen stabil ist, lässt sich diese Neidkrise voraussehen und der Dämon kann eventuell durch geeignete Maßnahmen besänftigt werden. Fatal jedoch ist sein Wirken in Beziehungen, in denen es schwieriger ist, auf eine neutrale Ebene auszuweichen: in Arbeits-, Freundschafts- und Liebesbeziehungen. Vor allem bei letzteren können die Betroffenen meist überhaupt nicht verstehen, was denn „schiefgegangen" ist. „Es ging doch alles gut", unter Umständen sehr gut sogar, und nun dieser plötzliche Absturz.

Sieht man hinter die Oberfläche der Beziehung, so findet man als eine ihrer Grundvoraussetzungen meist von Anfang an ein Ungleichgewicht, oft sogar eine Art therapeutisches Element. Er hat z. B. endlich die Frau gefunden, die ihn, wie er phantasiert, von seinen Süchten und aus seiner Einsamkeit befreien wird. Sie fühlt ganz tief, dass sie gebraucht wird, nicht nur als Partnerin, sondern als Mensch, der einen anderen Menschen aus seinen Verstrickungen herausholen und all die Stärken bei ihm aktivieren kann, die sie wie keine andere Frau bei ihm wahrnimmt. In dieser Hinsicht ist sie sogar eine bessere Mutter für ihn als seine leibliche Mutter, was von ihm auch dankbar als Grundlage der Beziehung akzeptiert wird.

Umso bitterer ist es dann für sie, wenn nach einer Zeit euphorischer Gewissheit, dass nun endlich alles gut wird, der Dämon sich bemerkbar macht und ihr das Gefühl vermittelt, dass sie es doch nicht schafft. Alles, worauf sie ihren Glauben an sich, den Partner und die Beziehung gründete, erscheint jetzt als hässlich und zerstört. Unter Umständen geschieht das im Rahmen einer Szene, in der er sie zum ersten Mal schlägt und ihr betrunken, wie er ist, ins Gesicht schreit, dass er ihre Vortrefflichkeit – vom gepflegten Make-up bis hin zu ihrer Güte und Gelassenheit – einfach satt hat. Darauf folgen dann zerknirschte Entschuldigungen und die Beteuerung, dass dergleichen nicht mehr vorkommen wird. Fürs Erste jedoch hat der Dämon dafür gesorgt, dass ihre Überlegenheit zu Bruch geht und nun auch sie das Gefühl kennt, machtlos und widerwärtig zu sein, vor allem dann, wenn er sie dazu gebracht hat, ihrerseits aus der Rolle zu fallen und mit Geschrei und Schimpfen zu reagieren.

Der Spiegel und der Fetisch

Die Funktionalisierung des anderen – egal ob Mensch, Tier oder Gegenstand – als *Spiegel* der eigenen Größe und Einzigartigkeit schafft das narzisstische Universum, eine geschlossene Welt, in der alles und jede/r letztlich nur dem Zweck dient, das grandiose und zugleich brüchige Selbst des Narzissten zu bestätigen und zu stützen. Diese Degradierung des anderen zum Spiegel gelingt jedoch nicht immer. Der Spiegel kann sich der Kontrolle entziehen und dann reichen selbst flüchtige Einblicke in die Wirklichkeit aus, um das grandiose Selbst zu erschüttern und zu Gegenmaßnahmen zu veranlassen und den ungehorsamen Spiegel wieder unter Kontrolle und in Botmäßigkeit zurückzuzwingen.

In der Literatur ist dieses Thema des Spiegels, der ein bedrohliches Eigenleben gewinnt, oft behandelt worden. Die Urform ist die antike Geschichte vom schönen Jüngling Narzissus (Kernberg 1996, S. 72), auf die Freud sich bezog, als er den klinischen Begriff des Narzissmus prägte.

Narzissus verliebt sich in sein eigenes Spiegelbild im Wasser und ertrinkt, als er das schöne Schemen zu fassen sucht. Die Geschichte ist tiefsinniger und für die innere Problematik von Narzissten aufschlussreicher, als ein oberflächliches Verständnis ahnen lässt. Meist werden Narzissten als extreme Egoisten aufgefasst und die Selbstverliebtheit als Konsequenz dieses Egoismus, der nur sich sieht. Tatsächlich ertrinkt der Jüngling jedoch, weil er zu wenig Gefühl und Bewusstsein von sich selbst hat und sich von einem Spiegelbild überwältigen lässt, das nur einen Teilaspekt von ihm, sein schönes Äußeres, seine *Fassade* wiedergibt.

Als Narzissus verlangend nach diesem schönen anderen greift, um ihn zu besitzen, verliert er sich selbst und ertrinkt. Sein Spiegelbild wird zum *Fetisch,* dem er das eigene Selbst zum Opfer bringt. Das ist sehr aktuell, wenn wir das Ertrinken, von dem die Geschichte handelt, nicht als physischen sondern als seelischen Tod und als Überwältigung durch den materiell greifbaren Aspekt des Selbst auffassen, und vermittelt eine Ahnung, worum es bei extremen Formen heutigen Körperkults gehen kann.

In der Geschichte wird ein Grenzfall dargestellt, der völlige Selbstverlust durch *Besessenheit* vom eigenen Spiegelbild bzw. vom Körper als dessen materiellem Aspekt. In der narzisstischen Normalität sind jedoch viele Abstufungen möglich. Statt der völligen Identifikation mit einem Fetisch, der den totalen Zugriff auf das Selbst vorspiegelt, allerdings mit der Konsequenz, dass das eigentliche Selbst sich dabei aufgibt und untergeht, gibt es weniger radikale Verfahren, um den Spiegel im Griff zu behalten. Auch diese sind als menschliche Möglichkeiten seit Langem bekannt und im Märchen präzis und anschaulich dargestellt. Mehr oder weniger erfolgreiche Narzissten scheint es immer schon gegeben zu haben. Neu ist allein ihre zunehmende Normalität.

Das Märchen vom Sneewittchen

Im Märchen vom Sneewittchen (Brüder Grimm 1997, S. 269 ff.) ist es die Stiefmutter, der das Missgeschick des *unbotmäßigen Spiegels* begegnet. Sie wird als „stolz und übermütig" bezeichnet und als eine Frau, die „nicht leiden" konnte, „dass sie an Schönheit von jemand sollte übertroffen werden". Offensichtlich handelt es sich um eine Narzisstin und deswegen hat sie auch einen Spiegel, in dem sie sich immer wieder betrachtet, damit er ihre Überlegenheit und Einzigartigkeit bestätigt. Das geht so lange gut, bis dieser treue Diener meldet, dass sie zwar die „Schönste hier", aber Sneewittchen noch „tausendmal schöner" sei als sie. Dass der Abstand an Schönheit gleich „tausendmal" zu ihren Ungunsten ausgeht, zeigt ihre Grandiosität auch in der Kränkung, und das Märchen benennt ihre Reaktionen sehr genau. Sie „erschrak", denn Vernichtungsangst vor dem Unterliegen in der narzisstischen Konkurrenz kommt in ihr auf, und sie „ward grün und gelb vor Neid. Von Stund an, wenn sie Sneewittchen erblickte, kehrte sich ihr Herz im Leibe um, so hasste sie das Mädchen. Und der Neid und Hochmut wuchsen wie ein Unkraut in ihrem Herzen immer höher, sodass sie Tag und Nacht keine Ruhe mehr hatte."

Die Konsequenz, die sie zieht, ist bekannt und nach der Logik des Narzissmus verständlich: Sie beschließt, das Mädchen umzubringen zu lassen bzw. es selbst zu tun, um das Ärgernis aus der Welt zu schaffen und den Spiegel wieder unter Kontrolle und in die Pflicht zu zwingen, ihr die Einzigartigkeit und Überlegenheit ihrer Schönheit zu bestätigen. Im Märchen gelingt das nicht und Sneewittchen entkommt dank günstiger Umstände und überraschender Helfer den Anschlägen. Deswegen lesen sich Märchen so tröstlich, vorausgesetzt natürlich, dass man die richtige Partei ergreift. In der Wirklichkeit sind rettende Zwerge und Prinzen jedoch eher selten und Angriffe aufgrund der Weigerung oder Unfähigkeit, sich dem narzisstischen Größenselbst eines anderen unterzuordnen, sehr ernst zu nehmen. Auch in dieser Hinsicht ist das Märchen ungemein realistisch: Aus der Kränkung entstehen Hass und Neid, die letztlich nur mit der Vernichtung des oder der kränkenden anderen zufrieden sind.

Die Stiefmutter im Märchen nimmt ein fürchterliches Ende, als ihr das mit Sneewittchen nicht gelingt. Als ihr der Spiegel verkündet, dass all ihre Unternehmungen fehlgeschlagen sind und die Kränkung irreversibel ist – „Ihr seid die schönste hier, aber die junge Königin ist tausendmal schöner als ihr" – fasst sie die furchtbare Angst im Hintergrund aller narzisstischen Abwehrmanöver. Es „ward ihr so Angst, so Angst, dass sie sich nicht zu lassen wusste". Mit der Angst verbunden ist eine Unruhe, die sie trotz ihres Widerstrebens dazu bringt, sich dem Anblick der siegreichen anderen direkt, ohne den Umweg über ihren Spiegel, auszusetzen, und wie in der Geschichte vom Jüngling Narzissus führt die direkte und ungeschützte Begegnung mit dem nicht kontrollierbaren Fetisch zum Untergang.

Wieder ist das Märchen sehr genau. Der Spiegel mag unangenehme Wahrheiten gesagt haben, dennoch war er ein Instrument der Selbstvergewisserung und Selbstbestätigung. Schließlich hat er trotz des kränkenden Hinweises auf die Schönheit der anderen immer noch festgestellt: „Frau Königin, Ihr seid die schönste hier." Narzissus geht unter, als er vergisst, dass das schöne Bild eben nur ein Spiegelbild ist, und die Königin gerät ins Verderben, als sie den Spiegel und mit ihm den Rest einer zwar unbequemen aber doch schützenden Selbstwahrnehmung endgültig beiseitelässt. Sie vergisst sich in ihrem Hass und tanzt sich in glühenden Schuhen zu Tode, was die Rastlosigkeit und Qual beim Anblick des siegreichen Sneewittchen zum Ausdruck bringt, der ihr die völlige Niederlage und Wertlosigkeit bestätigt.

Es gibt jedoch noch eine weitere Übereinstimmung zwischen beiden Geschichten, der von Narzissus und der von Sneewittchens Stiefmutter, die von Bedeutung für das Verständnis des Narzissmus ist. Beides sind Geschichten von Menschen, die ihren Blick nicht einfach unbefangen in die Welt richten, sondern sich zuerst einmal selbst betrachten. Mythen und Märchen drücken das im Bild aus. In ihnen verwenden die Menschen einen Spiegel als Hilfsmittel, um sich wahrzunehmen. Das ist eigentlich etwas ganz Normales und Alltägliches. In unserer heutigen begrifflichen Sprache sagen wir: Sie reflektieren, was in der lateinischen Grundbedeutung nichts anderes heißt, als dass sie sich „zurückwenden", die Welt nicht einfach hinnehmen, sondern sie durch Bezug auf sich selbst wahrnehmen. Das schützt vor der unmittelbaren und eventuell nicht kontrollierbaren Begegnung mit der Wirklichkeit. Gefährlich wird es immer dann, wenn diese Abwehr nicht mehr wirkt, die Wirklichkeit stärker ist und der Spiegel ein Eigenleben gewinnt, sich der Kontrolle entzieht. Das macht der Mythus vom Jüngling Narzissus, der sich über seinem Bild selbst vergisst, sehr deutlich. Im Märchen vom Sneewittchen ist dieser Aspekt nicht so stark betont, aber auch hier kündigt der Spiegel den vollen Gehorsam auf. Die Wirklichkeit lässt sich doch nicht verleugnen, und er sagt der Königin Dinge, die sie in eifersüchtige Qual versetzen und die sie gar nicht hören will.

Nun wäre es ja möglich gewesen, dass Narzissus, statt in seinem Spiegelbild zu ertrinken, einfach zum Baden ins Wasser gestiegen und das genossen hätte. Die Königin hätte den lästigen Spiegel auch einfach in eine Schublade legen und seine unangenehmen Botschaften „verdrängen" können. Dass sie das trotz aller Unannehmlichkeiten bis hin zum Tod nicht tun, zeigt, dass es nicht nur Eitelkeit oder Selbstverliebtheit ist, die sie zum Spiegel greifen lassen, sondern ein tiefes Bedürfnis, das letztlich sogar stärker ist als ihr Lebenswille.

Das tiefste Bedürfnis, das sich hier überwältigend geltend macht, ist das Bedürfnis, *gesehen zu werden,* immer wieder bestätigt zu bekommen, dass man wichtig und überhaupt vorhanden ist. Der Spiegel ist das Hilfsmittel, um die Aufmerksamkeit auf die eigene Person zurückzulenken und sie vor dem Verschwinden im Nichts der Wert- und Bedeutungslosigkeit festzuhalten. Hinter der narzisstischen Selbstreflexion steht der verzweifelte Wunsch, aus diesem Zustand der Selbst- und Wertlosigkeit herauszukommen. Deswegen ist verständlich, dass der Spiegel als Mittel, das Selbst*bewusstsein* zu retten, umso wichtiger wird, je schwächer das einfache und unreflektierte Selbst*gefühl* und Selbst*vertrauen* sind.

Spiegelung kann ein Mensch sich selber geben oder er kann andere Menschen oder auch Dinge dazu benutzen. Die Gefahr und Tragik dieser Art von Selbstbehauptung liegt jedoch darin, dass der Spiegel nie die wirklichkeitsgetreue und liebevolle Wahrnehmung durch einen anderen Menschen ersetzt, nach der der narzisstische Mensch sich wie jeder Mensch im tiefsten Herzen sehnt, sondern ein im Guten wie im Bösen verfälschtes Bild. Der narzisstische Spiegel ist ein *Zerrspiegel*. Er trügt, indem er Idealbilder zeigt, die entweder zu Identifikation und Selbstaufgabe verführen oder Hass und Abscheu wecken und zu dem Versuch führen, entweder sich selbst oder den Spiegel zu vernichten.

Jede Sucht entspringt einem tiefen unerkannten Bedürfnis und dem Versuch, einen Ersatz, ein Surrogat für das zu finden, was eigentlich gesucht und gebraucht wird.

Die vielleicht tiefste Sehnsucht ist die, überhaupt da sein zu dürfen, liebevoll als die Person, die man ist, wahrgenommen und in der Welt willkommen geheißen zu werden. Fehlt diese Begrüßung oder reicht sie nicht aus, so entsteht als psychische Instanz der narzisstische Spiegel, der nicht nur die Aufgabe hat, einfach Selbsterkenntnis zu geben, sondern Bestätigung und die elementare Vergewisserung, dass die Person überhaupt Wert und Daseinsberechtigung hat. Das tut er auch, aber eben unter einer *Bedingung,* die das narzisstische Elend ausmacht: Er bestätigt nur die idealen Seiten. Der Rest, alles Unvollkommene, Menschliche, Kreatürliche bleibt unbestätigt und verfällt dem schlimmsten Urteil: Es ist zum Tode verurteilt und wird dem idealen Bild zum Opfer gebracht, das auf diese Weise zum *Idol,* einer Art innerpsychischen Götzen wird.

Das macht verständlich, warum die Königin im Märchen in Panik gerät, als ihr der Spiegel meldet, dass nicht sie, sondern eine andere dem Ideal entspricht. Die narzisstische Selbstvergewisserung funktioniert nur so lange, wie es gelingt, sich entweder direkt mit dem Ideal im Spiegel zu identifizieren oder sich gewissermaßen bei jemand anderem anzuhängen, der dieses Ideal verkörpert. Das kommt für die Königin im Märchen natürlich nicht infrage und so bleibt ihr nichts anderes übrig, als die andere zu zerstören, um sich selbst wieder mit dem Ideal der Allerschönsten identifizieren zu können. Es gelingt ihr nicht und das Ende zeigt ihre Vernichtung beim Anblick der siegreichen Rivalin, in deren Schönheit sie das Idol sieht, das sie mitleidlos zum Tode verurteilt.

11. Narzisstisches Selbstmanagement im Alltag

Das Selbst als Götze

Das Ende der Königin stellt den dramatischen Zusammenbruch eines narzisstischen Selbstmanagements dar. Wie der Anfang des Märchens zeigt, gibt es jedoch durchaus Zeiten, in denen dieses Selbstmanagement erfolgreich ist und der Blick in den Spiegel sie beruhigt und in ihrer Einzigartigartigkeit bestätigt. Allerdings sind die Zeiten der Hochstimmung gefährdet und trügerisch. Der narzisstische Optimalzustand hängt von der mehr oder weniger großen Nähe oder Ferne zum Idol ab, dessen Spiegelung dem Narzissten das Erlebnis seiner Vorzüglichkeit vermittelt und ihn vor den darunter liegenden Ängsten schützt.

Dafür darf die Nähe nicht so groß sein, dass sie zur völligen Identifikation mit dem Idol führt. Das führt zu Zuständen rauschhafter Selbstüberschätzung, in denen die Grundüberzeugungen der Einzigartigkeit, Unverletzlichkeit und magischen Allmacht voll aktiviert werden. Diese Zustände sind verständlicherweise angenehm und werden gesucht. Sie bilden den „Kick", die Abwechslung im öden und langweiligen Alltag. Auf ihre Inszenierung, z. B. durch Extremsportarten, durch Risiken aller Art, die einen berauschenden Sieg ermöglichen, aber auch durch völlige Identifizierung mit dem Körper als „dem" schönen Objekt wurde schon hingewiesen. Sie sind jedoch nicht ohne Risiko, können zur Selbstschädigung und im Extrem zur Selbstgefährdung führen Die Gefahr bei diesem zeitweiligen Hochgefühl ist die narzisstische *Hybris,* die Selbstüberschätzung mit Realitätsverlust, die schon in der antiken Tragödie als Grund für den Untergang ihrer Helden bekannt war. Der andere Nachteil ist, dass sie wie alle Rauschzustände nicht vorhält, seelisch auslaugt und einem Zustand noch tieferer Langeweile und Desillusionierung als vorher Platz macht. Dann droht das entgegengesetzte Extrem, das Abgleiten in die *Depression,* das Gefühl völliger Wert- und Bedeutungslosigkeit und die Überwältigung durch die Angst vor Vernichtung und Persönlichkeitszerfall.

Für diese fatale Situation gibt es eine bevorzugte Notlösung. Die schlimmste Bedrohung für das Selbst liegt im Verlust von jeder Art von Spiegelung und dem vernichtenden Erlebnis völliger Bedeutungslosigkeit. Vor diesem Hintergrund ist *negative Spiegelung* besser als gar keine und die Existenz eines *Feindes,* der als Verkörperung des Bösen und Bedrohenden zwar die strafende und destruktive Seite des Idols darstellt, aber damit auch Bedeutung vermittelt, ist manchmal im wörtlichen Sinne lebensrettend. Das erklärt, warum Narzissten oft von Bewunderung und Verehrung einer idealisierten Person, in deren Glanz sie sich sonnen konnten, plötzlich zu Hass und Verfolgung wechseln, wenn diese positive Spiegelung weniger wird oder ganz ausbleibt. Davon wird noch die Rede sein.

Zwischen diesen Extremzuständen euphorischer Grandiosität, dem Abgleiten in Depression und dem Kampf mit dem Verfolger bewegt sich die narzisstische Normalität. Sie aufrechtzuerhalten und instinktiv oder durch Erfahrung klug geworden die lockenden oder gefährlichen Extreme zu vermeiden oder gar zu nützen, ist Sache des alltäglichen Lebensmanagements. Wieweit und wie gut das gelingt, ist individuell verschieden. Es hängt unter anderem davon ab, inwiefern es der Betreffende schafft, andere Menschen dazu zu bringen, seine Grundüberzeugungen zu bestätigen oder zumindest sie davon abzuhalten, sie in Frage zu stellen. Dafür gibt es eine Fülle von kommunikativen Techniken und Vermeidungs- bzw. Umdeutungsstrategien. Eine wesentliche Voraussetzung für Stabilität ist auch die individuell unterschiedliche Fähigkeit, sich in *Leistungen* oder im eigenen Werk zu spiegeln. Das setzt Tüchtigkeit und Begabung voraus, wobei besonders letztere geeignet ist, das Bewusstsein der Einzigartigkeit und der nicht vergleichbaren Originalität zu stärken. Der Kunstbetrieb ist deswegen ein bevorzugtes Betätigungsfeld von Narzissten, soweit entsprechendes Talent vorhanden ist.

Eine weitere wichtige Strategie dieser Kunst alltäglicher Lebensbewältigung wurde auch schon genannt. Es ist der Versuch, Defizite in der Fähigkeit, sich selbst aus eigenen Qualitäten heraus zu bestätigen, durch Teilhabe am Glanz anderer zu kompensieren. Es stärkt das Bewusstsein eigener Größe, z. B. den „besten" Psychotherapeuten zu haben und bei Gelegenheit so nebenbei bemerken zu können: „Er hat auch ein Buch geschrieben ...", was den Gesprächspartner zu anerkennendem Schweigen zwingt, wenn es ihm nicht gelingt, nun seinerseits aufzutrumpfen: Der seine ist vielleicht Lehrtherapeut, was sich ebenfalls ganz beiläufig bemerken lässt.

Das Verhältnis zu diesen menschlichen Spiegeln der eigenen Grandiosität ist jedoch immer zwiespältig, da sie durch ihren Glanz zwar das Selbstgefühl bestätigen, aber auch gleichzeitig kränken: Sie stützen, indem sie überstrahlen, und das wird ihnen übel genommen. Über kurz oder lang pflegt deswegen Bewunderung und Anhänglichkeit in Hass und Verfolgung umzuschlagen, womit wieder der nötige Abstand hergestellt wird, der die Bedrohung durch diesen anders nicht mehr kontrollierbaren Spiegel mindert.

Den betreffenden Narzissten sind diese Strategien oft durchaus bekannt. Viele kennen sich gut, manchmal haben langjährige Psychotherapien noch dazu beigetragen, dieses Wissen zu vertiefen und auch das nötige Vokabular zur Verfügung gestellt, um sachkundig über sich und das eigene Elend zu sprechen. Das Wissen ändert jedoch nichts am Selbstgefühl und Erleben, weil es wieder nur als Anlass dient, das eigene Elend zu betrachten und die Ausweglosigkeit der Situation zu beklagen.

Das Grundgefühl dieser Existenz im Spiegel ist *Langeweile,* die umso tiefer wird, je größer die Selbsterkenntnis ist und je effektiver das alltägliche Management wird, mit dem die Extreme von Hass und Verzweiflung vermieden werden. Das Leben in einer Welt der Spiegel, die immer nur ein Bild des eigenen Ichs zurückwerfen, bietet zwar einen Schutz vor Kränkung und einer realistischen Begegnung mit sich selbst, führt jedoch zu Stagnation, in Gefühle von Sinnlosigkeit und innerer Leere. Hinzu kommt das Gefühl einer tiefen Einsamkeit.

Treffend und zugleich mit entsprechender Grandiosität charakterisierte ein Klient sein Elend so: „Einsam wie ein Atom im Weltall!" Bemerkenswert an diesem Ausspruch ist, dass er die Einsamkeit in der unendlichen Leere kosmischer Räume treffend benennt, diese lebensvolle Menschenwelt hier jedoch schlicht übergeht, denn schließlich: Welche Bedeutung könnten diese Erde und diese Welt auch haben, angesichts der kosmischen Unendlichkeit, in der sich das narzisstische Selbst in seiner Einsamkeit und grandiosen Winzigkeit voller Selbstmitleid spiegelt und gleichzeitig bestätigt? Das einzige, was in diesen riesigen Räumen von Bedeutung ist, ist das grandiose Selbst selber.

Diese Gefangenschaft im Grenzenlosen macht die Unentrinnbarkeit aus der *narzisstischen Falle* deutlich: Selbst das Universum wird zum Gefängnis, aus dem es kein Entrinnen mehr gibt, denn es ist ja die Unendlichkeit, an deren Grenzen der Narzisst angekommen ist, um einen befriedigenden Maßstab für seine Einsamkeit und sein Leiden zu finden.

12. Co-Narzissmus

12.1 Beziehungsvampire

Beispiel 1: Herr W.

Herr W., geschieden, etwa 40 Jahre alt, mittelmäßig verdienend und vom Aussehen her unauffällig, hat Erfolg bei Frauen. Sein Problem ist nur, dass die Beziehungen, die er immer wieder anknüpft, nicht dauern und dass die Partnerinnen nach kurzer Zeit das Interesse an ihm verlieren. So bleibt er allein und fühlt sich trotz seiner Erfolge einsam und ungeliebt. Wenn er ehrlich mit sich ist, ist es gar nicht so schlimm für ihn, dass die Partnerinnen immer wieder gehen, denn eigentlich weiß er mit ihnen nichts Rechtes anzufangen und fühlt sich bedrängt und sogar bedroht, wenn sie etwas von ihm wollen.

Das hängt mit dem Geheimnis seines Erfolgs zusammen. Er hat ein wirksames Verfahren, Frauen für sich einzunehmen, ist jedoch dann mit seinen Erfolgen überfordert. Im Unterschied zu vielen anderen Männern kann er gut zuhören, weiß über Gefühle und Beziehungen zu sprechen, und vermittelt seiner jeweiligen Partnerin den Eindruck, dass sie wichtig und interessant ist. Das ist seine Fassade, die die Partnerin schon deswegen nicht durchschaut, weil er sie in subtiler Weise immer wieder auf sich selbst zurücklenkt. *Sie* ist wichtig und je mehr sie daran zweifelt oder schmerzliche Erfahrungen mit Männern hat, die das anders sahen und sie anders behandelten, erscheint ihr Herr W. umso ungewöhnlicher. Dafür übersieht sie sogar, dass er nicht sonderlich attraktiv ist und vom Status und Einkommen her nicht viel zu bieten hat. Im Grunde genommen nimmt sie ihn gar nicht wirklich wahr und sonnt sich in seinem Interesse und seiner Zuwendung.

Das dauert in der Regel eine Weile, bis die Partnerin aus dem leichten Rausch erwacht, in den er sie versetzt hat und aus der Beziehung ernsthaft etwas zu machen versucht. Dann merkt sie, dass er als Person nicht zu greifen ist und verliert das Interesse an ihm. Das bestärkt ihn in seinem tiefen Gefühl, dass ihn sowieso niemand liebt. Andererseits ist er auch irgendwie erleichtert, denn die mehr oder weniger kurze Zeit, in der die Partnerin versucht, ihn zu greifen und aus dem Nebel zu holen, in den er sich hüllt, ist für ihn ziemlich unangenehm und mit Angst verbunden. Eigentlich fühlt er sich einer Frau nicht gewachsen, empfindet weniger wie ein Mann, sondern eher wie ein kleiner Junge. Dennoch hofft er, dass er irgendwann einmal eine Frau trifft, die ihn erkennt und nicht so schnell das Interesse verliert, eine Frau, die ihn „wirklich liebt". Wenn er sich erinnert, hat es das sogar schon gegeben, eine Frau, die sich lange und intensiv um ihn bemüht hat, aber die war ihm nicht schön genug. Er hat sich auch immer ein wenig geschämt, wenn er mit ihr in der Öffentlichkeit war. Nun ist auch das schon länger her und er hofft und sucht weiter.

Das Problem, das Herr W. ganz offensichtlich Frauen gegenüber hat, hängt mit seinem Narzissmus zusammen. Er versteckt sich hinter einer Fassade, sucht eine Partnerin, die sein grandioses Selbstbild spiegelt und fühlt sich gleichzeitig klein, ungeliebt und grundsätzlich auch nicht liebenswert. Um das auszugleichen, hat er seine *Maske* des zuwendenden und bewundernden Verstehens entwickelt, die ihm immer wieder Erfolge verschafft, die ihn aber nicht aus seinem Elend herausführt. Im Gegenteil. Er kommt immer wieder bei seinem trostlosen Grundgefühl an.

Dass er mit dieser Maske erfolgreich ist, hängt damit zusammen, dass er bei seinen Partnerinnen irgendwie „einhaken" kann. Es gibt bei ihnen eine Bedürftigkeit, zu der seine Maske passt. Oft sind es gerade erfolgreiche und unabhängige Frauen, die dennoch ein Problem mit ihrem Selbstwert haben, ein verborgenes Gefühl, nicht geliebt und als Mensch und Frau nicht wichtig zu sein. Dafür hat er ein Gespür und kann es in passender Weise bedienen. Dass beide auf Dauer davon nichts haben, liegt an der Logik narzisstischer Beziehungen, denn beide benutzen den anderen nur für ihre eigenen Zwecke.

Die Partnerinnen von Herrn W. wenden sich über kurz oder lang wieder von ihm ab. Sie lassen ihn fallen, wie er es empfindet. Der Grund dafür ist, wie gesagt, ihr eigener Narzissmus, der sie bald merken lässt, dass ihnen sein Verständnis und seine Bewunderung nicht wirklich etwas bringt. Herr W. ist auf längere Sicht nicht ergiebig für ihre Bedürfnisse und dieser Maßstab hilft, Abstand zu gewinnen und die Beziehung zu beenden. Sie spüren, dass sich hinter der verständnisvollen Fassade ein kleiner Junge verbirgt, der haben möchte ohne selbst wirklich geben zu können, und da sie in erster Linie selbst haben wollen, beenden sie die Beziehung.

Ein derart rationales Management von Beziehungen ist auf Dauer zwar auch nicht befriedigend, gibt jedoch einen gewissen Schutz. In dieser Hinsicht ist der eigene Narzissmus auch nützlich. Gefährlich wird es dann, wenn das Gespür für die unterschwelligen Ausbeutungsabsichten des anderen fehlt oder einem bestimmten Menschen gegenüber aussetzt. Dann kann es zu einer Wehrlosigkeit kommen, die gegenüber den Ausbeutungsabsichten des anderen hilflos macht, und fatalerweise sind Narzissten meist auf der Suche nach Partnern, aus denen sie die Kräfte ziehen können, die sie aus sich selbst nicht schöpfen können. Wir nennen das den narzisstischen *Vampirismus* und die Opfer die *Co-Narzissten,* die sich in eine Symbiose mit einem Narzissten hineinziehen lassen und dann nicht aus ihr herausfinden. Je nach der Art und Weise, in denen ihr Gespür und ihre Fähigkeit, sich zu schützen, beeinträchtigt ist, sprechen wir von neurotischen Co-Narzissten und solchen, denen in dieser Hinsicht ihre eigenen narzisstischen Voraussetzungen zum Verhängnis werden. Allerdings ist es im konkreten Fall oft kaum möglich, zwischen Neurotikern und Narzissten eine ganz klare Grenzlinie zu ziehen. Was jeweils überwiegt, entscheidet sich deswegen im einzelnen Fall.

Dementsprechend sind in der Regel auch die „Vampire" spezialisiert, was sich in einem intuitiven Gespür für die Schwächen des jeweiligen Opfers ausdrückt. Die Maske von Herrn W. wirkt vor allem bei Partnerinnen, die selbst ein narzisstisches Bedürfnis haben, wichtig zu sein und eine Art selbstloses Verständnis zu bekommen. Allerdings schafft er es dann nicht, den nächsten Schritt zu tun und die kurzfristig angelockte Partnerin dazu zu bringen, ihm nun ihrerseits die Investition mit Zinsen zurückzuzahlen. Da ihm äußere Motive – Schönheit, Reichtum, Prestige – nicht zur Verfügung stehen, müsste es ihm gelingen, ein im Kontext des Co-Narzissmus zentrales und mächtiges Motiv zu aktivieren. Er müsste die Partnerin dazu bringen, ihn zu *retten*. Dann hätte er alle Trümpfe in der Hand, aber offensichtlich reicht seine Begabung in dieser Hinsicht nicht aus oder er sucht sich intuitiv die falschen Partnerinnen, die für derartige Signale unempfindlich sind.

Anlass zum Retten und zum Einstieg in eine fatale Abhängigkeit ist oft der durchaus ehrenwerte Wunsch, einem Menschen, der viele Vorzüge und liebenswerte Seiten hat, und dessen Leiden man spürt, zu helfen. Das allein führt noch nicht in die Abhängigkeit. Die beginnt erst, wenn zu diesem Wunsch ein persönliches Interesse oder gar eine verborgene Identifikation hinzutritt, durch die die Grenzen zwischen den Personen verschwimmen. In der Transaktionsanalyse sprechen wir dann von einer *Symbiose,* wenn durch eine unerkannte Identifikation mit einem anderen Menschen die eigenen elementaren Interessen scheinbar nur auf dem Umweg über diesen anderen befriedigt werden können. Das Motiv dabei können Schuldgefühle sein, wenn es z. B. nicht gelingt, dem anderen aus seinem Elend herauszuhelfen. Besonders brisant wird es jedoch, wenn sich dieses Helfen-Wollen mit der narzisstisch-grandiosen Vorstellung verbindet, nun das zu schaffen, was bisher offensichtlich niemandem möglich war. Besonders gefährlich aber wird es dann, wenn der oder die Liebende bei einem narzisstischen Partner das tiefe und bei sich selbst ja so bekannte Bedürfnis spürt, wirklich gesehen und als Person wahrgenommen zu werden. Dann entsteht die Versuchung, sich selbst im anderen zu heilen, verbunden mit dem eben genannten grandiosen Irrtum, nun derjenige oder diejenige zu sein, der/die das schaffen wird, woran alle anderen gescheitert sind.

Es ist klar, welche Möglichkeiten, sein Opfer in Abhängigkeit zu bringen bzw. es darin zu halten für einen intuitiv begabten Angreifer bestehen, der diese Schwächen zu nutzen versteht. In der Regel ist es deswegen leichter, in eine solche Abhängigkeit hineinzugeraten bzw. sich hineinlocken zu lassen als wieder herauszukommen. Wir wollen das anhand eines Beispiels betrachten.

Beispiel 2: Frederic

Frederic ist 22 Jahre alt, hat das Abitur und den Wehrersatzdienst hinter sich und lebt bei seiner Mutter. Er ist ein höflicher und überhaupt nicht aggressiver junger Mann, widerspricht kaum, entzieht sich jedoch, wenn die Mutter etwas von ihm möchte, was ihm nicht gelegen kommt. Er weigert sich nicht offen, stimmt sogar zu, aber wenn er es dann tun soll, wird nichts daraus. Im Übrigen ist er viel unterwegs. Was er so im Einzelnen tut, weiß die Mutter nicht. Sie macht sich zwar Sorgen, aber schließlich ist er erwachsen. Was sie wirklich beunruhigt ist jedoch, dass er keinerlei Anstalten macht, irgendetwas für seine Zukunft zu tun, einen Beruf zu erlernen, zu studieren oder einfach nur einen Job zu suchen.

Dafür hat er tatsächlich keine Zeit, denn seine Kräfte sind ganz offensichtlich von seiner Freundin absorbiert. Die ist 16 Jahre alt und damit um einiges jünger. Er hat sie während seines Zivildienstes im Obdachlosenmilieu kennengelernt und versucht seitdem, sie psychisch zu stützen und ihr zu helfen. Das ist eine aufwendige Sache, denn die Freundin braucht ungemein viel Zuwendung und vor allem ist unklar, was geschehen würde, wenn er sich zu wenig um sie kümmern würde. Zwar lebt sie mittlerweile wieder bei ihrer Mutter, aber es ist durchaus möglich, dass sie bei unzureichender Betreuung wieder in ihr früheres Milieu zurückkehren könnte. Dort wartet ihr voriger Liebhaber, zu dem sie weiterhin eine zumindest für Frederic unklare Beziehung aufrechterhält. Außerdem fürchtet er, sie könnte suizidal werden, wenn sie mit sich und ihren Problemen zu lange allein gelassen wird.

So kommt es, dass er mit seiner Freundin ganze Tage auf Parkbänken oder bei schlechtem Wetter in Einkaufszentren mit Sitzgelegenheiten verbringt. Wenn er gerade mal nicht bei ihr ist und sie ihn anruft, kommt er so schnell wie möglich. Das ist der Grund, warum er für eine Ausbildung oder einfach für einen Job weder Zeit noch Kraft hat. Innerlich ist er fortwährend bei ihr und wartet auf einen ihrer Anrufe, mit denen sie den ohnehin schon bestehenden Druck auf ihn konstant hält oder immer noch ein wenig erhöht. Sie macht ihm Vorwürfe, dass er sie so lange allein lässt, klagt, und droht offen oder indirekt, was alles passieren könnte, wenn er nicht bald kommt. Es ist klar, dass er unter diesen Umständen keine Möglichkeit hat, irgendetwas für sich selbst zu tun. Eine Zeitlang war er Briefträger, um etwas Geld zu verdienen. Da hat er die Briefe in größter Eile und Hetze ausgetragen, um nur schnell fertig zu werden, damit er sich dann um sie kümmern konnte. Diesen doppelten Druck durch ihre Forderungen und durch die Notwendigkeiten der Arbeit hat er allerdings nicht lange ausgehalten und sich dafür entschieden, den Job aufzugeben, um ihr wieder ganz zur Verfügung zu stehen.

Für einen unbefangenen Beobachter ist auffällig, dass auf all seine Liebe und Aufopferung von ihr nichts Entsprechendes zurückkommt. Wie es ihm gehen könnte oder gar wie es mit seiner Zukunft aussehen könnte, ist für sie kein Thema. Im Gegenteil: Sie behandelt ihn äußerst schlecht, schickt ihn immer wieder fort und sagt, dass sie von ihm genug hat. Sein Status in der Beziehung ist – trotz aller für sie erbrachten Leistungen – geradezu miserabel, was einschließt, dass er auch ihre Kontakte mit dem früheren Liebhaber im Obdachlosenmilieu widerstandslos hinzunehmen hat. In seiner Liebe zu ihr wagt er nicht, an dieses heikle Thema zu rühren. Irgendwie finden diese Kontakte in einer Art Grauzone ihrer Beziehung statt. Er weiß nicht, wie sie reagieren würde, wenn er ihr hierzu Fragen stellen würde, und schließlich: Vielleicht würde sie einen abrupten Bruch mit ihrem früheren Milieu nicht verkraften und eventuell sogar suizidal werden. Daran will er nun in keinem Fall schuld sein, denn schließlich liebt er sie ja und will nicht egoistisch sein.

Kommentar

Frederic ist in einer tiefen Verstrickung, die er nicht lösen kann. Für diese Verstrickung gibt es zwei Arten von Ursachen, die wir hier untersuchen wollen. Das sind einmal die Ursachen, die dazu führen, dass ein Mensch überhaupt in eine solche Abhängigkeit hineingeraten kann und dann sind da die Ursachen im Verhalten der narzisstischen Partnerin, die ihn in dieser Gefangenschaft festhalten. Als Begriff für derartige Verstrickungen verwenden wir den transaktionsanalytischen Begriff der *Symbiose,* der es auch erlaubt, Ausmaß und Grad der Abhängigkeit zu unterscheiden.

Frederic befindet sich gleich in mehreren symbiotischen Verstrickungen mit seiner Partnerin. Zuerst einmal ist er ein *Muttersohn.* Von klein auf ist er bei seiner allein erziehenden, sehr energischen und dominanten Mutter aufgewachsen. Der Vater lebt im Ausland und ist nie in Erscheinung getreten. Das hat es Frederic nicht leicht gemacht, eine unabhängige männliche Identität gegenüber der mächtigen Mutter aufzubauen. Offenen Widerstand und Auflehnung zeigt er bis heute nicht. Er widerspricht ihr nicht, wenn sie etwas von ihm will, was er nicht möchte, entzieht sich jedoch und tut es einfach nicht. Dieser passive und nicht recht greifbare Widerstand macht sie zornig und hilflos zugleich, gibt ihm aber ein Gefühl von Souveränität und Unabhängigkeit.

Die zweite Säule seiner männlichen Identität ist seine Fähigkeit, einfühlsam Trost zu geben. Diese Fähigkeit hat er als kleiner Junge entwickelt, als er die verborgenen Schwächen seiner nach außen hin so starken und unabhängigen Mutter erspürt und ihr immer wieder in seiner kindlichen Art beigestanden hat. Das hat ihn zwar überfordert, aber als Helfer und kindlicher Psychotherapeut hat er ihr gegenüber ein Gefühl der Macht und Überlegenheit gewonnen, das für die Entwicklung seiner männlichen Identität wichtig geworden ist. Er war klein und abhängig, ohne von einem Vater unterstützt zu werden, aber als Helfer und Tröster seiner Mutter konnte er sich mächtig und groß fühlen. Da brauchte sie ihn und nicht umgekehrt. Das waren zwar grandiose Phantasien eines kleinen Jungen, die jedoch für sein Selbstgefühl wichtig geworden sind und ihn vor dem niederdrückenden Gefühl schützen, schwach und ausgeliefert zu sein.

Auch in der Beziehung zu seiner Freundin spielen diese Phantasien eine Rolle. Sie bedroht ihn nicht durch äußere Übermacht wie die Mutter und ist auf ihn angewiesen, wie er meint. Hier wird er gebraucht und fühlt sich als Mann. Mit ihr kann er wenigstens zeitweise die problematische Rolle des versteckt rebellischen Sohnes verlassen, die er bei seiner Mutter spielt und die ihn als Helfer längst nicht mehr braucht. So stabilisiert er sich in sich gegenseitig ergänzenden Symbiosen. Die Freundin stützt ihn gegenüber seiner Mutter, allein durch ihr Dasein und die Tatsache, dass sie ihn als Helfer in Anspruch nimmt und ganz unabhängig davon, welche Haltung sie der Mutter gegenüber einnimmt. Die Mutter ihrerseits sorgt weiterhin für Lebensunterhalt und Wohnung und gibt ihm durch ihre durchaus berechtigte Kritik und ihre Forderungen die Gelegenheit, sich weiterhin als rebellischer Sohn zu fühlen und zu verhalten. Es ist klar, dass er in diesem Zustand wenig Energie für seine berufliche Entwicklung hat.

Abgesehen von dieser Symbiose gibt es aber noch ein anderes symbiotisches Band, das ihn mit seiner Freundin verbindet. Mit seinem schon früh entwickelten Gespür für verborgene seelische Nöte und Verwundungen hat er deren tiefes Elend erfasst. So etwas kennt er, er will ihr helfen und gleichzeitig ist ihm diese Situation tief vertraut, denn er kennt sie aus seiner frühen Kindheit. Das gibt ihm bei allem Druck und allen Schwierigkeiten, in die er durch seine Versuche zu helfen und zu retten kommt, ein Gefühl der Vertrautheit und von Heimat. Dieses Gefühl und den von ihm ausgehenden Sog nennen wir in der Transaktionsanalyse ein *Skriptgefühl*: Es ist das Gefühl, das uns immer wieder in Scheitern und Unglück, im besten Fall in Situationen von Gefahr und Verlust führt und den Blick für die Wirklichkeit trübt. Wenn es sich in Beziehungen auswirkt, sprechen wir von einer *Symbiose zweiter Ordnung*, die tief im Gefühl und in frühen Erfahrungen verwurzelt ist und entsprechend schwer zu lösen.

All das bewegt sich noch in einem Bereich, den wir in diesem Buch als neurotisch bezeichnen. Es kommt jedoch noch etwas hinzu, was den Narzissten Frederic bindet und hilflos macht. Die Freundin dient ihm auch als *Spiegel* für sein eigenes unerkanntes Elend. In ihr erkennt er sich wieder und versucht, sich in ihr zu retten. Wir können das eine *Symbiose dritter Ordnung* oder eben die *narzisstische Symbiose* nennen, bei der im anderen das eigene *Selbst* geliebt oder auch gehasst wird. Wieder ist klar, dass Frederic unter dieser Voraussetzung kaum Chancen hat, sich gegenüber der Freundin abzugrenzen und seinen eigenen Lebens- und Entwicklungsinteressen zu folgen. Die sind gewissermaßen an die Freundin abgetreten und lassen sich nur mit ihr und durch sie verwirklichen. Dazu macht sie aber keinerlei Anstalten.

Für die Freundin ist die Macht, die sie auf diese Weise besitzt, viel zu verführerisch, um sie auch nur ansatzweise aufzugeben. Sie ist selbst eine Narzisstin und Macht über andere ist ihr wichtigstes Mittel, um mit ihren eigenen Gefühlen der Ohnmacht und Wertlosigkeit fertig zu werden. Indem sie Frederic schlecht behandelt, mit dem Absturz in frühere Elendszustände droht und ihn immer wieder dazu bringt, seine eigenen Interessen zu vernachlässigen, um bei ihr zu sein und sich um sie kümmern, bindet sie ihn immer fester. Seine Angst wächst, sie zu verlieren und da er sich selbst nicht versteht, meint er etwas für sich selbst zu tun, wenn er sich und seine Interessen für sie vernachlässigt. Das schafft zwar keine wirkliche Nähe und Vertrautheit und ist letzlich auch für sie nicht befriedigend, gibt ihr jedoch zum Ausgleich das wichtige Gefühl, Macht zu haben und Kontrolle auszuüben.

Varianten

Frederic ist als Co-Narzisst tief verstrickt in dieser Beziehung. Liebesbeziehungen sind zwar ein bevorzugtes Feld für derartige Abhängigkeiten, dennoch ist Co-Narzissmus nicht auf diesen Bereich beschränkt. Narzissmus ist nicht nur eine Persönlichkeitsstruktur und ein subjektives Erleben, sondern auch eine soziale Inszenierung. Narzissten brauchen Mitspieler, ganz gleich in welchem Bereich sie sich verwirklichen. In ein solches Spiel kann man bei Gelegenheit auch mit Arbeitskollegen oder mit dem Chef hineingeraten. Äußerlich gesehen mag das ganz anders aussehen als bei Frederic und seiner Freundin. Die psychischen Strukturen sind jedoch die gleichen. Das wird im nächsten Beispiel deutlich

Beispiel 3: Frau S.

Frau S. ist persönliche Sekretärin des Chefs der deutschen Sektion eines in den USA ansässigen internationalen Konzerns. Der Chef ist viel unterwegs und jettet zwischen Deutschland und den USA hin und her, wo die eigentliche Konzernspitze residiert. Frau S. hat deswegen viel Zeit und große Freiräume. Ihre wichtigste Aufgabe besteht darin, seine verschiedenen Termine und Flüge zu koordinieren. Der Chef kontaktiert sie vor allem über E-Mail. Dennoch ist ihre Lage nicht angenehm.

In der Firma herrscht ein extrem harter Führungsstil. Sogar die höchste Managementebene wird per E-Mail öffentlich in aller Härte kritisiert, wenn die gesetzten Ziele nicht erreicht werden. Entlassung oder Versetzung in andere weniger attraktive Abteilungen stehen als drohende Möglichkeiten immer im Hintergrund. Der Chef von Frau S. ist berüchtigt und gefürchtet für solche „Hinrichtungen", obwohl er selbst, wie sie mitbekommt, auch schon mal von den Oberen in den USA wie ein kleiner Junge abgekanzelt wird. Seine Stellung ist also keineswegs sicher. Außerdem hat er durch Interessenkonflikte und durch seinen Führungsstil im engeren Umkreis Konkurrenten und Feinde, die auf ihre Stunde warten. Frau S. weiß, dass ihre Stellung in der Firma unhaltbar wird, wenn der Chef irgendwann geht. Es ist sogar abzusehen, dass das in absehbarer Zeit geschehen wird. Die Lobby seiner Gegner sammelt ihre Kräfte und der Chef selbst macht Andeutungen, dass er daran denkt, sich aus dem Berufsleben zurückzuziehen.

Es wäre für sie naheliegend, unter diesen Umständen an ihre eigenen Interessen zu denken und für die Zeit nach seinem Weggang zu sorgen. Sie könnte sich nach einer anderen Stelle umsehen oder in der Firma selber Kontakte pflegen, die ihr später nützlich sein könnten. Beides ist ihr jedoch nicht möglich.

Wenn der Chef einmal eine Zeitlang da ist, kümmert er sich rührend um sie. Sie bekommt Anerkennung für ihre Arbeit. Zu ihr ist er auch ganz anders als zu seinen sonstigen Mitarbeitern auf den verschiedenen hierarchischen Etagen der Firma: warm, zuwendend, nachsichtig bei kleinen Fehlern, die ihr bei der Organisation seiner Termine hin und wieder unterlaufen. Er zieht sie sogar ins Vertrauen hinsichtlich seiner Probleme mit Frau und Kindern. Er ist ja kaum zu Hause und das will seine Frau nicht mehr hinnehmen. Auch die Kinder machen Schwierigkeiten und zeigen Verhaltensauffälligkeiten.

Frau S. will ihm einfach helfen. Sie spürt seine Gefährdung in der Firma, den Hass und den Neid, die sich auf ihn richten und natürlich auch auf sie, seine offensichtlich privilegierte Mitarbeiterin. Vorsorgliche Kontakte im eigenen Interesse mit seinen Gegnern in der Firma aufzunehmen ist jedoch keine Möglichkeit für sie. Das wäre Verrat und außerdem nicht einmal eine Gewähr für die Wahrung ihrer Interessen, denn den anderen kann sie nicht trauen. Sich um eine andere Stelle zu bemühen fällt ihr auch schwer, denn ihre jetzigen Privilegien und Vorrechte wird sie woanders nicht wieder bekommen. Es wäre ein Abstieg. Auch kann sie nicht abschätzen, wie weit der Arm des mächtigen Chefs reicht, wenn sie ihn jetzt im Stich lässt und eine Stelle bei einer anderen Firma annimmt.

All das könnte sie noch aushalten. Was sie jedoch am schlimmsten bedrückt ist, dass sie auch dem Chef, ihrem einzigen Verbündeten im feindlichen und undurchsichtigen Milieu der Firma, nicht wirklich trauen kann. Wenn er da ist, ist er zwar warm und freundlich zu ihr, und sie will ihm auch helfen – im Interesse ihres eigenen Überlebens und weil er ihr in vieler Hinsicht wirklich leid tut. Er ist ja ein Mensch, der derart von Feinden umgeben ist und außer ihr niemand hat. Andererseits weiß sie nicht, ob sie nicht für ihn nur eine Rolle in einem Spiel spielt, das sie nicht durchschaut. Zum Beispiel bekommt er über sie Hintergrundinformationen über Mitarbeiter und Kollegen im Management und vor allem fällt ihr auf, dass er nichts wirklich zu ihrem Schutz tut. Es ist möglich, dass er sich plötzlich aus seiner Leitungsstellung zurückzieht und dann muss sie sehen, wo sie bleibt.

Kommentar

Es ist deutlich, dass es sich hier nicht nur um ein persönliches Problem von Frau S. handelt. Die Firma, in der sie arbeitet, ist durchgängig von einem narzisstischen Stil des Umgangs miteinander geprägt. Es ist die Atmosphäre eines offenen und verdeckten Kampfes aller gegen alle, bei dem herkömmliche Rücksichten, Vertrauen und Loyalität nur hinderlich oder bei der Härte des Kampfes für das Überleben gefährlich wären. Auch der Chef, der bis jetzt noch die Oberhand behalten hat, unterliegt dem Gesetz dieses Kampfes aller gegen alle. Sollte es den Oberen in den USA nützlich erscheinen oder sollte einer seiner Konkurrenten sich an ihm vorbei mit diesen Oberen verbünden, ist es auch mit ihm vorbei.

Unter diesen Umständen kann er seiner Sekretärin nur soweit trauen, als er sie wirklich in der Hand hat. Dass seine Feinde auch die ihren sind und ihr Schicksal mit dem seinen verknüpft ist, kann ihm deswegen nur recht sein. Das macht sie berechenbar und gibt ihm Sicherheit.

Wir nehmen an, dass ein Mann, der sich unter solchen Umständen bis in eine führende Position vorgearbeitet hat und sich längere Zeit in ihr zu halten vermag, auch tatsächlich die persönlichen Voraussetzungen dafür mitbringt. Sehr wahrscheinlich ist der Chef von Frau S. einer der erfolgreichen Alltagsnarzissten, um die es in diesem Buch geht. Auch über Frau S. als Co-Narzisstin wollen wir nur Vermutungen anstellen, da es hier nicht um ihren einzelnen Fall geht, sondern um die grundsätzlichen Möglichkeiten und Gefahren in einer solchen Verstrickung.

Auch Frau S. ist in verschiedenen Symbiosen. Als Sekretärin organisiert sie das berufliche und teilweise sogar das private Leben ihres Chefs, der ohne sie – bei all seiner Macht – in elementaren Dingen hilflos wäre. Frau S. ist also allein aus beruflichen Gründen schon in einer Symbiose mit ihm. Hinzu kommt die Symbiose zweiter Ordnung, da sie seine verborgenen kindlichen Ängste und Nöte erspürt und sich dadurch von ihm binden lässt. Die stärkste Klammer stellt jedoch die zumindest ansatzweise vorhandene Symbiose dritter Ordnung dar: die narzisstische Versuchung, sich in seinem Glanz zu sonnen und durch die Teilhabe an der Macht die eigene Bedeutungslosigkeit zu überwinden.

Symbiosen, speziell die der zweiten Ordnung und die narzisstische Symbiose stellen den Versuch dar, kindliche Bedürfnisse auf eine ebenso kindliche Weise zu befriedigen, auf dem Umweg der Sorge für eine wichtige Bezugsperson, auf die die eigenen Überlebensinteressen projiziert werden. Diese Art der Kindlichkeit ist natürlich in einem Milieu wie dem Arbeitsumfeld von Frau S. extrem gefährlich. Hier vertritt jeder mit Härte und Rücksichtslosigkeit seine Interessen – offen oder mit verdeckten Karten, je nach Position und Zugang zur Macht. In dieser Hinsicht bedeutet ihre Gefühlsverstrickung mit dem Chef ein gefährliches Handicap und so wird sie voraussehbar zum Opfer werden.

Ob sie es schafft, aus dieser Verstrickung herauszukommen, hängt von verschiedenen Bedingungen ab. Die erste Bedingung besteht darin, dass sie zumindest ein Stück weit Distanz zu ihrer eigenen narzisstischen Grandiosität bekommt und auch eine nicht-optimale Lösung akzeptieren kann. Anders gesagt: Es kommt darauf an, inwieweit sie imstande ist, eine Güterabwägung zu treffen und auf den *narzisstischen Traum* der *perfekten Lösung* zu verzichten. Eine optimale Stelle hat sie ja, die Krönung ihrer Laufbahn als Sekretärin, viel Zeit und Spielraum und einen freundlichen Chef, nur eben … Im Hintergrund der undurchschaubaren Spiele innerhalb dieser Firma steht die Gefahr eines völligen Absturzes. Ihre derzeitige Stelle gibt ihr selbst viel Anerkennung und Befriedigung, allerdings um den Preis tiefer existenzieller Unsicherheit. Ihre Handlungsfreiheit bzw. ihre Fähigkeit, tatsächlich an sich selbst zu denken und aus der Rolle des designierten Opfers herauszukommen, wird also davon abhängen, inwieweit sie auf die fragwürdigen narzisstischen Vorteile ihrer Position verzichten kann, und das wieder hat mit dem Ausmaß ihrer Bedürftigkeit zu tun.

Die zweite Bedingung liegt darin, dass sie bereit und in der Lage ist, die in ihrem Skript liegenden Gründe zu betrachten, die sie innerlich in diese problematische Nähe zu ihrem Chef bringen. Oft spielen auch in Arbeitsbeziehungen frühe Erfahrungen und Erinnerungen an wichtige Bezugspersonen der Kindheit mit hinein. Möglicherweise lebt für Frau S. in diesem zugleich autoritären und zuwendenden und ebenso extrem gefährdeten Chef die Erinnerung an ihren Vater wieder auf, den sie als Tochter in einem unübersichtlichen Familiensystem zu schützen suchte. Das ist die Symbiose zweiter Ordnung, die sie hindert, ihre Lage und auch den Chef so zu sehen, wie sie wirklich sind.

Wenn derartige Symbiosen gelöst und die hier gebundenen Kräfte freigesetzt werden, ist anzunehmen, dass die betroffenen Personen, wenn überhaupt möglich, eine für sie passende Lösung finden. Frau S. könnte sich z. B. tatsächlich nach einer anderen Stelle umsehen, auch wenn diese unter dem hier erreichten Niveau narzisstischer Bestätigung liegen sollte. Um diese praktischen Möglichkeiten soll es hier jedoch nicht gehen, denn oft finden sich überraschende und nicht vorhergesehene Möglichkeiten, wenn einmal das Gefängnis symbiotischer Verstrickung verlassen ist.

Zusammenfassung

Wir haben das Thema „Co-Narzissmus" anhand von drei Beispielen behandelt. Narzissmus und Co-Narzissmus gehören zusammen. Beide stützen sich und brauchen sich gegenseitig. Im einzelnen Fall kommt es nur darauf an, wer welche Rolle übernimmt.

Wie wir schon dargestellt haben, gibt es verschiedene *Grundeinstellungen,* mit denen sich Menschen bevorzugt dem Leben nähern. Eine bevorzugte Kampfeinstellung ist die Haltung der Dominanz: „Ich bin o.k. – die anderen sind es nicht." Das ist die zentrale Abwehrhaltung des Narzissmus, mit dem das noch tiefer liegende Grundgefühl der Verzweiflung, das Erlebnis völliger Ohnmacht und Bedeutungslosigkeit, ausgeglichen werden soll.

Komplementär dazu ist die Einstellung: „Ich bin nicht o.k., andere aber sind es und können dazu gebracht werden, mich zu unterstützen, wenn ich mich nur ‚richtig' zu ihnen verhalte." Das ist die Haltung der Kontrolle über andere durch Einnehmen einer schwachen, hilfebedürftigen und unterwürfigen Position. Menschen mit dieser Position sind das bevorzugte Opfer von Alltagsnarzissten, vor allem dann, wenn sich ihre Haltung noch mit Skrupeln und moralischen Rücksichten verbindet. Zum dauerhaften Co-Narzissten werden sie, wenn sich zu dieser Grundhaltung noch die Einfühlung in den anderen und eine Symbiose zweiter Ordnung gesellen. Der eigentliche und gewissermaßen perfekte Co-Narzisst ist jedoch selbst Narzisst und projiziert sein ideales Selbst auf einen anderen Narzissten, um es in ihm zu pflegen und zu retten.

Die Transaktionsanalytikerin *Fanita English* hat mit Bezug auf die genannten Grundeinstellungen zwei Persönlichkeitstypen unterschieden: Typ 1 und Typ 2. Typ 1 ist eher unterwürfig und versucht Kontrolle aus der schwächeren Position heraus auszuüben. Typ 2 ist dominant und kontrolliert aus der überlegenen Position heraus.

Beide Typen gibt es auch unter Narzissten, wobei Typ 1 bevorzugt die Rolle des Helfers einnimmt, was ihm ermöglicht, seine grandiosen Phantasien von Macht und Bedeutung zu nähren, sich selbst im anderen zu retten und gleichzeitig eine äußerlich dienende und unterwürfige Rolle einzunehmen. Je nach Intensität der Beziehung und je nach der Ausprägung des Narzissmus auf beiden Seiten verläuft hier die Grenzlinie zum Sadismus bzw. Masochismus, unabhängig davon, ob dieser Charakter der Beziehung in speziellen Formen sexuell zelebriert wird oder sich einfach im alltäglichen Umgang ausdrückt.

Es ist oft beeindruckend, welches Ausmaß an Erniedrigung und Demütigung Co-Narzissten widerstandslos hinnehmen, ohne an ihre – von außen gesehen – berechtigten Interessen zu denken. Eben darin zeigt sich jedoch ihr Narzissmus. Es gibt auch eine Grandiosität im Leiden und Dulden, die durch immer wieder neue Demütigungen und Niederlagen genährt wird. Es ist nicht immer einfach, zwischen einer solchen narzisstischen Leidensbereitschaft und beginnender Heiligkeit zu unterscheiden. Im Zweifelsfall wird man die narzisstische Deutung vorziehen.

Da Narzissten oft über eine gute psychologische Wahrnehmung verfügen und sich gut auskennen in den verborgenen Motivationen anderer, ist klar, dass das Leiden der Co-Narzissten zumindest bei ihnen keine Anerkennung erfährt. Sie spüren nur zu gut, dass es letztendlich nicht um sie, sondern um den Helfer selbst und dessen Grandiosität geht. Sich von ihm tatsächlich retten zu lassen würde bedeuten, ihn aus der Macht seiner narzisstischen Antreiber zu entlassen und selbst die Macht über ihn einzubüßen. Um diese Macht zu erhalten, ist es nützlicher, ihn schlecht zu behandeln und dosiert zu quälen, im guten Gespür dafür, wie viel er verkraftet und so die Grenze seiner Leidensfähigkeit langsam hinauszuschieben. Je knapper der Co-Narzisst gehalten wird und sich selbst durch sein grandioses Bild des selbstlosen Helfers trösten muss, umso größer ist auch seine Abhängigkeit, was dem Machtstreben seines Partners nur entgegenkommen kann.

In unseren Beispielen haben wir zwei Rollen für Co-Narzissten betrachtet: den Partner in einer Liebesbeziehung und die Helferin im beruflichen Zusammenhang. Das sind nicht die einzigen Rollen, in denen sich Co-Narzissten verwirklichen können. Ein weiteres bevorzugtes Feld ist der Bereich des *professionellen Helfens*, z. B. als Psychotherapeut oder Pädagoge, wo leicht die Möglichkeit besteht, dass die anfangs rein professionelle Beziehung in eine narzisstische umfunktioniert wird. Hierauf werden wir noch eingehen, wenn es um praktische Fragen der Arbeit mit Narzissten und Co-Narzissten geht.

12.2 Gefährliche Liebschaften

Um in die Lage eines Co-Narzissten zu kommen, reicht manchmal schon eine gewisse Sorglosigkeit und Unaufmerksamkeit beim Eingehen von Beziehungen. Auf einmal merkt man, dass Verstrickung und Abhängigkeit soweit gediehen sind, dass es kaum möglich ist, wieder herauszukommen. Dann entsteht eine fatale Zwickmühle: Einerseits wird zunehmend deutlicher, dass sich die Beziehung zerstörerisch auswirkt, in Bezug auf die eigene Seele, aber auch in Hinsicht auf andere Beziehungen und alles, was bisher im Leben wichtig war. Andererseits wächst das Gefühl der Ohnmacht und Abhängigkeit und zugleich die Angst, was passieren könnte, wenn man ernsthaft versucht, die Verstrickung zu durchbrechen.

Um das Bewusstsein für diese Gefahren zu schärfen, wollen wir das an einigen von uns kommentierten Beispielen erläutern.

Beispiel 1: Frau M.

Frau M. ist eine erfolgreiche Frau, Ärztin in einer großen Kurklinik. Sie lebt allein und schwärmt von ihrer Lebensform als Single. Nach einigen missglückten Versuchen des Zusammenlebens mit einem Partner oder einer Partnerin ist sie nun sicher, dass ihr der Zwang zur Anpassung an die Bedürfnisse eines letztlich doch nur störenden Dauergefährten zu viel ist. Freiheit und Unabhängigkeit sind ihr wichtig. Sie besitzt ein rotes Sportcoupé und ist im Urlaub regelmäßig auf Reisen.

Äußerlich entspricht Frau M. durchaus nicht dem Klischee der attraktiven Frau. Sie ist klein, sieht knabenhaft aus und verzichtet auf dekorative Kosmetik. Auch auf ihre Kleidung legt sie nicht übermäßig Wert. Was das Anknüpfen von Beziehungen betrifft, so hat sie derartige Hilfsmittel nicht nötig. Sie ist in dieser Hinsicht sehr erfolgreich, einfach weil sie zielstrebig und ohne Umschweife auf ihr Ziel zugeht, wenn sie jemand für einen weitergehenden Kontakt ins Auge gefasst hat. Das ist für viele Adressaten noch immer ungewöhnlich und sie erreicht ihr Ziel in der Regel ohne größere Verzögerungen, indem sie ohne Umschweife sexuelle Vorschläge macht oder bei Gelegenheit einfach vor der Tür steht.

Probleme entstehen dadurch, dass sie ihre Eroberungszüge in ihrem näheren Umfeld tätigt, unter Kollegen am Arbeitsplatz und im Kreise von Freunden und Bekannten. Fast durchweg gibt es Partner oder Partnerinnen, die mit Wut und Erbitterung reagieren. Am Arbeitsplatz ist sie unbeliebt und isoliert, bei Freunden und Bekannten zumindest von denen gefürchtet, die einen Partner für sie bereitstellen müssten. Für die meisten der Betroffenen ist es auch nicht beruhigend zu wissen, dass es sich immer nur um eine Art kurzfristiger „Ausleihe" handeln würde.

Frau M. leidet darunter, dass sich ihr soziales Umfeld derart von ihr zurückzieht. Kontakt und gute Beziehungen mit Kollegen, Freunden und Bekannten sind ihr sehr wichtig und sie versteht deren Reaktionen nicht. Regelmäßig fällt sie in tiefe Depressionen, aus denen sie nur schwer wieder herauskommt, fühlt sich abgelehnt und ungeliebt, ein Gefühl, das sie auf schwere Erlebnisse in ihrer Kindheit zurückführt. Sie hat deswegen schon eine langjährige Psychoanalyse hinter sich und sucht auch jetzt noch regelmäßig eine Psychotherapeutin auf, bei der sie dieses frühkindliche Elend in intensiven Regressionsarbeiten durcharbeiten kann. Ihre Befindlichkeiten während der Psychotherapie wechseln. Oft taucht sie tief in das Gefühl des Elends und der Verzweiflung ein, das sie im Alltag meist verdrängen muss. Manchmal wieder fühlt sie sich euphorisch gehoben, so gut, dass sie der Psychotherapeutin, deren Ehe grade nicht zum Besten ist, offen ankündigt, dass sie auch deren Mann noch bekommen wird.

Auffällig ist, dass sie alle möglichen Gründe für ihr Unglück und ihre soziale Isolierung in Erwägung zieht, nur eben nicht die Auswirkungen ihres Handelns oder auch nur die Auswirkungen ihrer Reden auf andere. Die fühlen sich bedroht und wenn sie erfolgreich ist, wirkt sie in vielen Fällen auch tatsächlich zerstörend. Beziehungen gehen auseinander oder müssen unter großen Mühen repariert werden, was oft nur oberflächlich und mit bleibenden Schäden für Vertrauen und Intimität gelingt. Frau M. hat dafür weder Gefühl noch Verständnis. Wenn sie sich in den Kopf gesetzt hat, eine Person zu erobern, so setzt sie das zielstrebig und mit großer Energie ins Werk und oft, wenn auch nicht immer, erreicht sie ihr Ziel. Danach verliert sie das Interesse und wendet sich nach kurzer Zeit anderen Eroberungen zu. Einer Frau, die sie auf diese Weise gewinnen will, reist sie nach, als diese mit ihrem Freund nach Italien in den Urlaub fährt, mietet sich im gleichen Ort ein und begegnet den beiden dann „zufällig". Danach ist sie unzertrennlich, macht alle Unternehmungen mit, und drängt den Freund, der nicht weiß wie ihm geschieht, unmerklich aber wirkungsvoll beiseite, was dem Paar den Urlaub ruiniert und die Beziehung in eine tiefe Krise führt. Frau M. jedoch interessiert das schon nicht mehr.

Die Mitspieler

Sicher hätte Frau M. nicht so viele Erfolge, wenn ihre Partner und Partnerinnen ihr nicht in irgendeiner Weise entgegenkämen. Darin gerade liegt das Geheimnis ihrer Erfolge, dass sie die Schwächen ihrer potenziellen Mitspieler erspürt und zur rechten Zeit erscheint.

Da „kriselt" es in einer Beziehung. Ein Ehemann fühlt sich zurückgesetzt von seiner Frau, die sich von ihren Mutterpflichten vereinnahmen lässt, fühlt sich unverstanden und als Familienvater überfordert. Frau M. hat gerade das Richtige zu bieten: eine Beziehung mit einer emanzipierten Frau, Abwechslung, Freiheit, Abenteuer.

Eine Frau fühlt sich unbefriedigt in ihrer über Jahre hinweg durchaus guten und normalen Ehe. Aber eben: In dieser Normalität fehlt etwas, wie sie meint. Früher ist ihr das nur nicht zu Bewusstsein gekommen. Jetzt ist sie sensibler und bemerkt vieles, was sie früher nicht wahrgenommen hat. Die immer gleichen Frühstücksrituale, seine mangelnde Sensibilität, die Selbstverständlichkeit, mit der sie von ihm und von den Kindern vereinnahmt wird, die natürlich sich an ihm ein Vorbild nehmen. Da bietet Frau M. ein Modell dessen, was sie auch für sich möchte: Selbstständigkeit, die offensichtliche Fähigkeit, nach den eigenen Interessen zu sehen, sich endlich selbst zu finden. Plötzlich wird sie für die Familie wieder wichtig, die nun wieder weiß, was sie an ihr hat und sich bemüht, um sie nicht endgültig zu verlieren.

In vielen Fällen würden die potenziellen Partner von sich aus den Schritt in eine solche Beziehung nicht so ohne weiteres tun, aber sie unterliegen der Selbstverständlichkeit und Zielstrebigkeit, mit der Frau M. ans Werk geht. Sie hat hier alle schon beschriebenen Vorteile einer Alltagsnarzisstin gegenüber altmodischen Neurotikern und vor allem liegt ihre große Stärke darin, ihren Partnern den Anstoß zu deren narzisstischem Coming-out zu geben, dem Ausstieg aus all den lästigen äußeren und inneren Zwängen, von denen sie sich eingeschränkt fühlen.

So hat Frau M. in manchen Fällen sogar die Rolle einer Art Entwicklungshelferin, indem sie durch ihre Angriffe Defizite im bisherigen Leben und anstehende Lebensaufgaben bewusst macht. Wenn es den aktiv oder als leidend Betroffene an ihren Affären beteiligten Personen gelingt, diese Erfahrung auf diese Weise für sich fruchtbar zu machen, sind sie tatsächlich einen Schritt weitergekommen. In der Regel gelingt das jedoch nicht. Zuerst einmal haben die Partner ihrer Liebesgefährten die Mühe, in irgendeiner Weise den „Ausflug" ihres Partners oder ihrer Partnerin seelisch zu bewältigen und sie reagieren ganz verschieden. Es kommt zu Trennungen und Ehescheidungen, jedenfalls zu schweren psychischen Belastungen. Wenn die Beziehung dennoch weiter besteht, bleiben die Kränkung und das Gefühl der Missachtung. Da die Affären von Frau M. nicht lange dauern, sind das auch die Gefühle, an denen die aktiv beteiligten Partner nicht vorbeikommen. Sie fühlen sich beiseite gestellt und „abserviert", wenn ihr Interesse an ihnen so schnell schwindet, wie es entstanden ist.

Für diese Auswirkungen ihres Tuns übernimmt Frau M. keine Verantwortung. Schließlich sind alle direkt und indirekt Beteiligten „freie Menschen", wie sie sagt, und können tun, was sie möchten. Wenn sie die Situation der leidend betroffenen Partner überhaupt in Erwägung zieht, ist sie zudem der Meinung, dass deren Besitzansprüche sowieso überholt sind und dass sie ihnen sogar etwas Gutes tut, wenn sie ihnen in dieser Weise einen Anstoß zu Entwicklung und Reifung gibt.

Das macht es für die von ihren Unternehmungen Betroffenen schwer, einzuschätzen, was eigentlich geschieht und was ihnen widerfährt. Die aktiv an der Affäre engagierten Partner fühlen sich sexuell bestätigt und auch sonst durch eine derart fortgeschrittene Partnerin geschmeichelt. Außerdem glauben sie, dass Frau M. nur Gutes für sie im Sinn hat, wenn sie sie aus Lethargie und Passivität einer stagnierenden Beziehung herausholt. Den passiv Betroffenen fällt es ebenso schwer zu begreifen, was wirklich geschieht, denn ihre mit Frau M. liierten Partner vermitteln ihnen in der Regel deren „fortschrittliche" Sehweise und schaffen ihnen damit ein Schuldgefühl: Weil sie so anklammernd, unbeweglich und einschränkend sind, musste alles so kommen. Letztendlich sind sie selbst daran schuld und niemand sonst. Das gibt dann Anlass zu endlosen Diskussionen mit Anklage und Verteidigung, in denen der letzte Rest von Verbundenheit und Intimität versinkt.

Im Übrigen kann Frau M. auch tatsächlich nicht verstehen, warum die Leute eine solche Affäre so wichtig nehmen. Sie tut das ja auch nicht. Wenn sie ihr Ziel erreicht und die Eroberung getätigt hat, ist ihr Interesse erloschen. Tiefere Erlebnisse hat sie dabei nicht gehabt und kann deswegen auch nicht nachvollziehen, warum die anderen so viel daraus machen. Sie bedauert das sehr, denn sie würde gern mit allen freundschaftlich verbunden sein und z. B. mit der ganzen Familie einer Eroberung bleibend verbunden sein, schon mal mit ihnen am Wochenende Ausflüge oder eine Bergwanderung machen. Dass die Kinder sie hassen und die Frau sich als betrogene Ehefrau „aufführt", ist ihr fremd und unangenehm. Das übergeht sie am liebsten und in einem Fall hat sie es auch erreicht, dass sie als Freundin des Hauses in die Familie integriert ist. Die Frau wollte ihren Mann nicht verlieren und hat gelernt, ihre altmodischen Regungen von Kränkung und Eifersucht zu überwinden und die Beziehung zu „öffnen". Außerdem ist die Affäre längst beendet und Frau M. eine sehr nette Frau, was man ihr tatsächlich nicht absprechen kann. Die Angelegenheit wird nicht erwähnt, schafft jedoch eine untergründige Spannung und verhindert wirkungsvoll Intimität zwischen den Ehepartnern, ohne dass sich dafür Worte finden ließen.

Kommentar

Wie gesagt ist es schwierig, bei Frau M.'s Liebesbeziehungen einzuschätzen, was wirklich geschieht. Sie bewegt sich zwar am Rande, aber durchaus nicht außerhalb gesellschaftlicher Normalität und die Opfer brauchten sich nicht so schlecht zu fühlen, wenn es ihnen gelänge, über altmodisches Besitzdenken und sonstige einschränkende Eigenheiten hinwegzukommen. Dabei könnte ja unter Umständen eine Psychotherapie hilfreich sein. Anders als in früheren Zeiten fehlt ihren Leiden die allgemeine Anerkennung. Sie sind verbreitet und so gesehen normal. Natürlich gibt es Helfer und Freunde, die die Opfer in ihrer Sehweise bestärken, dass Frau M. und der Partner sich rücksichtslos und einfach „unmöglich" verhalten, doch lässt sich dies eben auch anders sehen: Das Opfer weigert sich in dieser fortgeschrittenen Sicht einfach, seinen eigenen Beitrag zu der Misere zu sehen und bietet keine konstruktiven Lösungen an.

Was jedoch, verdeckt vom Nebel all dieser Illusionen, Lügen und Rechtfertigungen, wirklich stattfindet, darüber könnte nur Frau M. selbst Aufschluss geben. Dafür müsste sie sich klarmachen – vielleicht einmal in einem ernsthaften Bemühen, aus ihrem narzisstischen Elend herauszukommen –, warum sie eigentlich all diese Beziehungen anknüpft.

Dafür gibt es verschiedene Gründe. Da ist zuerst einmal ihr Wunsch nach Anregung. Sie langweilt sich in ihrem Leben und sucht Abwechslung und Stimulation. Hinzu kommt der Prestigewert des begehrten Objektes, Aussehen, Stellung, die

Tatsache, dass es auch von anderen begehrt und umworben wird und insofern einen Wert als Trophäe hat, doch ist das nicht ausschlaggebend. Prestigewerte besitzt Frau M. ja von ihrer beruflichen Stellung her selbst. Was sie anzieht, kränkt und gleichzeitig dazu bringt, alle Energien zu aktivieren, ist der Anblick oder auch nur der Anschein dessen, was sie nicht hat und wonach sie sich sehnt, obwohl sie es bei sich rigoros ablehnt und verleugnet: eine gute Beziehung, Vertrauen, Sicherheit und Intimität.

Eine Liebesbeziehung mit einem der beiden Partner oder auch schon einmal mit beiden ist ihr Weg in dieses Paradies, das sie gleichzeitig hasst und zerstören möchte, weil sie es selbst nicht hat und nicht ertragen kann, wenn sie es bei anderen zu sehen meint. Um Erotik oder Sexualität geht es nur beiläufig und am Rande. Das eigentliche Motiv ist ihr *Neid* und der Wunsch, das zu *zerstören,* was sie kränkt, weil es ihre eigenen abgespaltenen Sehnsüchte anrührt. Dass sie dabei nur erfolgreich ist, wenn die gute Beziehung ihrer Partner schon in irgendeiner Weise gefährdet ist, wurde schon gesagt. Meist wird Frau M. jedoch gerade in dem Augenblick aktiv, in dem unter Umständen eine andere konstruktive Lösung der anstehenden Problematik möglich gewesen wäre, die durch diese Affäre nun verhindert oder zumindest zusätzlich erschwert wird. Ist dieses Ziel erreicht, verliert sie das Interesse oder versucht, in veränderter Rolle in der Beziehung einen Platz zu finden und an deren Intimität Teil zu haben, während sie diese gleichzeitig blockiert.

Beispiel 2: Herr A.

Schon auf den ersten Blick ist Herr A. beeindruckend. Er ist groß und stattlich, ein wenig, aber nicht übertrieben füllig und die Art, wie er seinen Bauch trägt und ganz offenbar zu ihm steht zeigt, dass hier ein Mann bereit ist, seinen Platz in der Welt einzunehmen. Herr A. hat eine tiefe wohlklingende Stimme und lacht gern laut und herzlich. Beides, den Klang seiner Stimme und sein herzliches Lachen, genießt er ganz ersichtlich selber. Dennoch wirkt es nicht ansteckend. Wer mit Herrn A. zu tun hat, fühlt sich leicht überwältigt und im Wortsinne „niedergebügelt", klein und betäubt von so viel „Wellness". Das hängt auch damit zusammen, dass Herr A. ein ungemein beeindruckender Gesprächspartner ist. Vor allem bei Einladungen und bei einem guten Rotwein. Hier ist er ein besonderer Kenner, wächst er über sich hinaus. Seine Rede ist gespickt mit Pointen, Anspielungen, direkten und indirekten Zitaten und peinlich ist es, wenn man ein Zitat nicht gleich erkennt oder gar die Pointe nicht begreift. Herr A. äußert sich zwar nicht offen, aber es ist deutlich, dass er Menschen, die in dieser Weise nicht mit ihm mithalten können, eher bemitleidet. Das erzeugt bei seinen Gesprächspartnern eine Mischung von Stress und Betäubung und selbst wenn man seine Pointen und intellektuellen Glanzlichter versteht und an den richtigen Stellen lacht, wird das auf Dauer zum Zwang und lästig.

So richtig in seinem Element ist Herr A. jedoch dann, wenn er auf Konkurrenten oder Konkurrentinnen trifft, die sich mit ihm in einen Kampf der Pointen einlassen und ansonsten nicht so genau hinhören, was er alles sagt. Stoff hat er genug. Er hat Philosophie studiert und kann sich mühelos bedienen im weiten Feld der klassischen Bildung. Auch politisch und fachlich ist er wohlinformiert und hat stets das bessere Argument. Im Übrigen hat er ein kleines Geschäft als Kommunikationstrainer und Unternehmensberater und kann so seine Bildung und seine sozialen Neigungen auch beruflich nutzen und ausleben.

Dennoch hat er Probleme, beruflich, und vor allem in seinen Beziehungen zu Frauen. Es kommt vor, dass er Aufträge, mit denen er fest gerechnet hat, doch nicht bekommt, obwohl er meint, dass das Kontaktgespräch bestens verlaufen ist. Sehr oft erhält er auch keinen Fortsetzungsvertrag, wenn er eine Weile in einer Firma gearbeitet hat, und bekommt mit, dass ein Konkurrent den Auftrag erhält. Er kann das gar nicht verstehen, denn er hat ein klares Konzept für die Firma, hat die Schwächen der bisherigen Betriebsführung bzw. die Schwierigkeiten im Team deutlich im Auge und hat sich intensiv für die aus seiner Sicht nötigen Innovationen eingesetzt.

Bei Frauen ist das ähnlich. Er lernt immer wieder eine Partnerin kennen, die sich dann bald wieder zurückzieht und ihn einsam und frustriert zurücklässt oder – schlimmer – es kommt zu einer Krise in der Beziehung, bei der er dann gewalttätig wird. Das erschreckt ihn sehr und er kann sich selbst nicht recht einschätzen. Eine Partnerin hat er schon gewürgt und er sucht deswegen Hilfe durch psychologische Beratung.

Genau besehen ist es immer der gleiche Ablauf, der auf diesen „Höhepunkt" zusteuert. Herr A. hat eine überlegene, sogar väterliche Ausstrahlung und seine Partnerinnen haben meist irgendwelche Probleme, beruflich, gesundheitlich oder aufgrund schwerer Erlebnisse in ihrer Biographie. Da ist Herr A. genau der richtige, um zu stützen und zu helfen, und er setzt sich nicht nur verbal, sondern tatkräftig für seine Freundinnen ein, führt Telefonate im Zusammenhang mit Stellenausschreibungen, kümmert sich um ihre leibliche und seelische Gesundheit. Seine Absichten und die Maßnahmen, die er vorschlägt, sind wirklich gut. Er hat Recht und dennoch tun seine Freundinnen nicht, was er für sie möchte.

Das bringt ihn zur Verzweiflung. Es könnte alles so gut gehen, die Probleme würden sich lösen, wenn sie nur täte, was er vor Augen hat. Mit diesem Widerstand gegen jede Einsicht und Vernunft kann er nicht umgehen. Aus seiner Verzweiflung wird blinde Wut und er packt zu, um seine Partnerin zur Vernunft zu schütteln. Da die körperlichen Verhältnisse durchweg ungleich sind, er ist groß und mächtig, seine Partnerin klein und zierlich, sind das allein für sie schon physisch bedrohliche Situationen, zumal er offensichtlich nicht mehr weiß, was er tut und schon mal mit der

Hand an ihre Kehle kommt. Es ist verständlich, dass sie alles tut, um von diesem bedrohlichen Liebhaber möglichst schnell fortzukommen.

Erklärungen dafür bekommt er nicht, da die Freundinnen Angst vor ihm haben und möglichst vermeiden, ihn mit irgendwelchen Wahrheiten zu provozieren. So bleibt er einsam zurück und versucht, abends in Kneipen und Weinstuben neue Kontakte zu knüpfen, die sich dann bei längerer und intensiverer Bekanntschaft in die gleiche Richtung entwickeln.

Im Beruf findet Ähnliches statt. Auch hier weiß er genau, was für den Auftraggeber gut ist und versucht das penetrant durchzudrücken. Sein Elend dabei ist, dass er in vielen Fällen durchaus Recht hat. Es wäre tatsächlich förderlich für manche Firma, mit der er beruflich zu tun hat, wenn sie Veränderungen in der von ihm vorgeschlagenen Richtung vornehmen würde. Dennoch kommt seine Arbeit immer wieder ins Stocken, ohne dass er das begreifen kann, und umso drängender und rechthaberischer wird er. Zwar wird er nicht gewalttätig wie bei seinen Freundinnen, kommt jedoch in Erregung und steigert sich dann in Vorwürfe und bedrohliche Prognosen für die Zukunft der Firma hinein. Wenn sein Engagement vorzeitig beendet wird oder er keinen weiteren Auftrag bekommt, ist das unter Umständen sachlich durchaus schade. Die Auftraggeber sind jedoch in jedem Fall froh, dass sie mit ihm nichts mehr zu tun haben.

Kommentar

Herr A. ist in verschiedener Hinsicht *gewalttätig,* nur wird das durch seine jovial-hilfsbereite und auch politisch fortschrittliche Fassade am Anfang leicht übersehen. Gewalt lehnt er aus grundsätzlichen Erwägungen ab. Politisch ist er links und kokettiert zumindest mit dem Feminismus. Dennoch ist die Gewalt, die von ihm ausgeht, schon in dieser Fassade spürbar: Er lässt anderen in seiner Nähe einfach keinen Raum, überlagert und überwältigt sie und zwingt sie in die fatale Zwickmühle, sich entweder aufzugeben oder die eigene Integrität zu wahren, indem sie Widerstand leisten, auch dann, wenn er eigentlich recht hat. Fatal ist diese Zwickmühle, weil das unter Umständen bedeutet, auf Dinge zu verzichten, die tatsächlich gut und förderlich wären, nur weil er sie gewaltsam aufzudrängen versucht. So hat er zum Beispiel versucht, eine seiner Freundinnen zu einem Psychotherapeuten zu bringen, durch Drängen, Überreden, Informationen, Angebote, einen Termin auszumachen. Er hat sich sogar erboten, die Kosten zu übernehmen, und aus unbeteiligter Sicht konnte man ihm zustimmen, dass eine Psychotherapie der Freundin sicher gut getan hätte. Sie wehrte sich jedoch entschieden, denn es war eben nicht das Ihre, sondern das Seine. Sie fühlte sich bei allem Helfen-Wollen und Engagement, das sie bei ihm wahrnehmen konnte, irgendwie *ausgelöscht* und *vernichtet* und es ist verständlich, dass sie unter diesen Umständen Widerstand leistete. Zwar wagte sie nicht, dem übermächtigen Helfer offen zu widersprechen, aber sie tat einfach nicht, was er wollte. Derartiges verstärkte eine Zeitlang die Bemühungen von Herrn A. und führte dann zu Situationen offener Gewalt, in denen deutlich wurde, worum es eigentlich bei all dem ging:

Schon in der Art, wie Herr A. Gespräche in Alltagssituationen führt, ist diese Gewalt spürbar. Sein blendender Witz, seine Bildung, die Fertigkeit, mit der er Gedanken seiner Gesprächspartner aufnimmt, um sie dann so auszuführen, dass diese das Gefühl bekommen: „Was immer ich meine, er weiß es schon und kann es besser ausdrücken als ich selber" – all das wirkt niederdrückend und auslöschend. Wenn der Gesprächspartner oder die Partnerin in solchen Situationen tatsächlich ihrem Gefühl nachspüren, merken sie, dass sie als Person eigentlich überflüssig sind und nur als eine Art Impulsgeber für die kommunikative Selbstverwirklichung von Herrn A. dienen. Je nach der Empfänglichkeit und der biographisch bedingten Vorschädigung der Gesprächspartner ist dann der Kontakt bald zu Ende oder entwickelt sich weiter. Die meisten Gesprächspartner finden sein blendendes Auftreten im besten Fall beeindruckend, fühlen sich aber bald gestresst und unbehaglich und ziehen sich zurück. Ist dieses gesunde Empfinden jedoch gestört, so geht die Beziehung weiter, und nun setzt das Helferprogramm von Herrn A. ein, um die Abhängigkeit und Kontrolle zu intensivieren und seine Bedeutung in der Beziehung zu verstärken.

Spätestens hier kommt es dann zum Widerstand, denn Herr A. ist ein Narzisst und begnügt sich nicht mit äußerer Abhängigkeit, sondern drängt sich immer mehr in Leben und Psyche seiner Partnerinnen herein. Ein typisches Symptom dafür ist, dass sie immer mehr das Gespür für sich selber verlieren und das Gefühl von Ohnmacht und Überwältigung entwickeln, ohne doch recht greifen zu können, was geschieht, denn er will ja offensichtlich nur ihr Bestes und abgesehen davon hat er ja recht: Es wäre gut, mehr für die Gesundheit zu tun, einen Psychotherapeuten aufzusuchen, das Gewicht zu reduzieren ...

Wenn Herr A. in dieser Hinsicht Widerstand erlebt, verstärkt er seine Bemühungen und ohne dass er es selbst so recht merkt, kommt nun bei ihm das Gefühl von Ohnmacht und Verzweiflung auf, all die schlimmen und kraftlosen Gefühle im Hintergrund der machtvollen Fassade von Narzissten, denen sie hilflos ausgeliefert sind, wenn ihre Bewältigungstechniken nicht mehr wirken. Was Herr A. braucht, ist das Gefühl von Macht und Kontrolle und speziell das der Kontrolle über Frauen, denn er ist ein Muttersohn und hat, wie wir das schon bei Frederic beschrieben haben, das Helfen als wesentliche Stütze seiner männlichen Identität entwickelt. Deswegen sucht und findet er auch immer wieder Frauen, die in irgendeiner Weise Hilfe brauchen, diese Erwartung mit seiner großen jovialen Gestalt und seiner warmen väterlichen Stimme verbinden und dann bis zum jähen Erwachen in der ersten offenen Gewaltsituation langsam merken, dass sie nur noch in tiefere Ohnmacht und tieferes Elend durch ihn hineinkommen.

Zum Ausbruch offener Gewalt kommt es bei ihm, wenn er trotz verzweifelter Intensivierung seiner Bemühungen dann doch merkt, dass er an eine wirkliche Grenze kommt. Dann spürt er seine tiefe Ohnmacht und die narzisstische Kränkung, die er als Muttersohn in seinem Selbstgefühl als Mann bewahrt und dann brechen auch der tief verborgene Hass und der Wunsch nach Rache hervor, der mit dieser Kränkung verbunden ist. Es sind tatsächlich gefährliche Situationen und es ist nur gut, dass er selbst über sich erschrocken ist und Hilfe sucht.

Für seine Partnerinnen bewirken diese Ausbrüche ein schreckliches Erwachen aus ihrem Traum von der endlich gefundenen Beziehung mit einem Mann, der so viel Unterstützung und väterliche Wärme zu bieten scheint. Die Versuchung liegt nahe, den Ausbruch als einmaligen „Ausrutscher" zu sehen, der sich nicht wiederholen wird, zumal er selbst es so darstellt. Der viele Stress in der letzten Zeit, die Sorge um sie, es geht ihm selbst nicht gut. Es wird sich gewiss nicht wiederholen … Bis eben der nächste Ausbruch von Gewalt stattfindet.

Der Irrtum, dem seine Partnerinnen unterliegen, oder einfach die Information, die ihnen fehlt, besteht darin, dass zwischen Herrn A.'s Gesprächsverhalten schon am ersten Abend beim Kennenlernen und seinen späteren Gewaltausbrüchen durchaus ein Zusammenhang besteht. Schon dieses Gesprächsverhalten ist gewaltsam und grenzüberschreitend, und indem sie hinnehmen, in dieser Weise „überfahren" zu werden, tun sie bereits den ersten Schritt in Richtung auf die spätere Situation, in der sich diese Gewalt dann auch physisch äußert.

Das heißt nicht, dass jeder, der andere nicht zu Wort kommen lässt, konkurrierend zu beeindrucken und zu überstrahlen sucht und in etwas penetranter Weise hilfreich ist, deswegen bei Gelegenheit auch physisch gewalttätig wird. Die Wahrscheinlichkeit hängt vom Grad seiner narzisstischen Kränkung ab und von den Gefühlen der Ohnmacht und Hilflosigkeit, wenn dieses wichtige Mittel der *Kontrolle* über seine Umwelt nicht mehr wirkt. All das ist bei Herrn A. sehr ausgeprägt und seine Gefährlichkeit bzw. die Chance, mit ihm bedrohliche Erfahrungen zu machen, besteht darin, dass er diese innere Schwäche so gut hinter einer *Fassade* von überlegener Güte und Hilfsbereitschaft verbergen kann.

Beispiel 3: Herr Z.

Herr Z. gehört zu denen, die sich nicht um Erfolg in dieser Gesellschaft bemühen. Bürgerliche Ziele und die Belohnungen in Gestalt von Geld und Prestige, die auf die Gewinner in unserer Gesellschaft warten, beeindrucken ihn nicht. Er gehört bewusst und entschieden zu den Verlierern, zu denen am Rande, denen die Nichtigkeit und Hohlheit erfolgsorientierter Geschäftigkeit klar geworden ist und die stattdessen ihre Freiheit und ihre Träume bewahren möchten. Da er wenig Geld hat und von Gelegenheitsarbeiten lebt, kann er diese Freiheit allerdings nur durch einen unkonventionellen Lebensstil und durch Bedürfnislosigkeit wahren.

Er hat einen ausgedehnten Bekanntenkreis. Da gibt es immer schon mal jemand, der für längere Zeit auf Reisen ist und seine Wohnung zur Verfügung stellt. Manchmal ergibt sich auch die Möglichkeit, in einem zur Renovierung anstehenden und deswegen leer stehenden Haus eine billige Unterkunft zu finden. Herr Z. ist auch sehr naturverbunden. Wenn sich gerade keine Unterkunft anbieten sollte, kann er auch ohne weiteres im Zelt übernachten. In irgendeine Notlage kommt er damit nicht.

Diese Unabhängigkeit und Freiheit gegenüber den Zwängen des bürgerlichen Lebens kommt auch in seinem Auftreten zum Ausdruck. Herr Z. hat ein markantes, von Erfahrungen geprägtes Gesicht, bewegt sich ohne jede Hektik und spricht mit ruhiger tiefer Stimme. Im Übrigen ist er in verschiedener Hinsicht künstlerisch begabt und hat, obwohl er eine weiterführende Schule schon sehr früh abgebrochen hat, ein bemerkenswertes Verständnis für Literatur und kulturelle Angelegenheiten. Herr Z. ist offensichtlich eine Persönlichkeit, mit einem Anflug von Wildheit und ungezähmter Natur, die vieles, was der Normalmensch durch Lernen und mühsame Entwicklung erwirbt, einfach so schon hat.

Sein Problem ist, sich diese von bürgerlicher Sozialisation und Anpassungszwängen noch nicht gebrochene Persönlichkeit zu erhalten und mit ihr durchs Leben zu kommen. Dazu ist Geld nötig und zumindest jede angestellte Arbeit schafft Zwänge, Einschränkungen und die Nötigung zur Unterordnung unter Vorgesetzte, was alles Herrn Z. zutiefst zuwider ist. Er leidet denn auch sehr unter solchen Arbeitsverhältnissen, die er unter dem Druck der Umstände hin und wieder eingeht. Dann hat er das Bedürfnis, sich einen Raum für Träume und Wohlbehagen durch einige Pfeifen Haschisch am Abend im Kreise von Freunden und Bekannten freizuhalten. Da werden dann kühne Pläne für Unternehmungen geschmiedet, die eine Veränderung der bedrückten Lage herbeiführen sollen. Es wird jedoch nichts daraus und am Morgen ist mit der Müdigkeit auch der Druck der mit der Arbeit zusammenhängenden Zwänge umso spürbarer.

In jedem Fall reichen die Einkünfte aus diesen immer wieder unterbrochenen Tätigkeiten nicht aus, um Herrn Z. einen angemessenen Rahmen für sein Leben zu schaffen. Er sieht das auch nicht für erstrebenswert an, denn es ist ihm bewusst, dass er durch mehr Arbeit zwar mehr Geld verdienen, aber gleichzeitig auch viele Vorteile seines bisher weitgehend ungebundenen Lebens verlieren würde. Die Lösung für dieses Problem sieht er darin, eine „Quelle" zu finden, wie er das nennt. Solche „Quellen" sind besser verdienende oder gut situierte Leute, die einmal aus ihrem bürgerlichen Alltag herauskommen wollen und durch seine zugleich autonome und lebenserfahrene Persönlichkeit Ermutigung und Anregung erfahren, z. B. ein Arzt, der mit diesem Partner den Mut fasst, eine landwirtschaftliche Unternehmung aufzuziehen. Gelingt die Partnerschaft mit einer solchen „Quelle", dann ist fürs erste meist auch das elementare Problem der Unterkunft gelöst und im optimalen Fall auch eine Arbeit gefunden, die er ohne die Nötigung zur Regelmäßigkeit und frühem Aufstehens gestalten kann.

Bemerkenswert ist, dass Herr Z. sich in diesen Verhältnissen stets als der Gebende sieht. Finanziell gesehen herrscht zwar ein massives Ungleichgewicht vor, doch Geld kann schließlich jeder haben und Herr Z. versteht es, seinen Partnern, die meist in irgendeiner Weise mit ihrer bürgerlichen Existenz unzufrieden sind, die Bedeutungslosigkeit ihres finanziellen Vorsprungs so klar zu machen, dass sie ihren Part als „Quelle" stillschweigend und sogar dankbar für das Abenteuer einer solchen Freundschaft hinnehmen.

In ähnlicher aber noch intensiverer Weise gestaltet Herr Z. seine Beziehungen zu Frauen. Tatsächlich hat er ja vieles, was zumindest einen bestimmten weiblichen Personenkreis anziehen kann: Sein männlich-markantes, lebenserfahrenes Aussehen, der Hauch von Wildheit und Abenteuer, der ihn umgibt, seine durchaus vorhandene Feinfühligkeit, vor allem aber seine vielfältigen Begabungen, die den Anschein erwecken, dass in diesem Mann ein Potenzial steckt, aus dem eine Frau viel machen könnte. Meist sind es deswegen beruflich erfolgreiche oder sonst gut situierte Frauen ohne bürgerliche Vorurteile, die sich den Luxus eines solchen Partners leisten und gleichzeitig versuchen, ihn für eine gemeinsame Zukunft zu vervollkommen. Für Herrn Z. übernehmen sie so optimal die Doppelfunktion einer Partnerin und einer „Quelle", die auch das leidige Problem der Unterkunft löst, indem Herr Z. bei seiner Partnerin einzieht.

Auch hier versteht es Herr Z., die Beziehung so zu definieren, dass er der Gebende und Umworbene ist, die Partnerin aber trotz ihrer finanziellen und sonstigen bürgerlichen Überlegenheit die Nehmende, die zu Dank verpflichtet ist. Hier wirkt sich eine Gesetzmäßigkeit aus, die auch sonst in Beziehungen jeder Art gilt, in Partnerschaften wie in der Beziehung von Klient und Psychotherapeut: Wenn einer der beiden eine bestimmte Sichtweise stillschweigend und selbstverständlich voraussetzt und der andere das nicht begreift oder keine Möglichkeit findet, sich dagegen zur Wehr zu setzen, so entsteht eine Art von Wirklichkeit, aus der man nur schwer wieder herauskommt.

Herr Z. ist ein Meister auf diesem Gebiet, Wirklichkeit so zu definieren, dass sie seinem Bild von sich selbst entspricht. Am Anfang ein hitziger Liebhaber versteht er es, die Aktivität langsam aber sicher an die Partnerin zu delegieren. Nun ist sie es, die etwas von ihm will und er der Umworbene und Gebende. Sehr wirksam ist auch seine Technik, die Partnerin bei Verabredungen warten zu lassen, sie dazu zu bringen, ihren Impuls, nun endlich zu gehen, zurückzustellen, um dann plötzlich aufzutauchen und ihr Vorwürfe wegen ihres Mangels an Vertrauen zu machen. Das Prinzip dieser Technik besteht darin, den anderen durch allmähliche und wohldosierte Zumutungen dazu zu bringen, immer mehr von sich selbst und seinen bisherigen Werten aufzugeben. Das schafft Abhängigkeit und das Gefühl von Wertlosigkeit. Herr Z. ist ein Virtuose auf diesem Gebiet. Am Anfang sind es zehn Minuten, die seine Freundin über die Verabredung hinaus zu warten hat, bald ist es eine Stunde oder länger. Dann sind allmählich noch andere „Kröten" zu schlucken, etwa eine Geliebte, die plötzlich auftaucht und auch noch in die Beziehung integriert werden soll. Auch dafür findet Herr Z. überzeugende Argumente. Er weist darauf hin, dass seine Partnerin ja schließlich keine Rechte auf ihn hat und Vertrauen zu ihm haben sollte. Er wird das regeln, nur er selbst kann das tun, und wenn sie ihn in irgendeiner Weise durch Leiden oder Druck zu beeinflussen sucht, schafft sie genau diese Gefängnisatmosphäre, die ihm so verhasst ist und der er durch diese kurzfristige und sonst bedeutungslose Beziehung zu entgehen sucht. Wenn sie es nur begreifen könnte, würde sie sehen, dass er damit auch etwas für ihre Beziehung tut und sie sollte ihm dankbar sein.

Gelingt es der Partnerin nicht, sich aus diesem Netz von unaufrichtigen Definitionen zu befreien, so kommt sie in eine tiefe Verwirrung, bis hin zum Selbsthass. Irgendetwas stimmt nicht, aber letztendlich ist sie an allem schuld, und je mehr sie schon in die Beziehung investiert hat, umso schwerer ist es auch, das Gespinst seiner Definitionen zu durchdringen und aus der Abhängigkeit herauszukommen.

Kommentar

Auch Herr Z. ist ein Alltagsnarzisst, selbst wenn er sozial und finanziell nicht auf der Gewinnerseite steht. Sein Problem ist, die Fassade des freien, überlegenen und unabhängigen Mannes aufrechtzuerhalten, ohne dazu so recht in der Lage zu sein. Um das offene Geheimnis seiner Bedürftigkeit vor sich und anderen zu verschleiern, geht er Ausbeutungsbeziehungen ein, die er in einer dafür passenden Weise umdefinieren muss. Er ist der Gebende, der Mann mit Anregungen und Ideen oder in Liebensbeziehungen das von Frauen begehrte und umworbene Objekt. Er bereichert das Leben der anderen, die ihm dafür zur Dankbarkeit verpflichtet sind. Ihr eigener materieller Beitrag zur Beziehung ist in dieser Hinsicht bedeutungslos und schafft keinen Ausgleich.

Diese Definitionen funktionieren solange, wie die Partner oder Partnerinnen mitspielen und seine Sicht anerkennen. Dafür ist nicht einmal ausschlaggebend, dass sie tatsächlich und unabhängig von ihm von seiner Sicht überzeugt sind. Es reicht, wenn sie diese Sicht auch nur äußerlich als Beziehungsgrundlage akzeptieren, weil sie das Geheimnis seiner verborgenen Schwäche und Bedürftigkeit spüren und ihn nicht kränken wollen. In jedem Fall bildet sich eine irreale Beziehungswirklichkeit heraus, in der die Partner sich immer mehr selbst aufgeben und in Abhängigkeit von Herrn Z. kommen.

Herr Z. hat, wie gesagt, mannigfaltige Begabungen und ist in vieler Hinsicht tatsächlich ein anregender und ungewöhnlicher Partner. Sein Elend besteht darin, dass er sein durchaus vorhandenes Potenzial grandios überbewertet, um seine Schwäche zu überspielen und seine Ansprüche an andere und das Leben überhaupt zu rechtfertigen, ohne dass er selbst in irgendeiner Weise aktiv würde und dieses Potenzial zu entwickeln suchte. Da er trotz seiner Fähigkeit, Illusionen zu nähren und andere in Abhängigkeit zu bringen, seine eigene Stagnation und Abhängigkeit spürt, verstärkt sich natürlich bei ihm auch das *narzisstische Hauptlaster,* der *Neid,* der ihm hilft, die Beziehung zu seinen Gunsten auszugleichen. Die anderen sind vom Leben zufälliger- und ungerechterweise mehr begünstigt und es ist deswegen nur recht und billig, wenn sie etwas von ihren materiellen Vorteilen an einen Mann abgeben, der in sich die wahren Werte der Persönlichkeit verkörpert.

Herr Z. ist ein drastisches Beispiel für die Tendenz von Narzissten, das eigene grandiose Selbst auf Kosten anderer zu stützen und für die Gefahr, dass sich andere als Co-Narzisst oder Co-Narzisstin an diesem Unternehmen beteiligen. Weil dieses grandiose Selbst sich nicht aus sich selbst regeneriert, ist es unersättlich, was zu immer tieferer Abhängigkeit führt und in immer größere Unwirklichkeit, damit nur ja die Fiktion nicht gefährdet wird, dass Herr Z. derjenige ist, der gibt und Dankbarkeit zu beanspruchen hat ...

13. Lügen

Klassische und neurotische Lügen

Lügen sind Behauptungen, die nicht zutreffen. Von Irrtümern unterscheiden sie sich dadurch, dass Menschen, die lügen, nach herkömmlicher Meinung wissen, dass ihre Aussagen nicht mit der Wirklichkeit übereinstimmen. Zweck der Lüge ist in der Regel, irgendeinen unberechtigten Vorteil zu erreichen, eine Strafe zu vermeiden, ein minderwertiges Produkt zu unangemessenem Preis an den Mann zu bringen, andere zu täuschen und auszubeuten – z. B. als Heiratsschwindler oder Erbschleicher. Es ist verständlich, dass Lügner gefürchtet und bestraft werden, wenn ihre Lügen aufgedeckt werden. Die Voraussetzung für ihnen entgegengebrachte Ablehnung besteht immer in der Annahme, dass sie bewusst und im Wissen um die Verwerflichkeit ihres Tuns lügen. Das ist so im Alltag wie im Strafrecht. Zwar werden Menschen auch für die Folgen unabsichtlichen und fahrlässigen Verhaltens zur Verantwortung gezogen, aber die moralische Beurteilung hängt doch davon ab, ob sie es absichtlich und bewusst getan haben oder ob ihnen nur ein Fehler oder ein Irrtum unterlaufen ist. Wir wollen diese Art von Lügen die *klassische Lüge* nennen.

Trotz dieser Vorbehalte ist es für die meisten Menschen hin und wieder vorteilhaft, sich mit solchen klassischen Lügen zu behelfen. Das geht meist nicht ganz ohne Schwierigkeiten. Herkömmlich veranlagte Menschen haben die Grundregel verinnerlicht, dass Lügen nichts Gutes sind; die innere Stimme ihres Eltern-Ichs sagt ihnen das mehr oder weniger deutlich. Dieses Unbehagen ist ein Handicap beim Lügen oder auch sonst bei verbotenen Tätigkeiten. In der Regel reicht es zwar nicht aus, um die Lüge zu verhindern, aber die lästige innere Stimme macht sich irgendwie doch bemerkbar und das beeinträchtigt die Effektivität der verbotenen Aktivitäten. Schüler mit diesem Handicap sind beim Täuschen durch einen erfahrenen Lehrer leicht zu fassen, ebenso wie Warenhausdiebe durch den Detektiv. Sie wissen, dass sie Verbotenes tun und das ist ihnen anzusehen, wenn sie sich vorsichtig vergewissern, ob es auch niemand sieht.

Wir nennen diese Lügen im Konflikt zwischen dem amoralischen Anteil der Persönlichkeit, dem Kindheits-Ich und der moralischen Instanz, dem Eltern-Ich, *neurotische Lügen*. Sie kommen in einem inneren Zwiespalt zustande und herkömmliche Neurotiker vermögen sogar einen subtilen Lustgewinn daraus zu ziehen, hin und wieder den Reiz des Verbotenen auszukosten und „schlechter" zu sein, als sie sich das eigentlich gestatten können.

Dieser innere Konflikt kann unterschiedlich tief sein. Manchmal ist er dem Betreffenden klar *bewusst,* manchmal wird er auch verdrängt, weil die innere Stimme des Eltern-Ich einfach zu hinderlich ist. Bekannt sind die Einbrecher oder Bankräuber, die am Tatort ihren Personalausweis „vergessen": Das kann Zufall sein, ein professioneller Fehler oder geschieht, weil irgendwie doch ein Wissen bei ihnen vorhanden ist, dass ihr Tun nicht recht ist, ein *unbewusstes* Schuldgefühl, das sie der strafenden Instanz ausliefert.

Klassische Lügen im klaren oder undeutlichen Bewusstsein, dass es sich um eine falsche Aussage handelt, mit der irgendein Vorteil erreicht werden soll, sind gefährlich, lassen sich vom Opfer jedoch verstehen und in das herkömmliche Weltbild einordnen. Der andere verdreht und verfälscht die Wirklichkeit zwar arglistig, aber das weiß er auch selber und wenn er unter einem neurotischen Zwiespalt leidet, wird er wahrscheinlich nicht übermäßig erfolgreich sein bei seinen Bemühungen, andere Menschen zu täuschen.

Menschen, die unter dem Einfluss fest verinnerlichter Normen Verbotenes nur mit einem solchen Zwiespalt zustande bringen, werden jedoch allmählich immer seltener. Dadurch verändert sich auch der Charakter der Lügen, mit denen Menschen die Wirklichkeit so gestalten, dass sie zu ihren Interessen passt.

Narzisstische Lügen

Es ist deutlich, dass Menschen, die sich mit klassischen Lügen behelfen, dennoch auf eine Wirklichkeit bezogen bleiben, die sich nicht willkürlich verändern lässt. Man kann sie umdeuten und verfälschen, aber im Hintergrund bleibt doch das mehr oder weniger deutliche Bewusstsein, dass die Lügen von dieser Wirklichkeit abweichen. Das ist nicht in Ordnung, denn Lügen sind nicht *wahr*. Dabei ist es gleichgültig, ob man sich mit diesen Lügen selbst oder andere in die Irre führt. Das birgt auch die Chance, dass der Lügner gegebenenfalls durch Reue und Selbsterkenntnis zur Wahrheit zurückfindet.

Eine Besonderheit von Narzissten ist nun, dass sie diese feste Bindung an die Wahrheit sich selbst und anderen gegenüber nicht haben und deswegen im Kern ihrer Persönlichkeit unwahrhaftig und nicht authentisch sind. Diese Unwahrhaftigkeit bzw. der Mangel an Authentizität gehört zu ihrem Elend, macht ihnen jedoch auch vieles leichter, da sie sich nicht mit den mannigfachen Handicaps der Neurotiker herumschlagen müssen.

Narzisstische Lügen sind *unauthentische* Aussagen. Es geht nicht darum, ob sie nun wahr oder falsch sind – und manchmal treffen sie sogar zu. Entscheidend ist ihre mangelnde Bedeutsamkeit, ihr Mangel an *Realitätsgewicht*. Deswegen sind auch die herkömmlichen Verfahren der Revision von Lügen und der Rückkehr zur Wahrheit unwirksam. Ob eine Aussage der Wahrheit entsprochen hat oder nicht, ist unwichtig. Deswegen ist es auch nicht wirkungsvoll, einen narzisstischen Lügner mit seinen Lügen zu konfrontieren. Es ist durchaus möglich, dass er unter Druck anerkennt, dass er die Unwahrheit gesagt hat, unter Umständen sogar tiefe Zerknirschung zeigt und Besserung gelobt. Das sind jedoch Ausflüchte, um der unangenehmen Situation zu entgegen. Entscheidend ist: Wenn es sich tatsächlich um einen narzisstischen Lügner handelt, begreift er im Tiefsten gar nicht, worum es dem anderen geht, der ihn mit seinen Unwahrheiten konfrontiert. „Wahr oder unwahr? Wo ist da der Unterschied?" Das schließt jedoch nicht aus, dass er zur Kenntnis nimmt, dass es dem anderen um solche absurden Dinge geht und dass es gegebenenfalls nützlich ist, sich darauf einzustellen, wenn der andere lästig werden könnte.

Es gibt ein einfaches Kriterium, um solche narzisstische Lügen von klassischen Lügen zu unterscheiden. Ein narzisstischer Lügner sagt oder denkt, wenn er sich selbst oder andere belügt, genau das, was ihm *im Augenblick nützlich* erscheint, ohne durch die Bindung an eine irgendeine Wahrheit behindert zu sein. Was nützt, Vorteile bringt oder einfach angenehm ist, z. B. dem Selbstgefühl schmeichelt, ist relevant und wirklich. Die selbstkritische Frage, die einen Bezug auf eine unabhängige äußere oder innere Instanz voraussetzt, „Ist das auch wahr?" kommt nicht auf oder bleibt ohne Auswirkung.

Narzissten können heute dies und morgen das Gegenteil sagen und sind durch Widersprüche in ihren Aussagen nicht beunruhigt, was für manche Berufe, z. B. Politiker, sehr vorteilhaft ist. Für Nicht-Narzissten bleibt das irgendwie „unfassbar", was sie zum geeigneten Opfer solcher Lügen macht. Narzissten „lügen" eben nicht, wenn sie die Unwahrheit sagen. Sie sagen das, was im Augenblick nützt und deswegen wahr ist. Die „Glaubwürdigkeit" dieser Lügen wird unglücklicherweise sogar noch erhöht, je größer sie sind. Selbst wenn das Opfer Verdacht schöpft, zieht es nicht die naheliegende Konsequenz, dass es belogen wird, denn: „So unverschämt" oder – z. B. in politischen Zusammenhängen – „so verbrecherisch kann man doch nicht sein." – „Das kann doch nicht sein! Das tut ein anständiger Mensch doch nicht!"

Der narzisstische Lügner schlägt sich mit solchen Skrupeln nicht herum. Wenn er sie je hatte, so hat er sie doch längst hinter sich gelassen. Was zählt ist, dass ihm seine Aussage im Augenblick nützlich ist und deswegen ist sie wahr. Das können relativ harmlose, im Augenblick einen anderen zufriedenstellende Versprechungen sein – z. B. ein Buch zurückzugeben, einen Termin einzuhalten, eine Arbeit zu übernehmen –, ohne dass dann irgendetwas erfolgen wird. Oder auch Lügen im großen

Stil, um Menschen zu verlustreichen Investitionen zu bringen oder die Macht zu erhalten. Das schließt nicht aus, dass der Betreffende weiß, dass seine Versicherungen und Absichtserklärungen nicht ernst gemeint sind, aber das ist eben *bedeutungslos*.

Hat der belogene Partner die Macht und entsprechende Deutungshoheit hinsichtlich dessen, was wirklich und tatsächlich der Fall ist, so lässt sich mit solchen Angriffen noch einigermaßen umgehen. In dieser Position ist z. B. ein Psychiater gegenüber seinem narzisstischen Patienten. Soweit sich der in seine Patientenrolle fügt, kann der behandelnde Arzt oder Psychologe einigermaßen sicher sein. Gefährlich wird es jedoch, wenn der Schutz der Rolle fehlt, der Narzisst es vielleicht auch schafft, sie aufzulösen, indem er z. B. die Arzt-Patient-Beziehung in ein Liebesverhältnis umfunktioniert. Oder wenn er seinem Opfer intellektuell und vom psychologischen Gespür her überlegen ist.

Dann bestimmt der Narzisst, was wahr und was wirklich ist, und das kann in tiefe Verwirrung und nicht nur in eine äußere, sondern auch in eine psychische und intellektuelle Abhängigkeit führen. Narzissten sind von ihrer ganzen Anlage her *Konstruktivisten*, Vertreter der wissenschaftlichen Weltanschauung, nach der es Wahrheit nicht gibt. Was wahr und wirklich ist, wird vielmehr geschaffen oder *erfunden* – je nach den Bedürfnissen der Situation – und allein danach beurteilt, ob es seinen Zweck erfüllt und funktioniert.

Das ist eine Philosophie, die ihnen auf den Leib geschnitten ist, selbst wenn sie nie von ihr gehört haben oder von Intelligenz und vom Bildungsstand her diese Theorie nicht verstehen würden. Vermutlich waren es Narzissten, die sie erfunden haben. Sie entspricht ihren kreativen Fähigkeiten und gibt ihnen die Rechtfertigung für ihr tiefes Bedürfnis, das narzisstische Universum, in dessen Zentrum sie sich selbst erleben, mit der „Wirklichkeit" gleichzusetzen.

Narzisstische Lügen sind Konstruktionen, Entwürfe von Wirklichkeit, in denen sich das Bedürfnis des Kindes im Narzissten ausdrückt, sich an der störenden Wirklichkeit vorbeizumogeln und andere Menschen davon abzuhalten, die Harmonie dieser selbst geschaffenen Welt durch ihre Fragen und Forderungen zu stören. Es geht bei ihnen nicht einfach um falsche Details, und wer einmal unter den Einfluss eines narzisstischen Lügners gekommen ist, merkt, dass hier mehr auf dem Spiel steht, als sich einfach nur belügen zu lassen: Es geht um den Kontakt mit sich selbst und den Verlust der inneren Gewissheit bei der Beurteilung dessen, was nun wirklich ist oder nicht.

Liebeslügen

Natürlich spielt diese Begegnung mit narzisstischer Unwahrhaftigkeit eine große Rolle bei jeder professionellen – psychotherapeutischen oder pädagogischen – Arbeit mit Narzissten. Wie gesagt, bieten der Rahmen, in dem diese Arbeit stattfindet und die Fähigkeit des Psychotherapeuten oder Pädagogen, sich hinter seiner Rolle und klinischen Diagnosen zu verschanzen, einen gewissen Schutz. Die eigentliche Gefahr besteht im Alltag, wenn man keinen klinisch identifizierten Narzissten, sondern den netten Herrn von nebenan vor sich hat oder gar die Chefin, mit der man in jedem Fall auskommen muss. Je größer die persönlichen Erwartungen, Wünsche und Hoffnungen sind, die sich auf den anderen richten, umso größer ist auch die Gefahr, in dessen Wirklichkeit mit einbezogen zu werden. Das ist natürlich bei Liebesbeziehungen besonders der Fall. Wir wählen deswegen ein Beispiel aus diesem Bereich.

Beispiel: Herr J.

Herr J. ist Abteilungsleiter bei einer größeren Bank, beruflich insoweit erfolgreich und zufrieden, im Übrigen geschieden, doch nicht allein. Er hat, bis auf kürzere Unterbrechungen, Beziehungen zu Frauen, die in der Regel einige Monate dauern, manchmal sogar ein Jahr. Dann lösen sich diese Beziehungen irgendwie auf. Man sieht sich immer weniger, das Interesse schwindet, nachdem die Sexualität schon lange vorher nachgelassen hat, zumal sie von Anfang an nicht im Mittelpunkt der Beziehung stand. Irgendwann ist es dann endgültig aus, wobei Herr J. sich scheut, einen klaren Schlusspunkt zu setzen. Er zieht sich zurück, ist immer weniger präsent und verschwindet gewissermaßen in einem Nebel von Beschwichtigungen und vagen Ausblicken auf die Zukunft der Beziehung, die schon längst gestorben ist. Manche Frauen gehen darauf ein und lassen ihn einfach verschwinden. Andere begehren auf, bestehen auf einer Beziehungsklärung und wollen von ihm wissen, wie er sich die Zukunft konkret vorstellt. Wenn er ahnt, was auf ihn zukommt, vermeidet er solche Situationen, indem er bei Verabredungen einfach wegbleibt oder irgendwelche Erklärungen findet, warum es nun heute gerade nicht geht. Sieht er sich tatsächlich in der Falle, hat er ein reichhaltiges Repertoire, um Klarheit zu vermeiden. Je nachdem äußert er volles Verständnis, spricht von seinen Gefühlen der Bitternis und Vernachlässigung, sodass die Partnerin ein schlechtes Gewissen bekommt, und er versteht es auch meisterhaft, die Vision wiederaufleben zu lassen, die den eigentlichen Grund der Beziehung ausmacht.

So nämlich hat es angefangen und so fangen seine Beziehungen immer an. Herr J. trifft eine mögliche Partnerin. Man kommt ins Gespräch miteinander. Herr J. hat viele Interessen, sodass sich leicht ein Thema für den Anfang findet. Allmählich kommt man auch auf eher persönliche Themen und bei der Partnerin festigt sich langsam das Gefühl: „Ja, das könnte etwas werden."

Wenn auf diese Weise die ersten Beziehungsfäden angeknüpft sind und etwas wie eine erste Nähe und Vertrautheit entstanden ist, zeigt Herr J. eine Seite, die vorher nicht so sichtbar war. Er wird irgendwie versonnen, leicht träumerisch und lässt deutlich werden, worum es ihm eigentlich bei der Beziehung geht. Sex, gemeinsame Wanderungen und Reisen, Theaterbesuche, sicher, all das könnte wunderbar sein, aber das ist es im Tiefsten nicht, was er sucht: Was er braucht, sucht, und hier bei dieser Partnerin nun endlich finden kann, ist Geborgenheit. Das ist sein Traum. Endlich ein Nest bauen, Beständigkeit und Zugehörigkeit erleben und auch selbst bieten können. Davon spricht er, zuerst in Andeutungen, und wenn er merkt, dass das bei der Partnerin ankommt, wird er immer ausführlicher, spinnt seinen Traum immer weiter, bis hin zur Einrichtung eines gemeinsamen Heims, den Kindern, die dazugehören und natürlich auch dem Hund, der nicht fehlen darf, um die Atmosphäre abzurunden. Es kann auch eine Katze sein, darüber kann man sich unterhalten. Auch das ist eine schöne Geborgenheit ausstrahlende Vorstellung, wie so eine Katze vor dem Kaminfeuer liegt.

Wie oft hat bei sogenannten Zufallsbekanntschaften schon beiderseits eine unbewusste Vorauswahl stattgefunden. Es ist deswegen nicht überraschend, dass Herr J. meistens auf Frauen trifft, die solche Visionen schätzen. Endlich ein Mann, mit dem sich etwas aufbauen lässt, zwar gezeichnet von vielerlei Enttäuschungen in früheren Beziehungen, aber doch ein Mann zum Heiraten. und zum Gründen eines Heims.

All das sind natürlich narzisstische Lügen, von den klassischen oder neurotischen Lügen unterschieden und umso gefährlicher, als Herr J. bei seinen Träumereien keineswegs lügt, sondern selber glaubt, was er da sagt, obwohl er irgendwie auch weiß, dass dies und alles andere so ernst nicht zu nehmen ist. Das gibt ihm bei seinen Visionen den leicht traurig-resignativen Ausdruck, der von der Partnerin als Auswirkung seiner bisherigen Enttäuschungen gedeutet wird. Das motiviert sie zusätzlich, besser für ihn zu sein als „die anderen". Herr J. schafft eine Wirklichkeit, in die er sich selbst hineinbegibt und die Partnerin mit einbezieht, jedoch ohne Bezug auf eine reale Zukunft. Die Geborgenheit, von der er spricht, liegt im illusionären Hier und Jetzt, in den Worten und Vorstellungen, die er hervorbringt, um sich an ihnen selbst zu erbauen. Die Beziehung beruht auf einem Traum oder, wie die Partnerin später sagen wird: „Es waren alles Lügen und ich kann nicht verstehen, wie ich darauf hereingefallen bin."

Funktionen narzisstischer Lügen

Das Beispiel macht deutlich, dass narzisstische Lügen andere Zwecke als die herkömmlichen Lügen haben, obwohl sie sich mit diesen verbinden können. Es geht nicht nur darum, irgendwelche Vorteile zu erringen oder Nachteile zu vermeiden. Der Zweck narzisstischer Lügen ist in erster Linie der, die Wirklichkeit bzw. das narzisstische Universum, wie wir es genannt haben, so auszugestalten, dass die Befriedigung narzisstischer Grundbedürfnisse nach Größe, Unabhängigkeit, Zuwendung, Sicherheit vor Bedrohung und vor allem Kontrolle gewährleistet sind. Die Welt wird um das zugleich aufgeblähte und brüchige Ich des Narzissten und dessen Bedürfnisse herum gestaltet. Problematisch ist nur, dass diese zurechtgemachte Wirklichkeit immer wieder mit der Wirklichkeit anderer Menschen in Berührung kommt. Deswegen muss diese mit einbezogen werden, um auf diese Weise unangenehme Zusammenstöße zu vermeiden.

Narzisstische Lügen sind *Lebenslügen,* mit denen das innere Gleichgewicht gegenüber einer widerständigen Wirklichkeit gewahrt wird. Das ist aufwendig und Kräfte verzehrend, da diese Wirklichkeit immer dazu tendiert, selbstständig und damit bedrohlich zu werden und durch immer neue Lügen unter Kontrolle gehalten werden muss. Dabei muss es sich nicht um direkte Falschaussagen handeln. Es können grandiose Visionen einer gemeinsamen Zukunft sein, oder auch nur unzutreffende Akzentsetzungen und Deutungen, um die Wirklichkeit zu verfälschen.

So kann es sich um Darstellungen der eigenen Macht und Bedrohlichkeit handeln, die das Opfer in Angst und Abhängigkeit versetzen, etwa wenn der Vergewaltiger seinem Opfer schlimme Sanktionen für den Fall ankündigt, dass es sich wehrt oder Hilfe sucht. Leider ist bei solchen Drohungen nie genau einzuschätzen, wieweit sie nicht doch realistisch sind, zumal die Macht der Täter dadurch wächst, dass die Opfer oft von ihrer Umwelt und vom Staat im Stich gelassen werden.

Ihren besonderen Platz haben Lügen, die mit Macht und Kontrolle zu tun haben, in Beziehungen, in denen es darum geht, einen anderen in Abhängigkeit zu bringen oder zu halten. Es gibt da unterschwellige und vom Opfer vielleicht gespürte, aber meist nicht gleich begriffene Entwicklungen, etwa wenn der narzisstische Partner in einer Beziehung beginnt, seinen Beitrag zu der Beziehung oder zu einer gemeinsamen Unternehmung langsam aber sicher höher zu werten und den des anderen abzuwerten. Unmerklich verschieben sich die Positionen und es entsteht eine Wirklichkeit, die den Führungsanspruch des Narzissten als naheliegend und ganz selbstverständlich erscheinen lässt. Von außen und mit unbefangenen Augen gesehen mag das grotesk und lächerlich wirken, nicht jedoch im System selbst, wenn das Opfer nicht begreift, was eigentlich gespielt wird.

So ist der Narzisst vielleicht immer müde und klagt ständig darüber. Für dieses Problem könnte es verschiedene Lösungen geben, auf die das Opfer vielleicht auch hinweist. Schlaf könnte helfen, eine Blutreinigungskur oder einfach irgendeine Entlastung. Vielleicht ist das Opfer sogar bereit, seinerseits mehr Arbeit zu übernehmen, wird jedoch bald merken, dass es nicht darum geht, sondern um etwas anderes. Nur was?

Was es nicht begriffen hat ist, dass die Müdigkeit mit einer geheimen Voraussetzung verbunden ist: Wer müde ist, arbeitet mehr als jemand, der nicht müde ist. Wovon sollte er sonst müde sein? Das ist zwar ein kindlicher Fehlschluss, zumal wenn man sieht, warum der Narzisst so oft müde ist. Vielleicht trinkt er am Abend regelmäßig ein wenig zu viel oder er kann sich von seinen Computerspielen nicht lösen. Hier wären praktische Lösungen möglich, aber darum geht es nicht. Was der Narzisst dem andern nahebringen will, ist eine Definition der Wirklichkeit, in der er die Arbeit macht und insofern der wichtigere ist. Das kann dann noch unterstützt werden durch immer wiederholte Abwertungen der Bedeutung dessen, was der andere tut. Bei solchen unterschwelligen Angriffen gilt die fatale Regel: *Was nicht angesprochen und dementiert wird, gilt.*

Wenn das Opfer nicht begreift, was gespielt wird, verschiebt sich die Wirklichkeit. Gefühle der Ohnmacht und Resignation kommen auf, zumal wenn der Narzisst ganz realistisch auf nicht zu leugnende Schwächen und Unzulänglichkeiten des Opfers hinweisen kann. Die wären an sich normal und menschlich, aber in diesem Zusammenhang bekommen sie die Bedeutung: Das Opfer ist schwach, faul, unzulänglich und nicht in Ordnung. Der Narzisst beansprucht im Rahmen dieser Definitionen, die größte Arbeitslast zu tragen, was natürlich heißt, dass ihm die entsprechenden Rechte zustehen, Entscheidungen zu treffen und zu bestimmen, wo „es lang geht".

Bei solchen Lügen, die Macht und Kontrolle sichern sollen, geht es immer um die narzisstische Grundposition: Ich bin o.k. – du bist nicht o.k., d. h. schwach, ohnmächtig, ohne Rechte. Lügen sind das Mittel, um eine Wirklichkeit zu schaffen, in der sich diese Grundposition immer wieder bestätigt und letztendlich vom Opfer selber geglaubt wird.

Von außen gesehen, mag das so aussehen, als könne ein normaler Mensch das alles leicht und bald durchschauen. Im System selbst und unter dem Einfluss einer narzisstischen Wirklichkeitsverfälschung ist das aber nicht einfach, zumal die Verfälschung allmählich aufgebaut wird. Entscheidend dabei ist der schon erwähnte Grundsatz, dass gilt, was nicht dementiert wird, und für den Verzicht auf dieses Dementi gibt es eine Menge scheinbar guter Gründe.

So kann der Narzisst seine fatale Müdigkeit nicht nur offen oder andeutungsweise mit dem übergroßen Anteil an Arbeit und Verantwortung erklären, den er in der Beziehung übernimmt, sondern er kann auch darüber klagen, dass er dem Partner nichts mehr geben könne. Das kann hin und wieder mit der Bemerkung kombiniert werden, dass dieser doch eigentlich dankbar sein müsse, wenn er sieht, was er für Vorteile aus der Beziehung hat. Bei einer geschäftlichen Partnerschaft passt es dann dazu, dass der Narzisst seinen Beitrag zurückhält oder nur zögerlich und unregelmäßig zahlt, auch wenn er das Geld hat. Das ist nicht einfach Geiz: Der Akt des Nichtzahlens *definiert* die Wirklichkeit der Beziehung. Warum soll er auch noch zahlen und damit eine Gleichheit der Verpflichtungen und Leistungen anerkennen, wo er doch sowieso die Hauptlast trägt? Da ist es nur recht und billig, wenn der andere zahlt und damit anerkennt, dass er der Nehmende und damit untergeordnet ist.

Würde man das Opfer offen fragen, wie es die Beziehung sieht, würde es eine derartige Sehweise sicher zurückweisen und sich auf den Ursprungsvertrag der Beziehung beziehen, nach dem es sich um eine gleichberechtigte Partnerschaft handelt. Entscheidend ist jedoch nicht seine eigene Sehweise, sondern die Wirklichkeit, die durch den definierenden Akt des anderen geschaffen wird und die die ursprüngliche ersetzt, sofern das nicht rechtzeitig begriffen und gestoppt wird.

Vorsicht im Umgang mit einem Narzissten heißt also, jeweils darauf zu achten, was dessen Handlungen und Aussprüche *bedeuten,* in seinem subjektiven Universum. Meist ahnt man diese Bedeutung nicht und ist in der ständigen Gefahr, in dieses Universum eingesponnen zu werden. Das kann absurde Formen annehmen. Ein Narzisst bringt z. B. in eine neue Beziehung einen Hund mit ein. Auch die Partnerin hat einen Hund. Die beiden Tiere kommen problemlos miteinander aus, spielen und balgen friedlich. Dabei ruht der Blick des Narzissten nachdenklich auf ihnen und so nebenbei, aber so, dass die Partnerin es auch hört, bemerkt er dann über seinen Hund: „Ja, ja, er zeigt schon, wer der Chef ist."

Wir wollen hier nicht auf die Psychologie der Hunde eingehen. Es liegt nahe, dass bei deren Spiel auch die Klärung der Rangordnung mit hineinspielt. Dennoch hat diese versonnen und beiläufig geäußerte Bemerkung noch eine andere Bedeutung. Tatsächlich steht sie im Zusammenhang einer Kampagne des Narzissten, die Beziehung zu seiner Partnerin in seinem Sinne zu definieren. Die Hunde bilden dafür das Vehikel, denn natürlich ist jeder der beiden Partner mit seinem Tier identifiziert, sodass die Bemerkung einen kleinen aber wichtigen Schritt darstellt, die Beziehungswirklichkeit im Sinne des Narzissten festzulegen. Andere solche Schritte werden folgen, bis das Ziel erreicht und eine Wirklichkeit geschaffen ist, aus der die Partnerin nicht mehr herauskommt.

Teil II

Praktischer Teil

14. Zwickmühlen

Ein Hauptgrund sich im Umgang mit Narzissten so leicht einstellender Ohnmacht ist die Zwiespältigkeit, die ein genaues Spiegelbild des narzisstischen Elends ist, aber auch eines der narzisstischen Stärke, als Persönlichkeit nicht einheitlich, sondern gespalten zu sein. Wir haben immer wieder Beispiele gebracht, die das deutlich machen. Narzissten können gewinnend sein, liebenswert, fürsorglich und genau das Gegenteil: kalt, ablehnend und egoistisch. Wer die Frage stellt, wie die Person, die er vor sich hat, nun „wirklich" ist, kommt in Schwierigkeiten und es ist nicht leicht, zu der reifen Einsicht zu gelangen, dass man offensichtlich die „gute" Seite nicht ohne die „böse" haben kann. Das ist besonders dann schwer oder fast unmöglich, wenn die „böse" Seite Dimensionen annimmt, die nicht erträglich und sogar lebensgefährlich sind. Lassen wir diese extremen Fälle, in denen alles klar ist, einmal beiseite, so ist der Normalfall im Umgang mit Narzissten der, dass die Partner nicht realisiert haben, mit wem sie es zu tun haben und noch um die gute Seite kämpfen, während ihnen die böse Seite einen Schabernack nach dem anderen spielt.

Das ist die Situation einer *Zwickmühle*. Unangenehmes oder sogar Schlimmes wird in Kauf genommen, weil man die Vorteile nicht aufgeben möchte, gleich ob diese nun real sind oder in bloßen Hoffnungen und Möglichkeiten bestehen, z. B. dass der narzisstische Partner sich doch irgendwann einmal ändern wird. Dann nämlich sollte alles gut sein und die Opfer und Zugeständnisse werden sich gelohnt haben. Dieses Warten und Kämpfen in der Zwickmühle, aus der es nur einen Ausweg gibt, den der Narzisst kontrolliert, führt unausweichlich in jene Zustände der Ohnmacht und Korruption, von denen wir schon öfter gesprochen haben. Hier nun wollen wir uns mit der praktischen Frage beschäftigen, was sich in einer solchen Situation tun lässt. Dabei gehen wir davon aus, dass auch betroffene Co-Narzissten durch Selbsterkenntnis und persönliche Entwicklung soweit Handlungsfreiheit erreicht haben, dass sie davon Gebrauch machen können.

Zumutungen oder der Kampf um die Investition

Abhängigkeiten werden geschaffen, indem das Opfer zu *Investitionen* verleitet oder gezwungen wird, die es selbst nicht kontrollieren kann. Das können Hoffnungen und Träume sein, aber auch Leistungen, die das Opfer gegen seinen Willen erbringt, sodass es nun von jemand anders abhängig ist, der darüber entscheidet, ob und welchen Ausgleich es gibt. Das Verfahren, um eine solche Situation herzustellen, ist die *Zumutung*: Unter Zwang, verführt oder durch bloße Unachtsamkeit nimmt jemand etwas in Kauf. Damit hat er einen *Anspruch* gegenüber dem anderen, der ihm das zumutet, muss aber jetzt sehen, wie er diesem Anspruch Geltung verschafft, und damit ist er erst einmal beschäftigt und vom anderen abhängig.

Narzissten sind oft Meister in dieser Kunst, Dinge so zu arrangieren, dass andere etwas von *ihnen* wollen. Selbst wenn es umgekehrt sein sollte, legen sie großen Wert darauf, dass das nicht deutlich wird und es eher so aussieht, dass der andere unbedingt etwas für sie tun will.

Beispiel: Zuspätkommen

Ein Beispiel von der klassischen Strategie des Zuspätkommens haben wir schon angeführt. Hier wollen wir uns diese noch einmal genauer ansehen.

Das Opfer ist in der Zwickmühle. Es muss sich entscheiden zu gehen, verliert dann aber die Vorteile der verabredeten Unternehmung und muss mit eventuellen Sanktionen des Narzissten – z. B. mit Vorwürfen oder Liebesentzug – rechnen. Oder es bleibt und wartet, leidet und merkt, dass sich das irgendwie auch auf seine Bedeutung und seinen Status in der Beziehung auswirkt. Leiden ist jedoch wieder eine Investition. Je größer sie wird, umso mehr wächst die Macht des anderen, denn er sollte den Ausgleich schaffen, wird sich aber hüten, das so zu tun, dass das Opfer entweder aus der Abhängigkeit heraus oder völlig in die Verzweiflung gerät und dann alle Ansprüche abschreibt.

Dabei entwickeln Narzissten viel Fingerspitzengefühl. Was kann man dem anderen und wann zumuten? Wie lange kann man ihn warten lassen? Welche Zugeständnisse sind nötig, z. B. Entschuldigungen und kleine Erfolgserlebnisse für das Opfer? Vielleicht wird der Narzisst auf die große Szene hin tatsächlich ein paar Mal Verabredungen strikt einhalten, auch hin und wieder Geschenke als Ausdruck seiner Reue bringen, um das Opfer von Radikallösungen abzubringen und zu weiteren Investitionen an Geduld, Hoffnung und Leiden zu veranlassen. Und – wie gesagt: Je größer die Investition wird, umso größer sind die Abhängigkeit, die Ohnmacht und das Gefühl der Ausweglosigkeit.

Antithese

Das Beste ist in solchen Fällen, ***nicht*** zu investieren und das heißt in erster Linie, *nicht zu leiden*. Daraus ergibt sich unter Umständen sogar ein lustvolles Konterspiel:

Gehen wir zum Beispiel davon aus, dass sie auf ihn im Café wartet, um dann gemeinsam mit ihm einen Einkaufsbummel zu machen. „Normal" in der Beziehung ist, dass er mehr oder weniger zu spät kommt, weil ihm dies und das dazwischen gekommen ist und weil er einfach „so ist" und sich schließlich nicht „beliebig" ändern kann. Sie jedoch fühlt sich gedemütigt: „Alles andere ist ihm wichtiger als ich!" – und ist entsprechend verärgert, wenn er dann doch irgendwann kommt. Wohl oder übel nimmt sie es hin, weil ihr sonst nichts Rechtes einfällt. Ihre Ratlosigkeit und wachsende Verzweiflung drückt sich in Vorwürfen aus, in gespanntem Schweigen und ähnlichem. Jedenfalls macht der Einkaufsbummel so keinen Spaß mehr, was ihm zusätzlich Gelegenheit gibt, das Spiel aufzustocken. Jetzt geht er in die Verfolgerposition, wirft ihr Kleinlichkeit und allgemeine Freudlosigkeit vor und bald geht es um so grundsätzliche Dinge wie die Lustlosigkeit in der Beziehung und schließlich um ganz elementare Dinge wie Geld und Charakterfehler. Anlass genug für beide, eine Menge Frust, Ärger, und Enttäuschung den jeweiligen Konten gutzuschreiben.

Eben das jedoch sollte nicht passieren, dass das Konto mit einer Schuld belastet wird, die das Opfer davon abhängig macht, dass der andere sie irgendwann begleicht, was aber aller Wahrscheinlichkeit nach nicht so einfach passieren wird. Kaum etwas bindet so fest und macht so abhängig, wie nicht eingelöste Schuldansprüche. Je größer sie sind und je mehr davon zusammenkommt, umso größer sind auch das Risiko und der Widerwille, sie einfach abzuschreiben.

Eine Alternative wäre, dass er wieder einmal zu spät zum verabredeten Treffen im Café kommt und sie beim lustvollen Flirt mit dem netten jungen Mann am Nachbartisch antrifft. Eine mehr schonende Variante – nicht immer ist ja auch ein netter Mann am Nachbartisch greifbar – könnte sein, dass sie aus tiefer Versunkenheit in die Lektüre von Buch oder Zeitschrift aufblickt, freundlich aber abwesend murmelt: „Ach, bist du schon da? Gleich ...!" und dann noch eine Weile weiterliest. Die Botschaft, die in derartigem liegt, ist für Narzissten unangenehm. Sie trifft ihn gerade in dem Punkt, um dessentwillen er sein Zuspätkommen inszeniert, nämlich in seiner vorrangigen Wichtigkeit.

Im Übrigen wollen wir mit solchen Vorschlägen die Kreativität nicht einengen. Eine passende Antithese herauszufinden ist ein Akt der Phantasie, kann Spaß machen und ein Gefühl der Befreiung vermitteln, weil damit ein Weg aus der Sackgasse und der trostlosen Routine immer wieder ablaufender Spiele möglich wird. Leider ist es nicht immer leicht, die Initiative zurückzugewinnen. Ein häufiges Hindernis ist die

Meinung, man müsse doch immer „authentisch" sein und könne derartiges nicht „spielen". In diesem Fall ist es nützlich, sich klarzumachen, dass eine Authentizität, die zum Opfer macht, nicht hilfreich ist. Oft kommt in einer solchen schwächenden Meinung auch nur die Abhängigkeit vom überlegenen Partner zum Ausdruck, dem Durchblick und eine Überlegenheit zugeschrieben werden, die er nur so lange hat, wie sie ihm überlassen werden. Wenn man allerdings den Eindruck hat, dass auch nach dem grundsätzlichen Entschluss zur Befreiung die praktische Durchführung ohne Hilfe eine Überforderung wäre, gibt es immer noch die Möglichkeit, sich durch einen Berater oder Coach unterstützen zu lassen, zumal solche Situationen wie das Zuspätkommen oft nur die Spitze eines Eisbergs von problematischen Themen darstellen.

Varianten

Das Zuspätkommen ist ein klassisches Beispiel von alltäglichen und auf den ersten Blick harmlosen aber quälenden Verfahren, andere in Abhängigkeit zu bringen. Ein anderes Verfahren ist das *Ausleihen,* von Büchern, CDs oder anderem. Es ist für viele Menschen schwer, Nein zu sagen, wenn der andere ganz offensichtlich interessiert und begeistert ist und – „Ist doch klar!" – verspricht, den geliehenen Gegenstand in Kürze zurückzugeben. Er tut es aber nicht.

Auch dieses Verfahren folgt der eben beschriebenen Logik der Verschuldung. Der Narzisst hat es durch einen kleinen Kunstgriff dahin gebracht, dass der andere etwas von ihm will. Das ist zwar sein gutes Recht, aber gerade damit kann er in Abhängigkeit gehalten werden. Wichtig ist, dass der andere auf den Narzissten bezogen bleibt und dazu gebracht wird, an ihn zu denken und sich um ihn zu bemühen. Je nachdem, wie empfänglich das Opfer für derartige Köder ist, wird es mehr oder weniger angestrengt versuchen, sein Eigentum zurückzubekommen. Es gibt Menschen, denen das nicht so wichtig ist, aber auch diese Großzügigkeit oder auch Gleichgültigkeit hat ihre Grenze, die vom Gegenspieler ausgelotet werden kann. Andere geraten schon bei relativ geringwertigen Gegenständen unter Druck und wollen sie endlich zurückhaben, schon aus einem Bedürfnis nach Ordnung heraus, und geraten umso mehr unter die Kontrolle des Narzissten.

Natürlich verspricht dieser, den Gegenstand zurückzugeben, aber beim nächsten Treffen hat er das vergessen, kann ihn nicht finden, erzählt von ganz wichtigen Sachen, sodass es peinlich ist, auf das leidige Thema zu kommen. Oder er ist in Eile oder weicht dem Eigner des Gegenstands irgendwie aus. Langsam merkt das Opfer, dass es in eine Zwickmühle kommt: Einerseits will es sein Eigentum zurückhaben, andererseits wird es ihm selber unangenehm und peinlich, immerfort dahinter her zu sein. Lohnt es sich, die gute Beziehung wegen einer solchen „Kleinigkeit" zu belasten oder gar aufs Spiel zu setzen? Außerdem kommen Gedanken und Gefühle persönlicher Kränkung auf: „So wenig bin ich dem anderen wert, dass er offensichtlich bereit ist, wegen einer solchen Kleinigkeit – z. B. einem ausgeliehenen Buch – die Beziehung zu riskieren!" Wir brauchen nicht alles auszuführen, was im Opfer vor sich gehen kann. Für diagnostische Zwecke reicht es festzustellen, dass entsprechende Gefühle und Gedanken und das mehr oder weniger klare Bewusstsein, in einer Zwickmühle zu stecken, ein wichtiger Hinweis sind, dass das alles nicht nur „Zufall" ist, sondern zu einer verdeckten Inszenierung gehört.

Antithese

Eine wichtige Voraussetzung, um nicht in eine solche Lage zu geraten, ist, sich selbst und seinen Besitz hinreichend wichtig zu nehmen und diesen Besitz nicht auf entsprechende Signale eines anderen preiszugeben. Die Beispiele, die wir gebracht haben, sind relativ harmlos und alltäglich. Passiert einem derartiges jedoch öfter, kann das ein Hinweis sein, dass in dieser Hinsicht eine Schwäche besteht, die von einem intuitiv begabten Narzissten leicht erspürt und genutzt werden kann.

Kennt man diese Schwäche bei sich selbst und hat sie einigermaßen unter Kontrolle, kann der Angriff gleich zu Anfang abgeblockt werden, indem der entsprechende Gegenstand gar nicht ausgeliehen wird. Aber auch dann ist es nicht leicht, weil die Angriffe oft mit Energie und Kreativität vorgetragen werden. Uns hat der Fall beeindruckt, wo versucht wurde, den geliebten Hund einer Familie als Begleiter für eine mehrwöchige Wanderung auszuleihen. In diesem Fall war es nach der ersten Überraschung für die Familie klar, dass der Hund nicht hergegeben wird. Bei Büchern, CDs, Geräten und Handwerkszeug ist das jedoch nicht immer so klar. Persönliche Stärken wie Hilfsbereitschaft und Gutmütigkeit können hier zu Schwächen werden. Meist ist man hinterher klüger und erst die Erfahrung zeigt, dass es besser gewesen wäre, sich mit seinem Entgegenkommen zurückzuhalten.

Hilfreich in diesem Zusammenhang ist es, sich klarzumachen, wie groß die Schwierigkeiten für den anderen tatsächlich sind, sich den Gegenstand auf normalem Weg zu besorgen, z. B. sich ein Buch selber zu kaufen. Eine Antithese, die jedoch in der Regel erst für „gebrannte Kinder" und Fortgeschrittene verfügbar ist, könnte darin bestehen zu sagen: „Natürlich kannst du ‚es' (CD, Buch, etc.) haben. Ich verkaufe es dir." Das klärt dann, wie viel dem anderen tatsächlich an der Sache gelegen ist und nicht vorrangig an den Spielmöglichkeiten, die mit dem Ausleihen verbunden sind.

Sich grundsätzlich nicht in solche durch das Ausleihen von mehr oder weniger wichtigen Besitztümern an eine unfaire Person geschaffene Abhängigkeit zu begeben ist natürlich das sicherste Verfahren. Leider lässt sich diese Abhängigkeit im Alltag jedoch nicht leicht vermeiden, weil – wie gesagt – die Angreifbarkeit durch persönliche Stärken wie eben Gutmütigkeit, Vertrauen und Altruismus geschaffen wird. Es braucht auch kein Gegenstand zu sein, der hergegeben wird und nun ein Ungleichgewicht schafft, das den Gebenden abhängig machen kann. Es kann auch eine Dienstleistung sein, z. B. die Hilfe beim Umzug, die der andere seinerseits durch eine Gegenleistung auszugleichen versprochen hat. Er macht es nur nicht und das Spiel der Entschuldigungen und des Ausweichens läuft ebenso an.

Wenn also der erste Schritt schon getan ist und das Gefühl aufkommt, vom anderen etwas zu wollen, was er nicht hergibt, „hinter ihm her" zu sein und die Initiative zu verlieren, dann ist die erste naheliegende Möglichkeit, um wieder frei zu werden, dass man die Investition als verloren abschreibt. Voraussetzung dafür ist eine *Güterabwägung.* Das klingt einfach und naheliegend, ist jedoch im Zustand der Abhängigkeit gar nicht leicht. Transaktionsanalytisch gesehen heißt das, dass man sich aus dem Zustand des manipulierten Kindes in das Erwachsenen-Ich begibt und sich klarmacht, ob sich die ganze Mühe um den verliehenen Gegenstand oder sonst um einen gerechten Ausgleich tatsächlich lohnt. So gesehen ist eine Güterabwägung die erste Maßnahme, um aus einer Zwickmühle herauszukommen.

Der zweite Schritt besteht darin, von der kindlichen Hoffnung auf eine glatte und möglichst optimale Lösung Abschied zu nehmen und sich mit der Möglichkeit anzufreunden, auch Einbußen in Kauf zu nehmen, weil das immer noch besser ist als die gegenwärtige Situation. Konkret heißt das: Die erste Möglichkeit besteht darin, mit der Rückforderung endlich ernst zu machen, verbal oder auch schriftlich sich in dieser Hinsicht klar auszudrücken und gegebenenfalls eine Rechnung zu stellen. Zwischen Narzissten und noch harmloseren Zeitgenossen besteht oft ein Unterschied bei der Beantwortung der Frage: „Warum sollte ich eigentlich ...?" Wenn es darauf keine plausible realistische Antwort bzw. keine Konsequenzen gibt, die zu erwägen sich lohnt, ist nicht zu erwarten, warum z. B. eine ausgeliehene CD wieder zurückgegeben werden sollte.

Das Verfahren hat allerdings den Nachteil, dass es zwar klare Verhältnisse schafft, oft aber mit Ärger verbunden ist und zu der zwiespältigen Überlegung Anlass gibt: „Lohnt sich denn das?" – und damit ist die Zwickmühle wieder hergestellt.

Nun kommen Zwickmühlen selbst durch eine bewusste oder unbewusste Güterabwägung zustande, die nur nicht abgeschlossen oder befriedigend zu Ende zu gebracht wird. Ohne eine gewisse Anstrengung und die Bereitschaft, sich zur Tat aufzuraffen, ist deswegen keine Befreiung möglich, weder aus solchen harmlosen Alltagsabhängigkeiten noch aus schwerwiegenden Beeinträchtigungen der inneren und äußeren Selbstständigkeit, von denen wir noch sprechen werden.

Eine elegante Lösung, die es manchmal leichter macht, eine Sache aufzugeben, die man sonst nicht zurückbekommt oder nur mit einem Aufwand, der nicht lohnt, besteht darin, sie dem Schuldner zu *schenken.* Das ist für Narzissten grundsätzlich ein unangenehmes Verfahren, denn es schafft allein durch die *Definition der Situation* eine Verbindlichkeit, die Narzissten gern vermeiden: Statt den anderen kontrollieren zu können, ist er nun sogar zu Dank verpflichtet. Manchmal wirkt das so, dass Narzissten vorziehen, den Gegenstand zurückzugeben als diese Situation zu akzeptieren. Sie mögen sich eben nicht gern etwas schenken lassen.

Für den Schenkenden setzt das allerdings voraus, dass er tatsächlich bereit ist, das strittige Objekt loszulassen und den Verlust zu verschmerzen. Die Güterabwägung kann dabei helfen, indem man sich klarmacht, dass der Wert der Sache letztendlich nicht all den Ärger und die Abhängigkeit vom anderen aufwiegt. So gesehen ist das Verfahren eine Variante des *Verzeihens,* das ja auch darin besteht, dass ein Anspruch an einen Schuldner aufgegeben und ihm die Schuld geschenkt wird. Das kann für den Verzeihenden sehr befreiend sein.

In jedem Fall ist die Voraussetzung der Wirksamkeit, dass der Verzicht auf den Anspruch tatsächlich authentisch ist. Narzissten haben ein gutes Gespür für Manipulationsversuche, in denen sie ja selbst oft Meister sind, und spüren die Ratlosigkeit, die sich in einem solchen Verfahren als letztem verzweifeltem Mittel ausdrückt. Dann kann es leicht passieren, dass man den betreffenden Anspruch nun endgültig verloren hat und das letzte „Pulver" nutzlos „verschossen" hat.

Nicht immer ist der Spielraum groß genug für solche Manöver. Das Beispiel mit dem beinahe ausgeliehenen Familienhund haben wir eben erwähnt. Wenn wir davon ausgehen, dass der Hund ein geliebtes und wertvolles Familienmitglied ist, ist das Risiko einfach zu hoch, wenn es überhaupt zum Ausleihen kommen sollte. Zwickmühlen entstehen, wenn das Opfer unsicher ist, ob die Situation überhaupt ein Handeln verlangt, das ja immer Nebenwirkungen hat – und sei das auch nur die Gefahr, dass der andere beleidigt ist. In massiven Fällen, wenn die Grenze des Opfers eindeutig erreicht ist, ist jedoch zumindest dieses Problem gelöst und die Frage allenfalls: „Was tun?" Um das herauszufinden sollte man sich nüchtern die schon erwähnte Frage stellen: „Warum sollte der andere den geliehenen Gegenstand herausgeben oder z. B. auch ein geschuldetes Honorar bezahlen?" Narzissten verstehen die Sprache der Tatsachen, wenn sie auch in mancher anderer Hinsicht, z. B. in Hinsicht auf Andeutungen, Bitten, oder gar moralische Appelle mehr oder minder schwerhörig sind.

Es geht also in einer solchen Situation darum, den Anspruch entweder abzuschreiben und es dem Zufall oder der Laune des anderen zu überlassen, ob er irgendwann einmal reagiert, oder Umstände zu schaffen, die ihm bei einer Kalkulation nahelegen, dass es doch vorteilhaft für ihn ist, eher gleich zu reagieren. Das kann z. B. so aussehen, dass man für einen ausgeliehenen und vergeblich angemahnten Gegenstand eine Rechnung schreibt und auch bereit ist, die gegebenenfalls mit Nachdruck einzutreiben.

Wie wir im Zusammenhang des Konterspiels gesehen haben, heißt das keineswegs, dass es nun zum Streit kommen muss. Ideal ist auch hier wieder die Kombination zwischen einer für den anderen spürbaren Maßnahme und einer freundlichen Art der Kommunikation: „Es tut mir so leid, aber weißt du, ich brauche einfach Ordnung. Das wirst du doch sicher verstehen ..."

Hinderlich ist in jedem Fall die kindliche Vorstellung, aus einer solchen Zwickmühle optimal, d.h. ohne Einbußen herauszukommen. Freiheit gibt die Einsicht, dass der andere das aller Wahrscheinlichkeit nicht zulassen wird, und vor allem die Entscheidung, auch Verluste in Kauf zu nehmen: den Anspruch als verloren aufzugeben oder, wenn man ihn mit härteren Mitteln einzutreiben versucht, die bisher „gute" Beziehung verloren zu geben.

Abhängigkeit und der Mangel an Bewusstheit

Wir haben diese ärgerliche, aber doch harmlose Abhängigkeit beim Ausleihen eines Gegenstandes so ausführlich besprochen, weil sie beispielhaft die Abhängigkeit deutlich macht, die durch ungesicherte Investitionen entstehen kann. Normalerweise werden solche Investitionen durch gegenseitige Verlässlichkeit und gegenseitiges Vertrauen gesichert. Das sind wichtige Tugenden, auf denen menschliches Zusammenleben beruht. Das Problem ist, dass Narzissten diese Stärken bei anderen wohl in Anspruch nehmen oder sogar fordern, sich selbst aber davon ausnehmen. Das verschafft ihnen zuerst einmal einen Vorteil und bringt den anderen in einen Konflikt mit seinen besten Seiten, die sich im Umgang mit einem solchen Partner als hinderlich erweisen. Erschwerend kommt noch hinzu, dass Ärger und Leiden die ursprüngliche Investition noch erhöhen und damit die Abhängigkeit verstärken. Je länger man wohl oder übel in einer solchen Zwickmühle verharrt, umso schwerer ist es, wieder herauszukommen.

Was hier gesagt wurde, gilt also auch für tiefer gehende Abhängigkeiten in ungleichen Beziehungen: Es braucht kein Buch oder keine CD sein, die der andere zurückerstatten sollte. Es können Arbeiten sein, die er als selbstverständlich in Anspruch nimmt oder der Verzicht auf eigene Interessen und eigene Lebensverwirklichung aufseiten des Opfers, wodurch die Leistungsbilanz zunehmend unausgewogen wird. Es ist wichtig sich klarzumachen, dass alles „Helfen und Retten", das nicht in irgendeiner Weise ausgeglichen wird, in dieser Weise in eine zunehmende Abhängigkeit führt. Fatalerweise ist es sogar so, dass alles Unrecht, das sich jemand zufügen lässt, vom Täter abhängig macht. Schuld bindet das Opfer an den Täter, wenn es ihm nicht gelingt, entweder einen Ausgleich herbeizuführen oder sich, wenn das nicht möglich ist, von seinem Anspruch zu lösen – durch Verzeihen oder einfach durch Verzicht und Einsicht.

Narzissten haben in der Regel kein Problem damit, dass ihre „Schulden" beim anderen immer mehr auflaufen. Zumindest intuitiv ist ihnen klar, dass der andere damit immer tiefer in die Abhängigkeit kommt, was ihnen in Anbetracht ihres Wunsches nach Macht und Kontrolle nur recht sein kann. Außerdem sorgt der zum Narzissmus gehörende untergründige *Neid* dafür, dass aus Helfen und Leiden entstandene Ansprüche des anderen nicht relevant erscheinen.

Abhängigkeit durch ungesicherte und schließlich verlorene Investitionen ist also ein *zentraler Mechanismus des Co-Narzissmus*. Von möglichen Antithesen, wenn erst einmal ein bindendes Ungleichgewicht in der Beziehung zustande gekommen ist, haben wir gesprochen. Deutlich sollte aber auch sein, dass diese mehr oder weniger schwerwiegenden Abhängigkeiten auch eine Chance und eine Herausforderung für den Betroffenen darstellen, sich persönlich zu entwickeln und zu mehr Bewusstsein über sich selbst und das zu kommen, was ihm wirklich etwas wert ist. Der narzisstischen Ich-Bezogenheit und Selbstsucht entsprechen beim anderen immer ein Mangel an Bewusstsein für eigene Interessen, des Gefühls für den eigenen Wert und die eigene Wichtigkeit und auch ein Mangel an Vorsicht und Menschenkenntnis, der im Zeitalter des Narzissmus leicht Lehrgeld kosten kann. Um Letzteres nicht zu hoch werden zu lassen oder gar zu vermeiden, dazu sollte dieses Kapitel dienen.

15. Gewalt

Zu einem gesunden Lebensgefühl gehört das *Vertrauen,* dass die Umwelt spontan wesentliche Bedürfnisse erahnen, verstehen und befriedigen wird, und die Erfahrung, dass dieses Vertrauen nicht unbegründet ist, auch wenn es hin und wieder zu Enttäuschungen kommt. Es ist sogar so, dass dieses Vertrauen eine Kraft ist, die im Sinne einer sich selbst erfüllenden Prophezeiung auch immer wieder zu den Erfahrungen führt, die irgendwie als selbstverständlich erwartet werden. Vereinfacht und verdichtet ist das die Grundhaltung den Menschen und dem Leben gegenüber, die in der Transaktionsanalyse mit der Formel „Ich bin o.k. – du bist o.k." beschrieben wird.

Wie wir gesehen haben, ist das ganz und gar nicht die Grundhaltung von Narzissten. Zwischen ihnen und ihren Mitmenschen besteht ihrem tiefen Gefühl nach ein Bruch, der nicht durch Vertrauen überbrückt werden kann, sondern nur durch geeignete Handlungen, die den anderen zu dem bringen, was er soll. Das setzt Macht auf der einen und Abhängigkeit auf der anderen Seite voraus, die immer wieder durch Manipulationen oder, wenn dieses verdeckte Handeln nicht reicht, durch offene Gewalt hergestellt oder gesichert werden muss. Die Grundüberzeugung ist: „Menschen sind nicht o.k. Sie geben mir von sich aus sicher nicht das, was ich brauche. Also muss ich nachhelfen." Das wird ergänzt und realistisch gemacht durch die immer wieder bestätigte Erfahrung: „Hauptbeweggründe von Menschen sind *Gier* und *Angst,* und wenn ich da mit geeigneten Mitteln ansetze, komme ich zu dem, was ich brauche."

Bestechung, Verführung, Korruption und Gewalt sind deswegen zentrale Mittel narzisstischer Lebensbewältigung, wobei es natürlich in Abhängigkeit von Bildung und Intelligenz der einzelnen Personen Unterschiede in der Form der Gewalt gibt: von der emotionalen Erpressung bis hin zum massiven Einsatz physischer Gewalt. Dabei kann als Regel gelten, dass physische Gewalt umso mehr zum Einsatz kommt, je größer die *Verzweiflung* des Narzissten ist, die *Not,* dass wesentliche Bedürfnisse nicht befriedigt werden und die Bedrohung durch den anderen abgewehrt werden muss.

Diese Bedrohung ist zwiefach: Sie kann darin bestehen, dass der andere als Quelle von Bestätigung und emotionaler Zufuhr sich der Kontrolle zu entziehen versucht.

Gewalt ist dann ein Mittel, um ihn wieder in die Beziehung bzw. in die Kontrolle zurückzuzwingen. Die zweite noch tiefere Bedrohung besteht darin, dass der andere das grandiose Gefühl von Souveränität, Macht und Unabhängigkeit infrage stellt. Das hängt natürlich oft mit der ersten Bedrohung zusammen. Gewalt ist in solchen Fällen ein Akt der Verzweiflung, kann sich jedoch verselbstständigen, wenn der Narzisst merkt, dass der andere überhaupt vor physischer Gewalt Angst hat. Dann reichen schon Andeutungen, erregtes Atmen, gemurmelte Drohungen, um den gewünschten Zweck zu erreichen und den anderen zum Zurückweichen zu bringen. Hierzu einige Beispiele:

Beispiel 1: Frau G

Frau G. ist Psychotherapeutin. Eine Frau, die weiß, was sie will und die auch in verworrenen Lebenslagen den Überblick behält. Eines Tages kommt sie verstört und aufgewühlt in ihre Fortbildungsgruppe.

Sie hat eine zwanzigjährige Tochter, die mit ihrem Lebensgefährten, einem fünfzehn Jahre älteren und beruflich etablierten Mann zusammenlebt. Dieser Mann ist ungemein höflich und weltgewandt, vielleicht sogar etwas zu nett und freundlich. Das Problem ist, dass er zu Hause immer wieder furchtbare und gefährliche Wutanfälle bekommt. Er gerät dann in eine Raserei, bei der er zuerst anfängt, das Mobiliar zu zerschlagen. Dann geht er aber auch auf die Menschen los, die meist nicht begreifen, wieso sie Anlass zu einem derartigen Ausbruch gegeben haben.

In diesem konkreten Fall war es so, dass er mit seiner jungen Lebensgefährtin im Bett lag und noch einen kleinen Plausch über dies und das hielt. Dabei tat sie nun gerade das, was er nicht ertragen kann. Sie widersprach ihm. Es kam zu einer Diskussion, in der sie – von ihrem Standpunkt ganz selbstverständlich – ihre Position vertrat und ihm deutlich machte, dass sie anderer Meinung war als er. Darüber geriet er immer mehr in Erregung. Wie die Mutter, der die Tochter den Ablauf des Geschehens später erzählte, berichtete, begann er fast zu weinen und flehte seine Partnerin an, sie möchte es doch endlich lassen, ihm immer zu widersprechen. Sie brachte das aber nicht über sich, denn das hätte für sie bedeutet, sich selbst und ihre Meinung wieder einmal zu verraten. Jedenfalls eskalierte die Situation so, dass er zu toben und sie zu schlagen begann. Sie floh und verschanzte sich hinter verschiedenen Zimmertüren und schließlich hinter der Toilettentür. Alle diese Türen drückte er aber auf oder trat sie ein. Die junge Frau kam mit dem Leben davon und rettete sich erst einmal zu ihrer Mutter, allerdings mit schweren Prellungen und psychisch tief erschüttert.

Was die Mutter so durcheinander gebracht hatte war, abgesehen von der Anteilnahme für ihre Tochter, der Umstand, dass der gewalttätige „Schwiegersohn" am Tag nach dem nächtlichen Geschehen bei ihr vorsprach, sich fürsorglich nach seiner Partnerin erkundigte, im Übrigen aber beteuerte, er brauche unbedingt psychotherapeutische Hilfe und ob sie das nicht übernehmen könne.

Beispiel 2: Herr A.

Herr A ist bekennender Narzisst. Wir haben ihn bereits in anderem Zusammenhang vorgestellt und gehen hier noch einmal auf seine Art des Umgangs mit seinen Psychotherapeuten ein.

Er hat sich schon lange und bei verschiedenen Psychotherapeuten mit unterschiedlichsten Methoden behandeln lassen. Deswegen kennt er seine Diagnose und hat auch schon viel darüber gelesen und lässt sich bei Gelegenheit gern in Vorträgen darüber belehren. Gern möchte er auch diese persönliche Besonderheit, die ihm vor allem in Beziehungen zu Frauen Schwierigkeiten macht, überwinden. Es ist ihm nur bis jetzt noch nicht gelungen.

Er ist, wie gesagt, ein hoch gebildeter und äußerst hilfsbereiter Mensch mit einem untrüglichen Gespür für Frauen in Not. Viel erfahren und kundig wie er ist, weiß er, was für die Partnerin gut ist– von der Psychotherapie bis hin zu gesunden, da chemisch nicht behandelten Nahrungsmitteln. Wissen und Fürsorge beginnt er nun seinen Partnerinnen aufzudrängen und gerät in verzweifelte Erregung, wenn sie nicht tun, was doch ersichtlich gut für sie wäre. In solchen Zuständen exzessiver Fürsorge wird er dann gewalttätig, packt seine in der Regel erheblich kleineren und schwächeren Partnerinnen und beginnt schließlich, sie zu würgen.

Bis jetzt ist das, vom Schrecken seiner Opfer abgesehen, noch harmlos ausgegangen, aber Herr A. ist nach solchen Szenen jedes Mal tief erschüttert. Entsetzen packt ihn, weniger über die Wirkung seines Tuns auf seine Partnerinnen, sondern über sich selbst, über all das Dunkle und Schreckliche, das er offensichtlich in sich birgt, obwohl er doch als gebildeter Mensch und Pazifist jede Gewalt entschieden ablehnt.

In diesem Zustand der Verwirrung und der Zerknirschung sucht er dann seine jeweiligen Psychotherapeuten auf, um Trost und Hilfe zu erlangen. Einen besonderen Aspekt bekommen diese Sitzungen vor allem dann, wenn es sich um Psychotherapeutinnen handelt, denen er im Detail schildert, wie er plötzlich merkte, dass sich seine Hände, er weiß nicht wie, um den Hals der Partnerin legten. Solches komme schon mal über ihn, ohne dass er es hindern könne, vor allem dann, wenn er hartnäckigen Widerstand erlebe, sich nicht verstanden fühle und dann in Verzweiflung gerate. Das sei eben sein narzisstisches Elend und er brauche unbedingt Hilfe.

Beispiel 3: Frau B.

Frau B. ist Psychotherapeutin und arbeitet in einer größeren sozialen Einrichtung. Sie ist in ihrem Beruf erfolgreich und bildet sich theoretisch und methodisch fortlaufend weiter. Ihr Lebenspartner Herr L. ist ebenfalls Psychotherapeut, jedoch in einer anderen Einrichtung.

Herr L., ein kleiner, freundlicher, etwas depressiv wirkender Mann, liebt seine Partnerin sehr und hat immer wieder Zugeständnisse gemacht, um die Beziehung mit ihr aufrechtzuhalten. So hat er eine gute Stelle in einer weiter entfernten Stadt aufgegeben, um mit ihr zusammenleben zu können. Im Übrigen ist er sehr um eine gute und ausgewogene Partnerschaft bemüht und übernimmt nicht nur verbal alle auf ihn fallenden Pflichten des gemeinsamen Haushalts.

Leider reicht das alles nicht, um die Harmonie zu gewährleisten, die ihm vorschwebt. Frau B. fühlt sich von ihm eingeengt und zwar immer dann, wenn er Ansätze zeigt, eigene Interessen zu verwirklichen. So möchte er z. B. Bekannte am Wochenende einladen. Das wäre von der beiderseitigen Terminplanung durchaus möglich und wurde auch schon länger ins Auge gefasst. Nun hat Frau B. aber keine Lust mehr. Sie weiß es noch nicht, aber vielleicht will sie wandern gehen. Herr L. kommt in Schwierigkeiten, weil er schon alles vorbereitet hat und auch die Bekannten sich schon darauf eingestellt haben, dass es zu diesem gemütlichen Treffen kommt. Er versucht also zu retten, was zu retten ist, weist auf seine Vorbereitungen hin und zeigt Ansätze, diesmal die Angelegenheit nach seinen Wünschen zu regeln.

In dieser Diskussion wird Frau B. immer erregter. Ihre Aggressionen steigern sich von drohendem Geschrei bis hin zum Werfen von Gegenständen, wobei es auch hier wieder Eskalationsstufen gibt, vom harmlosen Löffel bis hin zum gefährlich schweren und kantigen Bronzeengel, der als Briefbeschwerer dient. Schließlich geht Frau B. auf das Mobiliar los, wobei sie überraschende Kraft und Effektivität zeigt. Zwei Schränke hat sie schon zusammengetreten, wobei sie schreiend ihr narzisstisches Glaubensbekenntnis äußert: „Ich will tun können, was ich will!"

Wir nennen es ihr Glaubensbekenntnis, weil dieser Schrei nicht nur ihr tiefes Bedürfnis zum Ausdruck bringt, unbeeinträchtigt von fremden nicht abwehrbaren Einflüssen zu bleiben, sondern zugleich auch ihre Überzeugung, dass das ihr gutes *Recht* ist. Sie ist ein „freier Mensch" und wer sie darin beeinträchtigt, ist böse, muss zurückgewiesen und, wenn es sein muss, vernichtet werden. Wenn sie z. B. fernsehen möchte und ihr Partner sie durch eigene Bedürfnisse oder behauptete Zwänge daran hindern will, dann verstößt er gegen ihre elementaren Rechte und muss in seine Schranken verwiesen werden Sollte er dabei zu Schaden kommen, ist das seine Sache. Das geht sie nichts an.

Diese Gewissheit entspricht ganz der egozentrischen Sicht des inneren Kindes. In ihr kommt die unerschütterliche narzisstische *Selbstgerechtigkeit* zum Ausdruck, die sich aus egozentrischer Impulsivität und moralischer Rechthaberei speist und der narzisstischen Aggression ihre besondere Durchschlagskraft gibt. Es fehlt jeder Zwiespalt und der Zweifel an der Berechtigung von Gewaltausübung. Einen anderen in seiner freien Entfaltung zu behindern ist böse und muss zurückgewiesen werden, mit welchen Mitteln auch immer. Meist geht es zwar bei solchen Szenen noch einigermaßen harmlos zu und nur Sachen kommen zu Schaden. Frau B. ist jedoch auch bereit zu direkten Schlägereien mit ihrem Mann, dem dies alles ein Graus ist. Das wiederum hindert ihn, sich entsprechend in die Auseinandersetzung einzubringen und hat ihm schon einige schlimme Treffer eingebracht.

Antithesen

Wenn wir von Antithesen sprechen, dann meinen wir Reaktionsweisen, die einen Ausweg aus der Sackgasse bieten und diese nicht noch zusätzlich verstärken oder gar endgültig verschließen. Solche verstärkenden Verhaltensweisen nennen wir in der Transaktionsanalyse „komplementär". Leider sind solche komplementären Reaktionen zuerst einmal naheliegend. Sie bieten sich an, manchmal scheinen sie sogar zwingend nahezuliegen. In unseren Beispielen ist das schon deutlich geworden.

Wenn ein Narzisst auf einer Meinung beharrt, die offensichtlich oder doch zumindest für den anderen falsch ist, so fühlt sich dieser in der Regel veranlasst, ihm zu widersprechen und ihm diese Meinung auszureden. Dabei spielen beim Diskussionspartner verständliche und ehrbare Motive mit hinein. Schon die Achtung vor dem Gesprächspartner verlangt, dass man ihm bei einem Irrtum widerspricht. Sonst würde man ihn ja nicht „ernst" nehmen und wie soll z. B. eine Partnerschaft funktionieren, wenn ein Partner zu den Meinungsäußerungen des anderen, die ihm falsch oder gar unsinnig erscheinen, nur noch achtungsvoll mit dem Kopf nickt? Ganz in der Tiefe können sogar Ängste aufkommen, der andere könnte „verrückt" sein, z. B. wenn der Narzisst bei seinen Prahlereien die Wirklichkeit gar zu sehr verdreht. Was ist noch „wirklich", wenn der Partner Erinnerung und Realitätswahrnehmung durch seine Lügen mit der größten Selbstgewissheit außer Kraft setzt? All das schafft die Versuchung oder gar den Zwang, ihm zu widersprechen und führt dann unter Umständen zu den fatalen Eskalationen, die wir beschrieben haben. Dabei sind Handgreiflichkeiten noch verhältnismäßig harmlos. Wirklich gefährlich wird es, wenn der Narzisst auch Waffen zur Hand hat. Ein fünfzehnjähriger Schüler, der seine Eltern öfters in solchen Szenen erlebt hatte, schätzte die Lage durchaus realistisch ein: „Solange sie schreien und werfen, geht es ja noch. Aber ich weiß nicht, was passiert, wenn meine Mutter ein Messer zur Hand haben sollte."

Eine andere Versuchung ist, die Gewalt mit Gegengewalt zu erwidern. Die Gründe sind ähnlich wie eben gesagt. Es kommt noch hinzu, dass Menschen ein Maß haben, nach dem sie sich bedrohen, demütigen, und quälen lassen. Einmal ist dann dieses Maß voll und der friedvollste Co-Narzisst versucht sich zu wehren, gegebenenfalls durch Gegengewalt. Dabei hat er jedoch die schlechteren Voraussetzungen, allein schon dadurch, dass er zwiespältig ist, kein gutes Gewissen hat und durch Gesichtspunkte der Verhältnismäßigkeit behindert ist. Selbst wenn der narzisstische Partner gefährliche Angriffe ins Werk setzt, wird er sich also meist auf eine dosierte Verteidigung beschränken, was gegenüber einem hemmungslosen und von seinem Recht überzeugten Angreifer eine fatale Schwäche darstellen kann.

Im Übrigen sind Widersprechen und Gegengewalt nur die am nächsten liegenden komplementären Verhaltensweisen gegenüber narzisstischer Aggression. Je nach den Umständen und der Phantasie des Co-Narzissten können sie verschiedene Formen annehmen. Statt offenem Widerspruch sind verdeckte Formen möglich, Ironie, bedeutsame Blicke. Und statt direkter Gegengewalt gibt es auch indirekte Versuche, Zwang auszuüben, vom Liebesentzug bis hin zum Sperren des Kontos. Soweit es sich dabei um komplementäre Reaktionen handelt, werden sie die Stunde der direkten Konfrontation jedoch allenfalls herauszögern und die Sackgassen-Situation nur verfestigen. Um das zu verstehen und zu wirklichen Antithesen zu kommen, ist ein Blick auf die tieferen Motive narzisstischer Gewalt nötig.

15.1 Das Spezifische der narzisstischen Gewaltanwendung

Gefühlsausbrüche mit Gewaltanwendung sind nicht nur typisch für Narzissten. Sie sind charakteristisch für alle Störungen der Persönlichkeitsentwicklung, bei denen immer wieder das innere Kind die Oberhand gewinnt. Im Übrigen ist die Frage, ob in solchen Fällen eine Persönlichkeitsstörung vorliegt, eine Sache des Standpunkts und der Umstände. Auch klinisch unauffällige Erwachsene wissen sich in verzweifelten Situationen nicht anders zu helfen, als auf kindlich-primitive Arten der Problemlösung zurückzugreifen und eben dazu gehört die Gewalt. Das ist eine allgemein menschliche Reaktionsweise. Von einer Störung wird man nur dann reden, wenn gewaltsame Arten der Problemlösung in einem bestimmten Milieu unüblich sind oder der Betreffende zu kultivierten Lösungen nicht in dem Ausmaß imstande ist, wie es von einem Angehörigen dieses Milieus zu erwarten ist.

So gesehen ist die narzisstische Gewalt eine komplexe Erscheinung, bei der sich mehrere Aspekte unterscheiden lassen.

Gewalt als Racket

Wenn wir von dem bürgerlichen Milieu ausgehen, aus dem die oben gebrachten Beispiele stammen, so ist anzunehmen, dass Gewalt als Mittel der Problemlösung hier eher unüblich oder sogar tabuisiert ist. Das bedeutet, dass die Mitglieder dieses Milieus normalerweise mit physischer Gewalt wenige oder unglückliche Erfahrungen haben und innerlich nicht darauf vorbereitet sind. Daran ändert nach unserem Eindruck auch die Teilnahme an den üblichen Selbstverteidigungs- und Kampfsportgruppen nichts, denn hier den Meistergürtel zu erwerben schafft noch nicht die Fähigkeit, der erschreckenden Gefühlswucht eines außer Kontrolle geratenen und offensichtlich zu allem entschlossenen Gegners standzuhalten.

Narzissten und Narzisstinnen können diese Schwäche ihrer Mitmenschen gegenüber Aggression oft gut einschätzen und setzen Gewalt oder die Androhung von Gewalt wirkungsvoll zu Zwecken der Einschüchterung und Erpressung ein. Das ist am Beispiel von Frau B. gut sichtbar. Erst fliegen Gegenstände mehr oder weniger scharf am Gegner vorbei, dann kommt der Angriff aufs Mobiliar. Spätestens jetzt gibt der Partner nach, um „Schlimmeres zu verhüten" und weil der „Klügere" ja bekanntlich „nachgibt". Der Zweck ist also erreicht und da Narzissten, wie gesagt, auf der Ebene der Tatsachen denken, besteht kein Grund, warum dieses wirkungsvolle Mittel nicht immer wieder angewendet werden sollte.

So gesehen ist Gewaltanwendung oder -androhung ein beliebtes Erpressungsmanöver von Narzissten, das sie oft virtuos zu handhaben wissen. Dabei ist ihnen ihre Fähigkeit behilflich, sich in Zustände hineinzusteigern, die zwar nicht authentisch, aber zu ihren Zwecken nützlich sind, was von den Betroffenen meist nicht durchschaut wird. Oft reichen schon Andeutungen, erregtes Atmen, ein gerötetes Gesicht, undeutliches Murmeln, damit der andere klein beigibt. Dazu gehört unbedingt eine Definition seines Zustandes, die dem Narzissten die Verantwortung abnimmt und ihm eine Art gefährlicher Narrenfreiheit gibt: „Es" kommt über ihn. Vielleicht „arbeitet" er daran, es tut ihm auch sehr leid und er bedauert unter Umständen diese Eigenschaft sehr, die mit seinem Narzissmus zusammenhängt. Der gewalttätige Schwiegersohn von Frau G. war sogar in psychoanalytischer Behandlung. Bekanntlich braucht eine derart in der Tiefe schürfende Psychotherapie ihre Zeit. Vorerst waren noch kein Ende und kein greifbarer Erfolg abzusehen und deswegen kam „es" in manchen Situationen immer noch über ihn. Aus seiner Sicht hätte die Partnerin das wissen und berücksichtigen können. [Herr A. in unserem zweiten Beispiel vermochte diese bedrohlichen Möglichkeiten seiner Persönlichkeiten sogar mit seiner allgemeinfürsorglichen Art zu verbinden, wenn er Psychotherapeuten und speziell Psychotherapeutinnen gleich zu Anfang ganz „offen" und um nichts zu „verbergen" darauf hinwies, dass er schon mal in Zustände wahnsinniger Wut geraten könne, in denen er sich leider nicht mehr kontrollieren könne.

Soweit Gewalt sich auf dieser Ebene eines Erpressungsmanövers bewegt, gehört sie zu den mancherlei nicht authentischen Verhaltensweisen von Narzissten. Der Narzisst schaut sich gewissermaßen selbst zu und ist imstande, sich in Augenblicken höchster Raserei, z. B. beim Zerhauen der Küche, lächerlich zu finden und das Ganze als das sehen, was es tatsächlich ist, nämlich Schauspielerei. Dabei kann er sich noch bedauern, dass er nicht einmal zu einer rechten Wut und Zerstörungslust imstande ist. Das heißt jedoch nicht, dass er damit aufhört. Solche Akte sind also keineswegs harmlos, zumal sie dazu neigen, sich zu verselbstständigen und exzessiv zu werden. Meist spielen auch noch andere Motive mit hinein, von denen gleich die Rede sein wird.

Auf der Ebene des Erpressungsmanövers bzw. des „Theaters" ist es noch relativ einfach, eine Antithese zu finden, wenn man den Vorgang durchschaut und eine gewisse Unerschrockenheit aufbringt. Hier gilt wie auch sonst die Regel: „Warum sollte der Narzisst auf ein Verhalten verzichten, das sich für ihn als erfolgreich erweist?" Und umgekehrt: „Was könnte ihn dazu bringen, bei einer Güterabwägung auf seine Masche zu verzichten?"

Wir geben dafür ein Beispiel, allerdings mit dem Vorbehalt, dass solche Interventionen nicht als Trick wirken, sondern ihre Kraft aus der inneren Haltung und der Authentizität gewinnen, mit der sie vorgebracht werden. In der Transaktionsanalyse nennen wir solche nicht komplementären Handlungen *Kreuzungen*. Es sind Reaktionen, auf die der andere nicht vorbereitet ist und die ihm erst einmal den Widerstand nehmen, aus dem er Kraft gewinnt. Eine solche Kreuzung könnte ein *paradoxes Lob* sein, z. B. begeisterte Zustimmung, wenn der andere auf Mobiliar oder sonstige Wertgegenstände losgeht: „Ja! Endlich werden wir die alte Küche los! Ich möchte schon so lange eine neue."

Solche Antithesen haben ihre Grenzen und sind nicht mehr sinnvoll, wenn es um tätliche Angriffe auf die eigene Person geht. Deswegen sollten zwei Dinge klar sein:

1. Gewalt als Erpressungsmanöver zeigt sich in aller Regel nicht gleich in ihrer offenen Eskalationsform. Ehe es dazu kommt, gibt es ein mehr oder weniger langes Vorstadium, in dem der Täter prüft, wie der andere mit Einschüchterung und Übergriffen umgeht. Zeigt er sich dabei als geeigneter Mitspieler, besteht die Tendenz zu immer härteren Inszenierungen.
2. Deswegen ist – abgesehen von allen speziellen Maßnahmen – der beste Schutz gegen Gewalt auf dieser Ebene, klar und grundsätzlich die *Einwilligung* zu vermeiden und schon bei den vorbereitenden Übergriffen deutlich zu machen, dass es auf diesem Weg nicht weitergeht.

Wenn Herr A. in unserem Beispiel schon zu Beginn einer Beziehung deutlich macht, dass er sich gegebenenfalls nicht kontrollieren kann und „vielleicht" gefährlich wird, dann wird das mit großer Wahrscheinlichkeit auch eintreten. Allein schon deswegen, weil er sehen will, wie dieser Mensch, der die Kühnheit besitzt, ihn lieben oder gar heilen zu wollen, mit seiner bedrohlichen Seite umgeht. Dass die meisten Helfer in dieser Situation nicht besonders überzeugend wirken, hat ihn bisher jedenfalls in seinen kindlichen Phantasien von Furchtbarkeit und Größe bestärkt – und warum sollte er das ändern? Allenfalls dann, wenn von Anfang an klar ist, dass Gewalt in dieser Beziehung keinen Platz hat und die Vorteile, die er aus ihr gewinnt, verloren gehen, wenn er sich an diesen Grundvertrag nicht hält.

Gewalt als Ausdruck narzisstischer Verzweiflung

Wir haben bis jetzt Gewalt als Erpressungsmanöver betrachtet, auf das ein Narzisst auch verzichten kann, wenn eindeutig klar ist, dass die Nachteile für ihn die Vorteile überwiegen. In diesem Fall handelt es sich um einen Mechanismus, der durch die Reaktionen der Umwelt immer wieder bekräftigt wird und das Gefühl von Macht, Freiheit und Überlegenheit gibt. Die Versuchung, sich mit Gewalt zu helfen, ist jedoch umso größer, je mehr sich der Narzisst in den Grundbedürfnissen seines kindlich grandiosen Selbst gefährdet sieht.

Das ist für Außenstehende oft kaum nachzuvollziehen. Warum gerät Frau B. in äußerste Erregung, wenn ihr Lebenspartner für das Wochenende eine Einladung plant und nicht davon abgehen will, zumal sie dieser Einladung sogar schon einmal zugestimmt hat? Eine gewisse Flexibilität und Kompromissbereitschaft gehört schließlich zum Zusammenleben erwachsener Menschen.

Um das zu verstehen, ist es wichtig, sich bewusst zu machen, was es für sie bedeutet, wenn sie sagt: „Ich will tun können, was ich will!" Niemand hat diese Freiheit in vollem Umfang. Das Leben mit anderen Menschen erfordert ständige Anpassung und Zugeständnisse, die Frau B. auch durchaus erbringt, solange nicht ihr narzisstisches Selbst berührt wird. Das aber reagiert in kindlicher Weise nach der Devise: Alles oder Nichts!

Es geht in diesem Augenblick nicht um die Einladung oder um andere Themen. Es geht vielmehr um die *Macht* in der Beziehung und damit um die *Sicherheit,* die Frau B. braucht, um nicht in Berührung mit all den Gefühlen der Ohnmacht und Wertlosigkeit zu kommen, die sie im Untergrund ihres nach außen so gelassenen Selbst verbirgt. Außerdem steigert sich die Bedrohung, je mehr Bedeutung die Angelegenheit bekommt, was der Partner oft gar nicht begreift. Über die Einladung am Wochenende könnte man ja reden, nicht aber über die Frage, ob sie etwas von ihrer Freiheit und Unabhängigkeit aufgeben soll. Hier geht es um den Kern der narzisstischen Persönlichkeit und damit um eine tödliche Bedrohung, die mit jedem Mittel abgewehrt werden muss.

Wenn der Partner das nicht versteht und ganz „normal" auf Recht und Vernunft beharrt, kann es zu gefährlichen Situationen kommen. Ihm geht es in einer Diskussion z. B. um allseits bekannte Dinge und schlüssige Argumente, für den Narzissten aber um die Kränkung, nicht verstanden, dauernd mit Widerspruch gequält und schließlich noch zum Eingeständnis gezwungen zu werden. Je *schwächer* seine Position ist und je mehr der andere „Recht" hat, umso größer ist der Druck für ihn und damit auch die Versuchung, sich mit Gewalt zu helfen. Das ist etwas, was für Co-Narzissten oft schwer zu begreifen und doch unbedingt wichtig ist, um Eskalationen zu vermeiden:

Für den Narzissten geht es nicht darum, wer tatsächlich Recht hat, sondern in erster Linie darum, die Kontrolle zu behalten. Sollte er sich im Unrecht befinden und der andere ihm das auch noch nachweisen können, dann ist es sogar umso *schlimmer*! Hier droht ein Kontrollverlust, der alle verborgenen Ängste weckt und alle Abwehrstrategien aktiviert. Je größer die Bedrohung ist, umso radikaler und kindlicher sind auch die Versuche, die Kontrolle zu bewahren, unter Umständen sogar begleitet vom offenen Bekenntnis zur Irrationalität: „Dann widerspreche ich mir halt! Na, und?" Und schließlich bis hin zur Gewalt: Der andere soll endlich ruhig sein.

Die Grenzlinie zwischen Gewalt als Erpressungsmanöver und Gewalt als Ausdruck von Verzweiflung und Hilflosigkeit bei Kontrollverlust ist in der realen Situation nicht immer klar zu ziehen. Was eben noch ein Manöver war, auf das der Betreffende gegebenenfalls auch verzichten kann, zeigt sich im nächsten Augenblick als Ausdruck hilfloser Verzweiflung, weil anders die existenzielle Bedrohung von Selbstwert und Freiheit nicht abgewehrt werden kann. In einer solchen Situation gilt tatsächlich der Satz: „Der Klügere gibt nach", indem er darauf verzichtet, den Narzissten zu irgendwelchen Zugeständnissen zu *zwingen*, selbst wenn er sich noch so sehr im Recht fühlt.

Voraussetzung dafür ist die Fähigkeit, über seinen eigenen Schatten zu springen und die Not und Verzweiflung im Hintergrund von Drohung und Gewalt zu sehen. Das bedeutet nicht, die eigenen Interesse und Ziele aufzugeben, sondern nur, im Augenblick die fatale *Koppelung* von Thema und Selbstwert, die der Narzisst vornimmt, nicht noch weiterzutreiben. Wenn der Lebenspartner von Frau B. auf seinem Recht besteht, die abgesprochene Einladung am Wochenende durchzuführen, erlebt Frau B. eine Niederlage, die sie so nicht meint verkraften zu können.

Die *Antithese* in solchen Fällen von Gewalt als Ausdruck von Verzweiflung bei Kontrollverlust könnte also so aussehen, in jedem Fall die Eskalation zu vermeiden. Das fällt leichter, wenn man auch in bedrohlichen Situationen das in die Enge getriebene Kind des anderen wahrnehmen und im Augenblick darauf verzichten kann, das eigene Recht durchzusetzen. Der nächste Schritt könnte sein, in einer für den Narzissten weniger bedrohlichen Situation das Thema wieder aufzunehmen und zu einer Lösung zu kommen, die ihm das Gefühl vermittelt, nicht überwältigt zu werden, sondern aktiv, vielleicht sogar in erster Linie, an dieser Lösung beteiligt zu sein.

Fatalerweise ist das Haupthindernis dabei die eigene Gewissheit, Recht zu haben, und der Kampf darum, dass der Narzisst dieses Recht anerkennt. Damit begibt man sich in die Abhängigkeit von einem Partner, der dieses Bemühen als unerträgliche Bedrohung erlebt. Narzissten sind also ungeeignete Beziehungspartner für Menschen, die auf Zustimmung und Anerkennung angewiesen sind.

Wichtiger als Recht zu haben ist die *Freiheit*, sich aus dem Zwang komplementärer Reaktionen zu befreien und darauf zu verzichten, jetzt und unter allen Umständen gewinnen zu wollen. Ohne diesen inneren Abstand kann es zu unüberschaubaren Eskalationen kommen, wenn für den narzisstischen Partner plötzlich mehr auf dem Spiel steht, als sich der andere bewusst macht. Es geht nicht mehr um die Wanderung am Wochenende oder um die Frage, wer was irgendwann gesagt hat. Für den Narzissten geht es längst um etwas anderes. Es geht es um seine Integrität und letztlich um Leben und Tod seiner so grandiosen wie gefährdeten Persönlichkeit. *Gewalt* ist *Notwehr* in einer Situation extremer Bedrohung. Wenn man das begreift, ist der Verzicht auf jede Art von Druck die beste Antithese.

Gewalt und Selbstgerechtigkeit

Um sich das Besondere und Gefährliche narzisstischer Gewalt bewusst zu machen, ist jedoch noch ein anderer Gesichtspunkt wichtig. Gewalt als Ausdruck von Verzweiflung und als letzter Versuch, die Kontrolle zu behalten gehört zum elementaren menschlichen Verhalten und ist auch für andere Formen der Persönlichkeitsstörung typisch. Das Spezielle der narzisstischen Gewalt ist die kalte Unerbittlichkeit und Grausamkeit, mit der sie gegebenenfalls eingesetzt wird. Das hat seinen Grund in ihrer Verbindung mit der *Selbstgerechtigkeit* des Narzissten. In dieser Hinsicht ist Gewalt nicht nur das Verhalten eines verzweifelten Kindes, das sich sonst nicht zu helfen weiß, sondern *gerechte Strafe* für die unterstellte Bosheit und Minderwertigkeit des Opfers. Was immer diesem geschieht, es hat es verdient.

Schuldgefühle kommen unter diesen Umständen nicht auf. Im Gegenteil: Die Selbstgerechtigkeit ist die innere Abwehr gegen jede Art von Einfühlung in den anderen und daraus entstehende Skrupel. Je stärker die Abwehr – sonst könnte der Narzisst in einen inneren Zwiespalt kommen, mit dem der nicht umgehen kann –, umso entschiedener ist die Selbstgerechtigkeit. Es ist nicht leicht zu verstehen, aber unter Umständen kann es gefährlich sein, in der Auseinandersetzung mit einem Narzissten tatsächlich Recht zu haben.

Im Extrem kann diese Abwehr gegen eine bedrohliche Wirklichkeit bis zum Wahn gehen, eine Art Weltenrichter zu sein und den Auftrag zu haben, die Welt von allem Bösen reinigen zu müssen. Amokläufe beispielsweise können diesen psychischen Hintergrund haben. Immer wieder geht durch die Presse, dass ein Täter ein Blutbad in einer Schule oder Universität angerichtet hat, ohne dass so recht verständlich wird, was zu einer Tat von diesem Ausmaß geführt hat. Meist gibt es ein paar Hinweise, dass der Täter sich schon längere Zeit zurückgezogen und sich mit einschlägigen Gewaltvideos beschäftigt hat. Im Übrigen hat er angedeutet, dass er für langjährige Kränkung und Missachtung nun endlich *Rache* nehmen wollte.

Das wird verständlich, wenn wir von der Einsamkeit des Narzissten in seinem Universum ausgehen, in dem jede Kränkung und Verletzung in jedem Fall eine überdimensionale Bedeutung bekommt. Rache ist *die* Art, in der ein kindliches Ich Gerechtigkeit herstellt. Sie schafft den Ausgleich, den dieses Ich braucht, wobei der Maßstab eben kindlich grandios und aus der Sicht erwachsener Normalität nicht nachvollziehbar ist. Jede Kränkung des narzisstischen Ichs, gleich ob real oder nur eingebildet, ist riesengroß und muss entsprechend bestraft werden. Was der andere dabei fühlt, zählt nicht, denn in diesem egozentrischen Universum hat er keine Bedeutung und überhaupt: Wenn der Narzisst sich in irgendeiner Weise schlecht fühlt, muss irgendjemand anderer daran schuld sein, der seine Bestrafung verdient hat. Warum? Einfach deswegen, weil es der *narzisstischen Logik* entspricht, jedes eigene Leiden durch Projektion auf einen anderen Schuldigen und Bösen abzuwehren, um sich nicht mit dieser unerträglichen Seite der eigenen Persönlichkeit auseinandersetzen zu müssen. So entsteht ein wirklicher *Teufelskreis*: Je hilfloser und objektiv gesehen unschuldiger das Opfer ist, umso brutaler ist die Gewalt.

Das erklärt auch die Veränderung der Gewalt unter Kindern und Jugendlichen zu hemmungsloser Brutalität, ihre Faszination durch immer härtere Gewaltdarstellungen in den Medien, und auch die Übergriffe von gewaltbereiten Jugendlichen gerade gegenüber Schwachen und Behinderten, Erscheinungen, vor denen die Erzieher und auch sonst herkömmlich sozialisierte Erwachsene fassungslos stehen.

Was hier stattfindet, ist Ausdruck einer Veränderung des Sozialcharakters der Menschen in unserer Gesellschaft hin zu narzisstischen Persönlichkeitsstrukturen und dazu gehört auch ein verändertes Verhältnis zur Gewalt. Für Menschen, die von dieser Veränderung noch nicht erfasst sind, ist das, was hier geschieht, schwer verständlich und nicht einfühlbar. Sie können sich nicht hineinversetzen in einen Jugendlichen, der gerade dann weiter auf sein Opfer einschlägt, wenn es wehrlos ist, oder auf dem Pausenhof auf dem Handy Folterszenen von menschenverachtender Grausamkeit betrachtet. Ihre Reaktionen auf jemand, der „so etwas" macht, sind Verständnislosigkeit, Grauen und moralische Verurteilung. Eine scheinbare aber oft gern aufgenommene Erklärung bietet sich an, wenn der Betreffende in der rechten

Szene geortet werden kann. Diese Reaktionen sind verständlich und speziell die politische Einordnung ist entlastend. Man weiß nun, dass es andere sind, die derartiges tun, und kann sich abgrenzen – bis man darauf kommt, dass die eigenen Kinder oder die Kinder der netten und so positiv wirkenden Nachbarsfamilie heimlich ebenfalls härteste Videos konsumieren.

Gewalt gehört *grundlegend* zur narzisstischen Persönlichkeitsstruktur und entspricht dem Bedürfnis nach Kontrolle und Sicherheit. Beides soll durch die Angst und Unterwerfung von anderen hergestellt werden und durch die Verachtung anderer aus der Position eigener Größe und Vollkommenheit. Vor allem aber ist Gewalt *Rache* für alle die Kränkungen, die der Narzisst erlitten zu haben glaubt und die er auf einem speziellen Konto für die Abrechnung festgehalten hat. Diese Verbindung mit einem kindlichen Gefühl für Gerechtigkeit bewirkt die Unerbittlichkeit und Grausamkeit der so schwer nachvollziehbaren narzisstischen Gewalt.

Herkömmlicherweise sind Menschen daran gewöhnt, nicht die Größten zu sein, nicht vor allen anderen geliebt und bevorzugt zu werden, nicht reich und berühmt zu sein, nicht körperlich schöner und intelligenter als andere zu sein. Sollten sich bei Kindern Anzeichen für solche Wünsche und Phantasien zeigen, sorgt die Erziehung dafür, dass diese bald wieder unterdrückt werden und verschwinden. Das ist jedoch bei Narzissten nicht gelungen. Offen oder heimlich tragen sie all diese großartigen Tendenzen noch in sich – eine stete Quelle für Frustration und Neid. Da immer andere schuld sind und sei es durch ihre in seiner Sicht irgendwie durch die Natur bevorzugte Persönlichkeit und damit durch ihr bloßes Vorhandensein, hat der Narzisst ein *Recht* auf Ausgleich und Rache.

Die Qual und Erniedrigung eines anderen entlastet das narzisstische Selbst von drückenden Gefühlen eigener Minderwertigkeit und bestätigt unglücklicherweise das Bewusstsein eigener Größe und Unberührbarkeit. Wenn man Jugendliche fragt, die im Gemeinschaftserlebnis brutale virtuelle Gewalt konsumieren, was sie denn davon haben, so kommt neben unspezifischen Äußerungen wie „Geil!" etc. immer wieder die Bemerkung: Es sei irgendwie gut und bestätigend zu merken, dass man das alles ungerührt und ohne aus der Fassung zu geraten betrachten könne. Wer „schwach" wird, wem z. B. übel wird, sodass er die Szene verlassen muss, unterliegt der Verachtung. Die Inszenierung dient also der Festigung des narzisstischen Selbst und hat allein deswegen schon Suchtcharakter, da der Effekt nicht nachhaltig ist und das Bedürfnis bleibt, sich in solchen Erfahrungen selbst zu erleben und den Absturz in die gefürchteten Gefühle der persönlichen Nichtigkeit zu vermeiden.

Es würde hier zu weit führen, auf die Psychologie von kriminellen Gewalttätern einzugehen. Wir meinen jedoch, dass das Bedürfnis nach rächendem Ausgleich und rauschhafter Überlegenheit die Erklärung gerade für Gewalttaten darstellt, die aus herkömmlicher Perspektive nur mit Fassungslosigkeit zur Kenntnis genommen werden. Das intensivste narzisstische Erlebnis ist die Erfahrung, Herr über Leben und Tod zu sein, über das Leben eines anderen, aber auch über das eigene Leben. Auch Selbstmordattentate lassen sich so verstehen, wenn man sie als den Versuch sieht, Rache zu nehmen und durch die Überlegenheit über den eigenen Tod und die Macht über das Leben anderer die narzisstische Größe endgültig zu bestätigen. Was von außen gesehen unverständlich und gegen elementare menschliche Triebe zu gehen scheint, folgt der narzisstischen Logik: Die körperliche Verbindung des eigenen Selbst mit der gewaltigen Zerstörungskraft einer Bombe gibt das Gefühl ultimativer Macht und die Möglichkeit, furchtbar und endgültig Rache zu nehmen. Wenn dazu noch die Aussicht kommt, eine Tat von gewaltigem Ausmaß zu begehen, die das narzisstische Selbst in der Erinnerung der anderen verewigt, indem möglichst viele oder öffentlich bekannte Opfer mitgenommen werden, ist die Situation gegeben, auf die hin die Grundstruktur eines jeden narzisstischen Selbst angelegt ist: Macht, Größe und Dauer in der Spiegelung einer Umwelt zu gewinnen, die zugleich verachtet und gefürchtet wird. Die Verwandlung des Selbst in eine Bombe ist in dieser Hinsicht die äußerste Konsequenz, die glücklicherweise nicht häufig gezogen wird. In Abstufungen ist sie jedoch in jedem narzisstischen Wutausbruch und jedem narzisstischen Gewaltakt gegenwärtig. Als *Rache* ist Gewalt *gerecht*, was auch immer die Auswirkungen auf das Opfer sind. Und als Ausdruck von *Macht* hebt und kräftigt sie das narzisstische Selbst, das sich ohne solche Machenschaften klein und unbedeutend empfinden würde, was unbedingt vermieden werden muss.

15.2 Der virtuelle Charakter narzisstischer Gewalt

Es kommt noch ein weiterer Gesichtspunkt hinzu, der narzisstische Gewalt, die Art und Weise der Gewaltanwendung und das Ausmaß für Nicht-Narzissten so schwer verständlich sein lässt. Ob es sich nun um einen Wutausbruch handelt oder um eine länger dauernde aus Hass motivierte Handlung mit dem Ziel, das Opfer zu vernichten: In jedem Fall ist der eigentliche Akteur ein kindlicher Ich-Zustand, dem wesentliche Errungenschaften eines Erwachsenen nach herkömmlichem Maßstab fehlen. Vor allem fehlt ihm die Fähigkeit, klar zwischen wirklich und nicht wirklich zu unterscheiden. Wir können auch sagen, es fehlt ihm die Wahrnehmung für die Bedeutung und das Gewicht seiner Taten und damit auch für die Tatsache, dass manche Dinge irreversibel und nicht wiedergutzumachen sind.

Kinder haben keine Schwierigkeiten, den Tod von Menschen zu wünschen, die ihnen in irgendeiner Weise im Wege sind, gegebenenfalls auch von Vater und Mutter. Auf ihrer Ebene ist das verständlich. Wer tot ist, hat seine gerechte Strafe erhalten und kann nicht mehr stören. Insoweit wird der Tod schon begriffen, was das Kind jedoch nicht hindert, mit der größten Selbstverständlichkeit davon auszugehen, dass alles so weitergeht wie bisher. Die Geburtstags- oder Weihnachtsgeschenke dürfen durch diese Art von Tod jedenfalls nicht in Frage gestellt sein ...

Beispiel 1:

Der Vater eines neunjährigen Sohnes kommt völlig erschüttert und im Innersten getroffen in seine Fortbildungsgruppe. Da sein Sohn bestimmte vom Vater gesetzte Regeln übertreten hatte, wollte dieser von seinem Recht als Erzieher Gebrauch machen und hatte dem Sohn für die zwei Tage seiner Abwesenheit das Fernsehen verboten. Der Sohn hatte das ruhig hingenommen, weil er wohl davon ausging, dass sich bei Abwesenheit des Vaters in dieser Hinsicht sicher einiges machen ließe. Die Mutter stellte erfahrungsgemäß kein unüberwindbares Hindernis dar. Da der Vater das realistisch voraussah, hatte er vor seiner Abfahrt zur Fortbildungsgruppe den Fernseher des Sohnes genommen und im Keller eingeschlossen.

Jetzt bekam der Sohn einen furchtbaren Wutanfall und war offensichtlich kurz davor, sich tätlich auf den Vater zu stürzen, ließ es jedoch wegen dessen körperlicher Überlegenheit bleiben. Er schrie jedoch heraus: „Hoffentlich kommst du nie wieder und machst auf der Autobahn einen Unfall und bist endlich weg!"

Der Vater war von diesem Ausbruch tief erschüttert. Sein geliebter Sohn, von dessen kindlicher Liebe er immer ausgegangen war, wünschte ihm den Tod und dies auch noch mit höchstem emotionalem Nachdruck! Jedenfalls war er bis ins Innerste getroffen. Eine Welt war für ihn zusammengebrochen. Im Übrigen war der Sohn, wie der Vater berichtete, sonst freundlich und umgänglich. Bekannte hatten den Eltern auch schon hin und wieder ihre Anerkennung für einen so höflichen und wohlerzogenen Sohn ausgesprochen.

Beispiel 2:

Eine andere Teilnehmerin, Kindergärtnerin und Berufserzieherin, berichtete darauf, dass es in der Familie ihrer Schwester große Probleme mit dem älteren, inzwischen fünfjährigen Sohn gebe. Außer ihm gebe es noch ein zweijähriges Brüderchen. Sie werde immer um Rat und praktische Hilfe gebeten, komme jedoch auch nicht weiter mit dem Kind.

Der Kleine ist gewalttätig und versucht andere Kinder zu schlagen. Als die Eltern kürzlich Besuch von einem befreundeten Ehepaar mit einem jüngeren Kind hatten, waren beide Kinder bei der Unterhaltung der Eltern dabei. Wenn er sich unbeobachtet fühlte, hatte der Fünfjährige immer wieder einen schweren Aschenbecher gefasst, um ihn dem Kleineren über den Kopf zu schlagen.

Das Schlimmste aber sei gestern passiert. Beim Einsteigen ins Auto hat er der Tür einen Stoß gegeben, um die Hand des Brüderchens abzuquetschen. Sie war dabei und konnte die Tür noch zurückstoßen. In diesem Augenblick seien ihr jedoch die Nerven durchgegangen und sie habe den Kleinen angeschrien und ihm vorgehalten, was alles hätte passieren können. Er habe das zwar unbewegt zur Kenntnis genommen, aber nun hätte sie doch Skrupel. Deswegen habe sie ihn am Abend angerufen, um ihm das Gefährliche seines Tuns noch einmal in ruhigem Ton deutlich zu machen, damit er es verstehen könne. Er habe sie auch eine Weile angehört, dann aber gesagt: „Ich möchte jetzt baden." Damit war die Erziehung hier erst einmal beendet.

Kommentar

In beiden Beispielen geht es um das Wirken des kindlich-primitiven Ich-Zustands, der den Kern des narzisstischen Selbst ausmacht. Im ersten Fall ist dieser Ich-Zustand im Alltag einigermaßen durch Erziehung und Anpassung unter Kontrolle. Bei Stress und Kränkung kommt er jedoch zum Durchbruch und „Rumpelstilzchen" tritt offen auf den Plan.

Im zweiten Fall ist die Überformung dieses Primitiv-Selbst noch nicht gelungen. Das Kind handelt konsequent nach seinen Interessen. Wenn andere Kinder stören, ob das nun fremde Kinder sind oder der eigene Bruder, dann müssen sie für ihre lästige Gegenwart wirkungsvoll bestraft oder ganz fortgeschafft werden. Letzteres wird dann mit Sicherheit erreicht sein, wenn sie tot sind. Der Vernunftappell der professionellen Tante, die dem Kind vor Augen stellt, dass das Brüderchen durch sein Tun schwer zu Schaden kommen oder gar sterben könnte, ist in dieser Hinsicht kontraproduktiv: Sie bestätigen dem Kind nur, dass es mit seiner Tat grundsätzlich auf dem rechten Wege war.

Wir haben diese Beispiele kindlicher Gewalt deswegen gewählt, weil an ihnen unverdeckt deutlich wird, wie sich narzisstische Logik in Gewalt umsetzt. Es sind zwar Beispiele von Kindern. Da der zentrale narzisstische Ich-Zustand, das egozentrische Ich, sich nicht entwickelt, verhält es sich bei Erwachsenen jedoch grundsätzlich nicht anders. Der Unterschied liegt allein im Ausmaß der erreichten Anpassung und der Fähigkeit, sich im Alltag unauffällig zu verhalten. Ein Durchbruch primitiv mörderischer Wut ist jedoch unter Umständen bei Erwachsenen genau so wenig ausgeschlossen wie ein zielstrebiges destruktives Verhalten ohne moralische Schranken.

Nicht-Narzissten machen sich in der Regel nicht klar, dass für Narzissten diese Gewalt eine andere Bedeutung hat als für sie, nicht mit all den Skrupeln, Ängsten und der hemmenden Einfühlung in den anderen verbunden ist, die den Einsatz von Gewalt für den herkömmlich normalen Erwachsenen so schwierig macht. Gewalt ist ein kindliches Mittel der Problemlösung, ganz unabhängig von einem realen Kontext: Zwischen der Gewalt im wirklichen Leben und der Gewalt beim Computerspiel besteht kein bedeutsamer Unterschied. Deswegen sprechen wir vom grundsätzlich virtuellen Charakter narzisstischer Gewalt: Die reale Schädigung eines Gegners hat nicht mehr Bedeutung als die Schädigung eines Gegners auf dem Bildschirm. Sie ist also nicht schwierig, abgesehen natürlich davon, dass Narzissten gegebenenfalls die persönlichen Konsequenzen ihres Tuns abschätzen und sich deswegen zurückhalten. Diese Hemmung ist jedoch mehr als unsicher, wenn Verzweiflung und Selbstgerechtigkeit überwiegen.

Antithesen

Es gibt viele Lebenslagen, in denen man sich über Antithesen zu narzisstischer Gewalt Gedanken machen muss. Als Partner/Partnerin in Liebesbeziehungen, als Vater/Mutter, als Lehrer, Nachbar, eigentlich überall und immer in Beziehungen mit Narzissten, denen in ihrer Sicht gegebenenfalls kein anderes Mittel der Kontrolle mehr zur Verfügung steht. Deutlich sollte geworden sein, dass der beste Schutz darin besteht, den Charakter narzisstischer Gewalt zu verstehen, sich klarzumachen, was eventuell zu erwarten ist, Provokationen zu vermeiden und gefährlichen Situationen auszuweichen.

Den Charakter narzisstischer Gewalt verstehen heißt, dass man sich klarmacht, dass hier unter Umständen Abläufe in Gang kommen, die nicht den unter normalen Erwachsenen üblichen Hemmungen unterliegen. Sich auf diese Hemmungen zu verlassen und im Vertrauen auf sie in Auseinandersetzungen Druck auszuüben kann ein fataler Fehler sein. Kränkungen des trotz der grandiosen Außenseite so verletzlichen Selbstwertgefühls des anderen sind unbedingt zu vermeiden, ebenso wie die Versuchung, in der Auseinandersetzung den Sieg davonzutragen. Gewiss: Unter „normalen" Erwachsenen sollte es möglich sein, auch einmal einen Fehler zuzugeben oder anzuerkennen, dass der andere Recht hat. Für einen Narzissten kann das jedoch die Katastrophe bedeuten und eine extreme Bedrohung für sein Bedürfnis, seine Fassade zu wahren und die Dinge in der Hand zu behalten. In diesem Fall geht es nicht mehr darum, wer beispielsweise in einer allgemeinen politischen Diskussion unter Partnern Recht hat, sondern um Sein oder Nicht-Sein der ganzen narzisstischen Persönlichkeit.

Wir betonen das, weil es für den Partner, der von seinen Selbstverständlichkeiten ausgeht, in der Regel nicht leicht zu begreifen ist. Der Narzisst hat einen Fehler gemacht, sich geirrt, etwas vergessen, handwerklich etwas falsch gemacht. Das ist menschlich. Nun meint der Partner, ihn darauf hinweisen zu dürfen oder gar zu müssen, und reagiert zuerst mit Unverständnis und dann mit Ärger, wenn der andere schlichtweg ableugnet, was doch einfach „Tatsache" ist. In der Frage, was „wirklich" ist, kann sich natürlich jeder irren. Wir gehen aber vom schwierigsten Fall aus, dass der kritisierende Partner tatsächlich und nachweislich Recht hat. In einem solchen Fall auf dieses Recht zu verzichten und die Dinge einfach stehen zu lassen, kostet Überwindung, kann aber die einzige Möglichkeit sein, die Eskalation in die Gewalt zu vermeiden.

Natürlich schränken derartige Rücksichten eine Beziehung ein, wobei Diskussionen, in denen es um abstrakte Themen geht, noch relativ einfach durch solche Strategien der Konfliktvermeidung in einem neutralen Bereich zu halten sind. Schwieriger wird es, wenn das Bedürfnis des Narzissten nach Kontrolle sich auf Dinge richtet, in denen das Nachgeben und die Zugeständnisse schon stärkere Überwindung kosten – schließlich hat jeder Mensch in dieser Hinsicht eine Grenze. Das kann der Fall sein, wenn sich dieses Bedürfnis als Eifersucht äußert oder als Versuch, den anderen total zu überwachen. Dann können Diskussionen darüber, was „wirklich" ist, in eine Art Wahnsinn führen mit ausweglosen Erörterungen am Rande gewalttätiger Eskalation: Hat sie nun dem jungen Mann von nebenan einen auffordernden Blick zugeworfen oder nicht? In solchen Fällen kann beim Partner des Narzissten Verzweiflung aufkommen, wenn er merkt, dass er durch seine Unterstellungen zu etwas gedrängt wird, was er von sich aus nicht will. Es tatsächlich zu tun oder zuzugeben, sodass alles klar ist, wäre für den Narzissten paradoxerweise das kleinere Übel. Zumindest ist jetzt bestätigt, was er befürchtet und sein Bedürfnis nach Kontrolle wenigstens in dieser Hinsicht befriedigt.

Das sind alptraumartige Verstrickungen und Zwickmühlen, in die Partner eines eventuell gewalttätigen Narzissten geraten können. Damit umzugehen setzt die Einsicht voraus, dass der andere tatsächlich eine schwerwiegende Behinderung in seiner Persönlichkeit hat, die in Rechnung zu stellen ist, falls man nicht vorzieht, nach dieser Einsicht die Beziehung zu verlassen. Auf die Schwierigkeiten, die dabei entstehen können, werden wir noch eingehen.

Zieht man jedoch vor zu bleiben oder ist man dazu gezwungen, wie das z. B. bei Arbeitsbeziehungen die Regel ist, ist zum eigenen Schutz und zum Vermeiden kritischer Situationen ein spezieller *Kommunikationsstil* nötig.

Verzicht auf jede Art von Konkurrieren

Das heißt in erster Linie: Auf jede Art der Auseinandersetzung zu verzichten, in der es um *Gewinnen oder Verlieren* geht. Das können Diskussionen sein um die Frage, wer Recht hat; Sachfragen oder Bewertungen, wer nun etwas falsch gemacht hat oder nicht, aber auch stillschweigende Auseinandersetzungen um die Frage, wer der Überlegene oder Bessere ist.

Helfer und gute Menschen sind oft überrascht, wenn ihnen von anderen, die sie nicht als Narzissten erkennen, trotz ihrer Guttaten der blanke Hass oder gar Gewalt begegnet. Das kann in jeder Hilfssituation passieren, auch in Psychotherapie und Beratung: Gerade dann, wenn der Helfer meint, der andere sei nun über den Berg oder geheilt, kommt es zur Katastrophe, zu einem massiven Rückfall oder einem wütenden Widerstand, der sich auch gewaltsam ausdrücken kann.

Was der Helfer nicht begriffen hat, ist der Umstand, dass der andere die Situation als Konkurrenz auffasst. Er empfindet die anstehende Verbesserung oder gar Heilung als Überwältigung und Sieg des Therapeuten, auf den sich sowieso von Anfang an sein narzisstischer Neid richtet. Das ist für den Helfer dann schwer nachvollziehbar. Er will ja nur das Beste für den Klienten und kann nicht begreifen, dass die von ihm angestrebten Fortschritte als Bedrohung empfunden werden. Paradoxerweise ist die Bedrohung sogar umso größer, je mächtiger und besser der Helfer ist, denn umso eher fühlt sich der andere in seinem narzisstischen Streben nach Überlegenheit und Kontrolle bedroht. Gewalt kann unter diesen Umständen das letzte Mittel sein, um diese Bedrohung abzuwehren.

Das heißt nicht, dass man nun auf jede Stellungnahme verzichten und immer nachgeben sollte, um gefährliche Eskalationen zu vermeiden. Wichtig sind der Verzicht auf *konkurrierende* Auseinandersetzungen und der Versuch, den anderen zu irgendeiner Meinung oder Handlung zu *zwingen*, auch wenn das auch noch so berechtigt aussieht.

Wie wir gesehen haben, entsteht narzisstische Gewalt in der Regel aus der Not, sich irgendwie gegen einen übermächtigen Druck zur Wehr setzen zu müssen. Das Irrationale daran ist, dass die Not umso größer wird, je mehr der andere tatsächlich Recht hat bzw. das wirklich Beste will. Die Reife zu erwerben, dieses Recht nicht geltend zu machen, ist eine elementare Voraussetzung, um Gewaltreaktionen im Umgang mit Narzissten zu vermeiden. Nötig ist dafür eine ausreichende Selbstwahrnehmung, um zu erkennen, ob man sich gerade auf eine – noch so berechtigte – Position versteifen will und außerdem ein Gespür dafür, wie der andere die Situation für sich definiert. Letzteres ist sogar entscheidend. Es geht nicht darum, Recht zu haben, sondern darum, ob der andere sich gezwungen und überwältigt fühlt.

In diesem Fall wird er sich wehren und eine sachliche Diskussion ist sowieso nicht mehr zu erwarten.

Die andere Voraussetzung, um gewalttätige Reaktionen möglichst zu vermeiden, besteht darin, klar und ohne Raum für Diskussionen lassende Zwiespältigkeit zu der eigenen Position zu stehen. Und zwar ohne jeden Versuch, den Narzissten zu überzeugen oder gar zu einer Zustimmung zu bringen. Zurückweichen und Diskutieren würde zwar die Bedrohung für den Narzissten vermindern, aber gleichzeitig die Versuchung schaffen, Gewalt und Drohung als Mittel der Erpressung einzusetzen. Wir erläutern das anhand eines Beispiels.

Beispiel:
Bei einem Paar kommt es regelmäßig zu gewalttätigen Eskalationen beim Frühstück. Aus einem entspannten Gespräch über Belanglosigkeiten wird auf immer neuen Umwegen eine Diskussion über beidseitige Fehler und Versäumnisse in der Vergangenheit. Nach einer Zwischenphase, in der darum gerungen wird, was wann überhaupt geschehen ist und wer von beiden bedenkliche mentale Ausfälle hat bzw. „spinnt", beginnen die gegenseitigen Schuldzuweisungen. Das geht im besten Fall unentschieden aus. Problematisch wird es dann, wenn einer der Beteiligten langsam die Oberhand gewinnt. Wenn er Ehemann der Unterliegende ist, ergreift er mit erbitterten Anklagen und Selbstmorddrohungen die Flucht. Sie neigt weniger zur Selbstaggression und greift mit Geschirr oder sonstigen Gegenständen in ihrer Reichweite an.

Wenn wir davon ausgehen, dass auch bei ausgeprägter narzisstischer Empfindlichkeit immer ein gewisser Spielraum da ist, der zu Änderungen genutzt werden kann, so könnte der Ausstieg aus diesem Spiel so aussehen: Einer der Beteiligten erkennt den Mechanismus und verzichtet auf den Sieg, indem er etwa sagt: „Du siehst das anders als ich. Ich bin zwar nicht überzeugt, aber ich respektiere dich und deinen Standpunkt."

Das klingt einfach, ist aber durchaus nicht einfach umzusetzen, schon deswegen, weil es eine Art Sprung über den eigenen Schatten voraussetzt und der andere nach vielen Durchgängen desselben Spiels auch nicht gleich auf die Änderung eingehen und auf die eingespielte Frühstückskommunikation verzichten wird. Es mag jedoch genügen, um deutlich zu machen, wie ein praktischer Ausweg aussehen könnte.

Verzicht auf Abwertungen und Sticheleien

Gerade im Umgang mit Menschen, die ein empfindliches und angreifbares Selbstgefühl haben, ist es wichtig, auf Abwertungen zu verzichten. Das sind alle Arten von offenen und verdeckten Botschaften, mit denen zum Ausdruck gebracht wird, dass der andere irgendwie nicht in Ordnung ist. Auch das klingt sicher einleuchtend, ist deswegen aber noch nicht einfach. Es verlangt einige Phantasie und Einfühlung, um zu ahnen, was der andere in seiner narzisstischen Welt als Abwertung empfindet.

Beispiel:

Eine Mutter ist besorgt und wird allmählich gespannt und nervös wegen der Wutanfälle ihres sechsjährigen Sohnes, der sich aus Gründen, auf die wir hier nicht eingehen wollen, auf dem Weg zu einem ausgeprägten Narzissten befindet. Das letzte Mal hat er so einen Wutanfall in aller Öffentlichkeit bekommen, was die Mutter natürlich besonders unter Druck gesetzt hat. Auf einem Stadtteilfest gab es ein Gerät für kleinere Kinder, um sich wie ein Kreisel zu bewegen. Seine jüngere Schwester hatte das gerade mit Vergnügen ausprobiert. Nun war er dabei, sich in dem vorgesehenen Sitz niederzulassen, als die Mutter erschien und sagte: „Komm, du bist kein Kleinkind mehr und wir müssen jetzt nach Hause. Beeil dich!"

In diesem Augenblick begann er zu toben und nach seiner Mutter zu treten, was ihr natürlich vor so vielen Zuschauern höchst unangenehm war. Sie wagte auch nicht, vor so viel interessierter Öffentlichkeit die geeigneten Gegenmaßnahmen zu ergreifen. Was eigentlich mit dem Kind los war, verstand sie nicht und war entsprechend hilflos und verbittert.

Was in ihm vorging, lässt sich jedoch erahnen, wenn man von seiner narzisstischen Empfindlichkeit ausgeht, die ihn die eigentlich normale Anweisung der Mutter als Einschränkung, Übergriff und Missachtung seiner Selbstständigkeit empfinden lässt. Außerdem hat sie mit dem Wort „Kleinkind" etwas bei ihm getroffen. Er will groß und der Schwester überlegen sein, aber natürlich ist er noch ein Kind, das sich an solchen Vergnügungen freut. Das ist ein Zwiespalt, den die Mutter trifft und entsprechend wütend wehrt er sich: Gegen den Zwang und vor allem deswegen, weil er sich als Kind, das er nun einmal noch ist, nicht anerkannt und deswegen missachtet fühlt. Diese Abwertung trifft ihn, ohne dass er sich wehren könnte, denn er selbst will ja „groß" und kein „Kleinkind" mehr sein. In dieser Zwickmühle bleibt ihm dann nur Wut und Angriff als letzter verzweifelter Ausweg.

Das ist nur ein Beispiel, macht aber deutlich, worum es geht, wenn wir betonen, dass auf Konkurrieren, Abwertungen und Sticheleien möglichst verzichtet werden sollte, wenn man überraschende Abwehrreaktionen vermeiden möchte. Das Risiko ist umso geringer, je mehr man auf eigentlich überflüssige Zusätze verzichtet, die vom Narzissten in seinem Verständnis als kränkend erlebt werden können. Es ist jedes Mal das Grunderlebnis des Narzissten, nicht wirklich wahrgenommen und zum Gegenstand von irgendwelchen Reden und Absichten gemacht zu werden, das sein immer vorhandenes Potenzial an Unlust und Wut aktiviert. Dann ist es auch nicht die „Kleinigkeit", die den überraschenden Ausbruch bewirkt. Sie bringt nur das „Fass zum Überlaufen".

Gerade weil narzisstische Persönlichkeitsstrukturen mittlerweile zur Normalität gehören, ist es wichtig, den Kommunikationsstil grundsätzlich darauf einzustellen. Man weiß bei oberflächlicher Bekanntschaft nicht, wen man vor sich hat, und auch potenziell gewalttätige Narzissten wirken oft freundlich und angepasst.

Das ist auch eine wichtige Empfehlung für Lehrer und Erzieher. Verbale und physische Gewalt gegen diese früheren Respektspersonen sind nicht mehr ungewöhnlich, bis hin zum Angriff mit Schusswaffen. Auffällig dabei ist die Verständnislosigkeit der meisten Erwachsenen, die diese Taten als Exzesse von mehr oder weniger kranken Außenseitern einordnen und nicht imstande sind, ihre Erklärungen und ihr Erziehungsverhalten auf die veränderte Situation einzustellen. Sie gehen davon aus, dass ein gewisses Ausmaß von Abwertungen normal und von den Kindern und Jugendlichen auch so hinzunehmen ist. Oft ist ihnen nicht klar, dass ihre Äußerungen und die Art, wie sie mit ihren Zöglingen umgehen, für diese demütigend sein könnten. Sie selbst sind ja auch nicht so „empfindlich". Ein Schüler, der morgens zu spät in den Unterricht kommt und vom Lehrer mit den Worten empfangen wird: „Na du Schlafmütze! Hast du es doch geschafft, aus dem Bett zu kommen?", mag das ruhig hinnehmen. Vielleicht ist er sogar zufrieden, wenn sonst keine Konsequenz erfolgt. Dennoch ist es eine Kränkung und – je ausgeprägter sein Narzissmus ist – Anlass zu stummem Hass auf den Lehrer. Dessen Überlegenheit und Berechtigung zu solchen Übergriffen ist – anders als der Lehrer das vielleicht annimmt – für ihn eben nicht selbstverständlich. Wenn das Maß dann einmal voll ist, kann es zu Ausbrüchen von Hass und Taten der Rache kommen, die in keinem Verhältnis zu dem letztlich auslösenden Ereignis stehen.

Das heißt nun nicht, dass Lehrer und Erzieher und alle, die mit Narzissten zu tun haben, fortwährend angstvoll bedenken sollten, ob der andere nicht vielleicht gekränkt sein könnte. Da narzisstisches Denken einer Logik folgt, die tatsächlich oft weit von der Alltäglichkeit entfernt ist, ist es nicht zu vermeiden, dass es immer wieder zu Kränkungen kommt. Für einen Narzissten, ob Kind oder Erwachsener, kann vieles eine Kränkung sein, was für den anderen vielleicht Ausdruck von Höflichkeit und Anteilnahme ist. Wenn jemand einen Begriff, den er verwendet, sicherheitshalber noch einmal erläutert, kann das bei entsprechender Empfindlichkeit des anderen schon zur Kränkung führen: „Wie? Er traut mir nicht zu, dass ich das selber weiß, keine Fremdwörter verstehe ...!"

Wenn man ein Gespür entwickelt für feine Reaktionen, ein Stocken im Gespräch, eine Art Resonanzlosigkeit beim anderen, der sich zurückzieht und verschließt, kann man diese leichten Kränkungen bei Narzissten merken. Darauf immer Rücksicht zu nehmen, würde jedoch bedeuten, sich als Co-Narzisst in die Pathologie des anderen mit hineinziehen zu lassen. Darum also geht es nicht. Wichtig ist, im Umgang mit anderen *bewusster* zu werden und die eigenen Kommunikationen auf all die großen und kleinen Abwertungen hin zu untersuchen, mit denen wir so vieles ausdrücken, das wir nicht direkt benennen wollen.

Um auf das Beispiel von dem Lehrer zurückzukommen, der den zu spät kommenden Schüler mit herabsetzender Ironie empfängt: Es ist anzunehmen, dass er sich über den Schüler ärgert und sich vielleicht auch hilflos fühlt, weil er merkt, dass seine Autorität ihre Grenzen hat. Besser wäre es im Umgang mit einem narzisstischen Schüler, diesen Ärger offen auszusprechen: „Ich ärgere mich ..." und dann eine Konsequenz zu setzen. Wie schon oft gesagt: Narzissten verstehen die Sprache der Tatsachen und nehmen diese Sprache nicht übel, wenn eine für sie nachvollziehbare Verhältnismäßigkeit gewahrt bleibt. Hass und Rachegelüste entstehen durch Abwertungen, mit denen wir üblicherweise so oft Ärger und Enttäuschung ausdrücken, ohne sie offen zu benennen.

Die beste Grundsicherung gegen Gewalt verschiedener Ausprägungen und Eskalationsstufen könnte also der Verzicht auf Konkurrieren und eine bewusstere Kommunikation sein.

16. „Kleben" oder: Wie wird man einen Narzissten los?

Bisher haben wir Verfahren besprochen, um in einer bestehenden Beziehung mit einem Narzissten die Initiative zu behalten, sie zurückzugewinnen oder sich zu schützen. Das setzt voraus, dass diese Beziehung aufrechterhalten werden soll oder muss, vielleicht weil vitale Interessen mit hineinspielen, z. B. bei einem Vorgesetzten, den man nicht loswerden kann, ohne zugleich die Anstellung zu verlieren, oder weil es um finanzielle Interessen geht. Eine Scheidung hat meist auch finanzielle Auswirkungen, die bei der Frage einer Trennung mit bedacht werden müssen, ganz zu schweigen von ethischen Notwendigkeiten, wenn z. B. die Interessen der Kinder mit hineinspielen.

Dennoch machen Narzissten sehr häufig die Erfahrung, dass sich ihre Partner von ihnen zurückziehen, und dass die Menschen, mit denen sie es zu tun haben, sie bald möglichst wieder loszuwerden versuchen. Das ist nach dem, was wir bisher über Narzissten gesagt haben, verständlich. Bei allen persönlichen Stärken und Vorzügen, die sie haben können, sind ihre Beziehungen im Geben und Nehmen unausgewogen und ausbeuterisch. Sie versuchen andere abhängig zu machen und sind psychologisch oder eben auch physisch gewaltsam. Ist der Partner selbst narzisstisch, lassen schwere Konflikte und – wenn möglich – die Trennung nicht lange auf sich warten, aber auch bei herkömmlich strukturierten Co-Narzissten ist irgendwann die Bereitschaft zu hoffen und zu leiden erschöpft. Das tritt umso eher ein, wenn der Betreffende schon einschlägige Erfahrungen aus anderen Beziehungen mitbringt und merkt, dass er hier wieder in die bekannte Falle geraten ist.

Dadurch entsteht ein Teufelskreis. Je mehr der Narzisst merkt, dass der andere seinem Einfluss entgleitet, umso mehr versucht er, durch seine speziellen Mittel die Kontrolle aufrechtzuhalten. So kommen beide in eine fatale Zwickmühle: Der Partner steht vor der Entscheidung, sich völlig und nunmehr in vollem Wissen über das, was vorgeht, zu unterwerfen oder eben sich loszureißen. Der Narzisst merkt, dass der andere dabei ist, die Initiative zurückzugewinnen, und sieht sich vor der Entscheidung, entweder mit allen Mitteln die Kontrolle zu behalten oder sich in all das zu ergeben, was für ihn furchtbar ist: Ohnmacht, Einsamkeit, Chaos und Demütigung. Es ist verständlich, dass er in dieser Situation alles daran setzt, um die Macht zu behalten. Die Alternative wäre, dem anderen zu vertrauen, in der Gewissheit, auch in Krisen grundsätzlich liebenswert und lebensfähig zu sein. Das eben vermag er als Narzisst nicht, und um die fatale Situation zu vermeiden, dem anderen die Initiative zu überlassen, wird er umso hartnäckiger um den bisherigen Zustand kämpfen.

Hierbei ist wichtig, dass es nicht um den anderen als Person geht, sondern um Macht und Kontrolle, d. h. letztlich um die Gewissheit, dass der Narzisst die Dinge soweit „im Griff" hat, dass er die in ihm lauernden Gefühle der Ohnmacht und Verzweiflung vermeiden kann. Sollte es ihm gelingen, seinen Zugriff wieder zu festigen, durch Drohung, Schmeichelei oder Verführung, kann es durchaus sein, dass er selbst nun abrupt die Beziehung löst. Entscheidend ist ja, dass er und nicht ein anderer der Handelnde ist. Die scheinbar überstandene und bewältigte Krise ist natürlich nicht vergessen. Er weiß, dass er verlassen oder sonstwie zurückgewiesen werden kann und vergisst das nicht. Seinerseits unter irgendeinem Vorwand Schluss zu machen, ehe sich eine ähnliche Situation wiederholt, ist dann ein naheliegender Akt des Selbstschutzes.

Einen Narzissten loswerden zu wollen und ihm die entsprechenden Signale zu geben, ist also ein Rezept, um ihn zu mehr oder minder intensivem Widerstand zu motivieren. Je nach der Wichtigkeit, die die Beziehung für sein Selbstgefühl hat, wird dieser Widerstand verschieden intensiv sein, von hartnäckiger „Schwerhörigkeit" gegenüber dem Thema bis hin zur offenen und sogar tödlichen Gewalt, wenn der narzisstische Kernbereich betroffen ist. Die Tötung des Beziehungspartners, der sich in der Weise selbstständig machen will, ist nach der narzisstischen Logik nur folgerichtig. Entsprechend den allgemeinen Machtverhältnissen in unserer Gesellschaft sind es allerdings meist Männer, die so versuchen, ihr gefährdetes Selbst zu sichern.

Stalking ist ein weiterer Bereich, in dem dieses Bedürfnis nach Kontrolle zum Ausdruck kommt. Dass es nur darum geht und nicht etwa um etwas anderes, was der Stalker oder die Stalkerin eventuell zur Begründung angibt, wird schon durch die normalen Reaktionen der Opfer deutlich, die neben verständlicher Wut und Ärger in Gefühle der Ohnmacht und Überwältigung hineinkommen. Eben auch darum geht es dem Verfolger, der unter Umständen ein früheres Erlebnis der Zurückweisung und des Ausgestoßen-Werdens jetzt endlich einmal revidieren möchte. Typischerweise versucht er das nicht durch eine innere Bewältigung, sondern durch den Versuch, äußere Kontrolle über eine Person auszuüben, in die er vielleicht sogar sein eigenes Elend hineinsieht. In diesem Fall wird er sein Stalking als Versuch der Hilfe und als Rettungsversuch deuten, was jeden Widerstand doppelt schwierig macht, da er ja am besten zu wissen meint, was das Opfer „eigentlich" braucht und will. Das ist bei weiblichen Stalkern oft der Fall, die ihre Beharrlichkeit als opferbereites Hilfsangebot für jemand deuten, der unter der Kontrolle seiner Widersacher – z. B. Ehefrau, Freunde – steht und deswegen nicht wagt, die zugleich liebevolle wie rettende Hand seiner Verfolgerin anzunehmen. Es ist verständlich, dass die Stalkerin unter solchen Voraussetzungen nicht abzuschütteln ist und durch jede Zurückweisung und Demütigung nur zusätzlich motiviert wird.

Die Abneigung von Narzissten gegen Trennungen, bei denen nicht sie selbst die Regie führen, wird jedoch schon in viel harmloseren Alltagssituationen deutlich. Mancher abrupte und vom anderen nicht erwartete Abschied von Narzissten hat mit dem Bestreben zu tun, die Initiative zu behalten und zu gehen, bevor der andere die Trennung vollziehen könnte. Ob er das tatsächlich tun möchte, spielt dabei keine Rolle. Entscheidend ist die Befürchtung, dass es so kommen könnte, und natürlich spielen oft Gefühle der Kränkung und der Wunsch nach Rache mit hinein, wenn der Narzisst plötzlich verschwindet und das Opfer verständnis- und fassungslos zurücklässt.

Die Neigung zum Klammern und Festhalten in Beziehungen ist also die Kehrseite der narzisstischen Unfähigkeit, sich vertrauensvoll und dauerhaft auf eine Beziehung einzulassen. Tiefer ist das Bedürfnis nach Kontrolle und damit nach Schutz vor einer Gefährdung des empfindlichen narzisstischen Selbst durch einen anderen. Wenn das nicht begriffen wird, kommt es leicht zu Überraschungen.

So kann sich ein Narzisst intensiv und mit vielen Zugeständnissen um ein Privileg, etwa die Zugehörigkeit zu einer Ausbildungsgruppe oder einer für ihn sonst vorteilhaften Organisation bemühen. Auffällig ist allerdings oft, dass sich seine Bemühungen darauf richten, schon gleich am Anfang Sonderkonditionen zu bekommen, z. B. dass die Wartefrist in seinem besonderen Fall verkürzt wird oder irgendwelche finanziellen Änderungen vorgenommen werden. Das erreicht er unter Umständen auch, da seine hohe Motivation und eventuell auch seine Begabung angenehm auffallen. Umso mehr überrascht es dann, dass er plötzlich von sich aus die Mitgliedschaft kündigt, wenn sie ihm sicher ist. Hat man die narzisstische Logik jedoch einmal begriffen, ist das durchaus verständlich. Die Zugehörigkeit zur Gruppe oder sonst ein Privileg ist solange ein Wert, wie es gefährdet ist. Der Narzisst kämpft gegen die Möglichkeit der Ablehnung und entwickelt dabei ungeahnte Energie und Kreativität. Wenn die Gefahr beseitigt ist, fällt dieser Grund weg und die Sache ist nur noch mäßig interessant. Manchmal kommt es dabei zu paradoxen Reaktionen:

Solange sich der Narzisst in Sicherheit wiegt – etwa in der Zugehörigkeit zu einer Organisation –, ist eine Tendenz zu Regelbrüchen typisch. Narzissten neigen dazu, sich über bürokratische Formalitäten hinwegzusetzen, die sie als einengend und ihrer Persönlichkeit unwürdig verachten und entwickeln dabei oft eine hohe Risikobereitschaft. Aus ihrer Sicht ist das auch eine Probe für die Organisation, wie weit sie imstande ist, eine so besondere Persönlichkeit in ihren Reihen zu integrieren. Gibt es jedoch in dieser Hinsicht Schwierigkeiten und eventuell Sanktionen, kommt es zur typischen Gegenreaktion mit dem Ziel, in keinem Fall die Initiative zu verlieren und ausgestoßen zu werden. Unter diesen Umständen akzeptieren Narzissten auch äußerst demütigende Bedingungen und Auflagen, nur um bleiben zu dürfen. Die Anpassung ändert natürlich nichts an ihren persönlichen Voraussetzungen und die Kränkung wird nicht vergessen. Als gute Schauspieler fällt es ihnen nicht schwer, Einsicht und Reue zu zeigen und sogar wirklich zu empfinden, was die Inszenierung noch glaubwürdiger macht. Im Untergrund jedoch wird jede Demutsleistung auf das Konto von Ressentiment und Rache verbucht, das dann irgendwann einmal zu guter Stunde beglichen wird. Im Augenblick aber ist entscheidend, dass die Initiative nicht verloren geht, wofür der Satz typisch ist: „Ich will [werde] gehen, wenn *ich* das will!"

Antithesen

Es ist deutlich geworden, dass es für Narzissten äußerst unangenehm ist, verlassen oder gar ausgestoßen zu werden. Das ist ein Erlebnis, das bedrohlich an die tiefsten Bedürfnisse des narzisstischen Selbst rührt, autonom zu bleiben und die Kontrolle zu behalten. Sonst nämlich könnten sich all die vernichtenden, in jedem Fall zu vermeidenden Gefühle des Elends, der Ohnmacht und des hilflos Ausgeliefertseins im Untergrund der Seele rühren. Die Initiative zu ergreifen und zu versuchen, einen Narzissten aktiv loszuwerden setzt also diesen Mechanismus des Widerstands in Gang und wird zu entsprechenden Gegenmaßnahmen führen: von der vernichtenden Gewalt, die bis zur Tötung des anderen gehen kann, bis hin zu sklavischer Unterwerfung, nur um nicht hinausgeworfen zu werden und damit die Kontrolle zu verlieren. Gerade Letzteres kann zu paradoxen Reaktionen führen, indem der Narzisst Exzesse an Selbstverleugnung und Altruismus erbringt, um, wenn es denn nicht anders geht, als selbstloser Helfer die Fäden in der Hand zu behalten und die Abhängigkeit des anderen aufrechtzuerhalten.

Konkret und praktisch bedeutet das, dass alle naheliegenden Verhaltensweisen der Abwehr, der Abgrenzung, des Davonlaufens das Bestreben des Narzissten zu haften und festzuhalten verstärken. Da es sich immer wieder um die gleichen elementaren Reaktionsmuster handelt, können wir auf das zurückgreifen, was wir schon in anderem Zusammenhang festgestellt haben.

Gesichtspunkte der Höflichkeit, des Anstands oder auch des Rechts gelten hier wenig. Ein wohlerzogener Mensch früherer Zeiten verstand Andeutungen und wusste, wann er sich anstandshalber zurückzuziehen hatte. Ein Narzisst reagiert allenfalls auf die Sprache der Tatsachen bzw. der spürbaren Konsequenzen, die eine Antwort auf die Frage bieten: „Warum sollte ich ...?" Um diese Logik zu verstehen, kann es hilfreich sein, sich einmal in den folgenden Gedankengang eines Gastes hineinzuversetzen, der trotz mehr oder weniger eindeutiger Signale der Gastgeberin einfach nicht geht:

„Warum sollte ich aufbrechen, wenn die Gastgeberin Signale gibt, dass es nun an der Zeit ist, wenn es *mir* doch so gut gefällt? Natürlich ist klar, dass sie das möchte, aber gerade darum gehe ich nicht. Außerdem ist es angenehm zu sehen, wie sie sich bemüht, mich zum Gehen zu bringen, ohne es mit mir zu verderben und wie sie vielleicht sogar wegen anderer Verpflichtungen unter Druck kommt. Das ist schmeichelhaft, dass ich so viel Macht habe, und irgendwann beleidigt aufstehen und gehen kann ich immer noch."

Zu bleiben, wenn man eigentlich gehen sollte, ist ein harmloses Beispiel, das sich jedoch auf andere Fälle übertragen lässt. Solange wir in einer solchen Lage in der Zwickmühle verharren, den Narzissten entweder zu ertragen oder das Risiko einzugehen, ihn mit deutlichen Worten zum Gehen aufzufordern, wird er bleiben und die Situation in seiner Weise nutzen. Eine zwar freundlich vorgebrachte, aber klare und entschiedene Aufforderung kann helfen und oft ist der Angesprochene dann überraschenderweise gar nicht beleidigt, denn das ist die Sprache der Machtverhältnisse, die er versteht.

Schwieriger wird es, wenn es etwa darum geht, einen kontrollierend klammernden Partner aus der bisher gemeinsamen Wohnung herauszubekommen. Deutlich ist jedoch, dass das ergänzende Gegenstück zum narzisstischen Klammern die Unentschiedenheit und Zwiespältigkeit des anderen ist, die ihn hindert, klar und entschieden aufzutreten und gegebenenfalls Konsequenzen zu setzen, die eine Antwort auf die Frage möglich machen: „Warum sollte ich?" Im Fall eines gewalttätigen Partners könnte das zum Beispiel ein rechtlich erwirkter Verweis aus der Wohnung sein.

Zu dieser Zwiespältigkeit trägt oft die Angst vor dem möglicherweise gewalttätigen und rachsüchtigen anderen bei und es ist klar, dass Angst nicht durch einfache Verhaltensvorschläge zu beseitigen ist. Oft ist es Narzissten gelungen, ein ganzes System der Abhängigkeit aufzubauen. Wir denken an den Fall einer Frau, die von ihrem Mann immer wieder schwer geschlagen wurde, sich aber in seiner Abwesenheit nicht aus der Wohnung traute, um Hilfe zu suchen, da die Kinder von ihm zur Kontrolle eingesetzt wurden. Ohne Hilfe ist unter solchen Umständen kaum ein Ausweg möglich. In jedem Fall gilt jedoch, dass Klarheit und Entschiedenheit im Auftreten, Mut zu Konsequenzen und die Bereitschaft, auch Nachteile in Kauf zu nehmen, noch am ehesten die Gewähr bietet, sich von narzisstischer Kontrolle frei zu machen.

Das gilt jedoch nur unter der Voraussetzung, dass die narzisstische Rechnung sich noch im Normalbereich bewegt, die Konsequenzen realistisch abgewogen werden und keine tiefere Gefährdung des narzisstischen Selbst mit im Spiel ist. Dann kann jede energische Konfrontation zur Eskalation führen.

Die energetische Falle

Wie immer wieder deutlich wurde, können in der Auseinandersetzung mit Narzissten gerade die normalen, berechtigten und naheliegenden Reaktionen tiefer in die Verstrickung und eventuell sogar zu gefährlichen Eskalationen führen. Das narzisstische Ich gewinnt seine Kraft aus der *Anlehnung an andere*, durch idealisierende Identifikation und Bewunderung ebenso wie durch Widerstand und Ablehnung. So gesehen kann der Versuch, einen Narzissten loszuwerden, ihm gerade die Kraft und Motivation zum Festhalten und erneutem Überwältigen geben. Wir nennen das die *energetische Falle*: Sie entsteht dadurch, dass jeder Energieaufwand, um den anderen loszuwerden oder einfach auf Distanz zu halten, Bindung und Abhängigkeit verstärkt. Auch das ist nicht leicht zu begreifen und hat damit zu tun, dass wir meist mehr auf die *Bedeutung* achten, die wir unseren Worten und Handlungen beilegen und weniger auf ihre *Wirkung*. Um es an einem drastischen Beispiel klarzumachen:

Sie schreit bei einer Auseinandersetzung ihren Partner in höchster Erregung an: „Ich hasse dich, habe dich schon immer gehasst, und will dich nie mehr sehen." Das ist zwar für den Angegriffenen keine angenehme Eröffnung. Dennoch kann er einigermaßen beruhigt sein, wenn es ihm darum geht, sie weiter in Abhängigkeit zu halten. Solange sie noch so viel Kraft braucht, um sich abzugrenzen, ist der Inhalt der Botschaft nicht so ernst zu nehmen. Klar ist, dass sie sich im Zwiespalt befindet und innerlich eben nicht frei ist. Einstweilen hat sie noch sehr intensive Gefühle für ihren Partner und Widersacher und das ist ausschlaggebend.

Vergebliche Bemühungen, aus der Falle herauszukommen und den anderen loszuwerden, festigen also die Bindung und Abhängigkeit. Betrachtet man die Beziehungen von Narzissten, entsteht oft der Eindruck, dass nicht die erste einigermaßen normale Zeit der wichtigste Abschnitt der Beziehung ist, sondern das darauf folgende dramatische Ringen um Trennung und Ablösung.

Um herauszukommen ist ein Schritt nötig, der nicht einfach ist und den wir schon wiederholt als Sprung über den eigenen Schatten bezeichnet haben. Es ist nötig, die in den Partner investierte Energie zurückzunehmen und tatsächlich gleichgültig zu werden. Das ist gleichzeitig auch das Schlimmste, was einem Narzissten begegnen kann. Wütende Angriffe, Hassausbrüche, Flehen, doch nun endlich zu gehen und den anderen freizugeben: All das stärkt sein Gefühl, mächtig und wichtig zu sein und lädt seine Energien auf. Im Bewusstsein dieser Macht wird er sogar unter Umständen dem ohnmächtigen Partner Empfehlungen geben, sich endlich frei zu machen und auf eigene Füße zu stellen. Der Höhepunkt dieser verwirrenden Ratschläge ist dann die Klage über die Abhängigkeit und Unselbstständigkeit des anderen und der Wunsch nach einer autonomen Beziehung.

Sollte der Narzisst jedoch merken, dass der Partner sich innerlich tatsächlich von ihm entfernt und weniger intensiv an seinen Ketten rüttelt, sind Gegenreaktionen zu erwarten, um den bisherigen Zustand wieder herzustellen. Dann zeigt sich oft, dass die schon erreichte innere Distanz nicht ausreicht, um sich diesen Provokationen und Verführungen zu den bekannten Szenen zu entziehen. Deswegen ist die Ablösung aus einer solchen Abhängigkeitsbeziehung oft ein längerer oder sogar langer Prozess mit immer wieder neuen Rückfällen. Grundsätzlich jedoch gilt, dass die innere Ablösung bzw. das Zurücknehmen der investierten Energie die wichtigste Voraussetzung ist, um frei zu werden.

Praktisch heißt das: Diskussionen, Verständnis, der Versuch, zu einem Interessenausgleich zu kommen, moderierte Gespräche im Beisein eines Beraters oder Psychotherapeuten sind ebenso wenig hilfreich wie gewaltsame Versuche der Abgrenzung, immer vorausgesetzt, dass es sich für den anderen tatsächlich um eine Angelegenheit seines narzisstischen Selbstwertes handelt. Ansonsten könnte, wie gesagt, eine Klärung auf der Ebene der Tatsachen bzw. von Macht und Interessen möglich sein. Wieweit diese Möglichkeit besteht, ist in jedem Fall zu untersuchen. Klarheit schafft die Frage: Warum sollte der Narzisst auf eine Macht verzichten, die er nun einmal besitzt und die für seine psychische Stabilität von mehr oder weniger großer Bedeutung ist? Je mehr sein Gefühl von Souveränität von einer eventuellen Machteinbuße bedroht ist, umso weniger wird er sich auf einen Handel einlassen und alle Mittel – bis hin zu physischer Drohung und Erpressung – einsetzen, um die bisherige Abhängigkeit aufrechtzuerhalten.

In diesem Fall bleibt oft nichts anderes übrig, als sich schrittweise und gut gedeckt aus der Beziehung zurückzuziehen, ohne dass es zu einem plötzlichen und offenen Bruch und damit zur narzisstischen Eskalation kommt. Wir wollen das mit einem Beispiel aus dem psychotherapeutischen Bereich deutlich machen.

Beispiel:

Grundlage der Beziehung ist hier die Definition, dass ein fachlich kompetenter Helfer einen anderen Menschen in einer psychischen oder sozialen Notlage unterstützt. Seine Kompetenz hierzu ist durch entsprechende Ausbildungen nachgewiesen und durch Approbation bzw. Zugehörigkeit zur Psychotherapeutenkammer sogar staatlich anerkannt. Als Anerkennung dafür hat er ein Honorar zu erwarten.

Damit ist ein Macht- und Kompetenzgefälle gegeben, dass im Normalfall auch von den Klienten anerkannt wird, sofern es sich nicht um einen Narzissten handelt, der sein eigenes Spiel spielt, in dem sich der Psychotherapeut dann vielleicht zu seiner Verblüffung wiederfindet. Dabei spielen dessen Status und seine Kompetenz durchaus eine Rolle, nur anders als er es vielleicht möchte, nämlich im Zusammenhang seiner Idealisierung durch den Klienten: „Mein Psychotherapeut ist der Beste" – mit starker Betonung des „mein". Im Übrigen sind die Überlegenheit und die psychotherapeutischen Erfolge, die ihm sein Klient zugesteht, Gegenstand des narzisstischen Neides, der bald alles daran setzen wird, den Unterschied zu nivellieren. Dann wird deutlich werden, dass er auch nur ein Mensch, jedenfalls vom Narzissten durchschaubar und kontrollierbar ist. Ein einfaches und wirksames Verfahren dafür ist, die professionelle Beziehung in eine Liebesbeziehung umzufunktionieren – und nun wird es schwierig. Nicht der Therapeut, sondern sein narzisstischer Klient definiert, was der Fall ist, ganz unabhängig davon, ob er das begreift oder nicht.

Verliebtheit in diesem Sinne ist eine Form der Kontrolle und der Versuch, Wirklichkeit zu definieren. Als Abwehr gegenüber der Bedrohung durch die Überlegenheit des Psychotherapeuten ist sie ein naheliegendes und häufig eingesetztes Mittel des narzisstischen Selbstschutzes. In jedem Fall unterhöhlt sie die formelle Überlegenheit des Psychotherapeuten und schafft eine Situation, in der sich zeigen wird, wieweit der Psychotherapeut ihr als Person gewachsen ist.

Eine naheliegende Reaktion des Selbstschutzes für den Therapeuten ist unter diesen Umständen, die psychotherapeutische Beziehung zu kündigen, was zu verschiedenen Gegenmanövern führen kann. Was tun, wenn der Klient die Kündigung nicht anerkennt und sie als Ausdruck der Angst des Helfers vor seinen eigenen Gefühlen umdefiniert, zum Stalker wird, mit Suizid oder mit Gewalt droht? Oder auch mit einer Anzeige wegen sexueller Übergriffe?

In all diesen Fällen gilt, dass der Abschied aus einer Beziehung mit einem Narzissten möglichst so gestaltet werden sollte, dass dieser zumindest eine Mitinitiative behält. Manchmal kann es sogar ein Vorteil sein, wenn der Betreffende von sich aus die Beziehung kündigt. Das kann unangenehm sein, wenn das abrupt und in demütigender Weise geschieht, aber immerhin: Die Beziehung ist beendet und mit der Initiative auch die Verantwortung beim narzisstischen Partner. In solchen Fällen ist es wichtig, dass der „verstoßene" Partner begreift, was vor sich geht und trotz der Kränkung den Vorteil der Inszenierung begreift. Tut er das nicht und versucht, den Vorgang rückgängig zu machen, wird das Problem nur auf später verschoben.

17. Der Ausstieg

Warum es so schwer ist, den Narzissmus zu überwinden

Freie und angepasste Kinder

Eine Frage, an der sich Pädagogen und Psychologen seit Langem abmühen, ist: Wie sind Kinder wirklich, unbeeinflusst von all den Einflüssen aus Erziehung und Zivilisation, die auf sie einströmen und sie von der Geburt an in bestimmte Muster zwängen? Das ist die zentrale Frage, von der Maria Montessori ausging, und die Antwort, auf der ihre Pädagogik aufgebaut ist, lautet: „Kinder sind anders", anders jedenfalls als die Erwachsenen sich das so vorstellen. Ein Kind, das von den Vorstellungen seiner Erzieher geprägt ist, ist sich selbst entfremdet, außerhalb seiner ursprünglichen „Normalität" und die Aufgabe einer wirklich kindorientierten Pädagogik besteht darin, ihm die Rückkehr zu dieser verlorenen Ursprünglichkeit zu ermöglichen.

Auch in der Transaktionsanalyse spielt diese Vorstellung eines ursprünglichen Kindheitszustandes eine große Rolle. Wir sprechen in der Funktionsanalyse vom freien Kind, im Unterschied zum angepassten und rebellischen Kind, die beide reaktiv auf die Forderungen der Erwachsenen eingestellt und durch sie geprägt sind. Das freie Kind dagegen ist mit sich selbst in Übereinstimmung, spontan und eben nicht reaktiv auf die Erwartungen anderer bezogen. Deswegen hat es auch ein Gefühl für eine ursprüngliche Identität, das allerdings im Lauf des Heranwachsens und der Erziehung bei vielen Kindern verlorengeht oder unterdrückt wird. Spontaneität und Autonomie sind jedoch im normalen Alltag für die meisten Erwachsenen, die diese Eigenschaften schon lange nicht mehr haben, störend und sogar bedrohlich. Für freie Kinder ist kein Platz. Sie wollen spielen, aber Raum und Sicherheit fehlen; sie stellen unbefangene Fragen, auf die keine fertige Antwort zur Verfügung steht oder die man nicht beantworten will, und sie brauchen Zärtlichkeit und Intimität, auf die die Erwachsenen selbst schon lange verzichtet haben.

Besser eingepasst in die Erwachsenenwelt sind die angepassten Kinder, die den Erwartungen ihrer Umwelt entsprechen und tun, was ihnen gesagt wird. Natürlich ist die Welt, in die sie da hineinwachsen, auch für sie zu eng, aber sie wissen sich zu helfen, indem sie entweder rebellieren oder Maschen entwickeln, um irgendwie doch zu dem zu kommen, was sie brauchen. Rebellion und Maschenverhalten sind Versuche, sich in einem engen und bedrückenden Rahmen doch irgendwie einzurichten. Bei der Rebellion versucht das Kind gerade das zu tun, was es nicht soll. Das ist die elementare Form der Identitätsbehauptung, allerdings mit der Einschränkung, dass der Rebell sich reaktiv an dem orientiert, was verboten ist. Dabei kann er viel Energie entwickeln. Die Fähigkeit des freien Kindes, zu spüren und zu wissen, was es selbst will, geht dabei verloren. Gerade Rebellen lassen sich einfach manipulieren. Erfahrene Erzieher wissen das und verbieten geschickt, was sie von ihren Zöglingen wollen.

Entwickelt das Kind Maschen, so versucht es seinerseits, die Erwachsenen zu manipulieren, indem es etwa durch Quengeln Aufmerksamkeit auf sich zieht oder durch Wutanfälle an der Supermarktkasse die Mutter oder den Vater erpresst, ihm Süßigkeiten zu kaufen. In der Transaktionsanalyse gehen wir davon aus, dass es damit weit von seinen ursprünglichen Bedürfnissen und vom freien Kind entfernt ist. Andererseits passen Kinder damit in die Normalität. So sind Kinder eben nach gängiger Meinung!

Auch in Psychotherapie und Beratung spielen diese Vorstellungen vom freien und vom angepassten Kind eine Rolle. Neurotiker sind Menschen, die reaktive Verhaltensmuster aus ihrer Kindheit auch als Erwachsene nicht loswerden und die Szenen dieser Kindheit immer wieder durchspielen. In der Psychotherapie geht es dann darum, diese Verstrickungen zu durchschauen, die einschränkenden Einflüsse zurückzudrängen und wieder in Kontakt mit den verschütteten Fähigkeiten des freien Kindes zu kommen. Gleichzeitig ist dieses freie Kind der Bündnispartner, mit dem der Psychotherapeut zusammenarbeiten muss. Es will leben, frei und gesund werden, auch wenn es bisher unterdrückt und an der Entfaltung gehindert ist. Ohne die Kraft, die aus diesem freien Kind kommt, nützt weder Einsicht noch psychologische Analyse.

Trotz dieser positiven Sicht des freien, nicht an die Erwartungen der Erwachsenen angepassten Kindes hat es jedoch auch andere, negative Seiten. Eben weil sie noch ungebrochen egozentrisch sind, sind freie Kinder unter Umständen rücksichtslos, ohne Einfühlung in andere, gierig und grausam. Erst die Bindung an eine andere Person, in erster Linie die Mutter, hilft ihnen, zu dieser Ich-Bezogenheit und der Diktatur ihrer Triebe und Bedürfnisse Abstand zu gewinnen. Die Anpassung an eine geliebte Person entlastet von den Zwängen der eigenen Impulse und ist insofern die Voraussetzung dafür, dass überhaupt eine Entwicklung und ein Lernen von anderen zustande kommen. Angepasstes und freies Kind gehören also zusammen und ergänzen sich gegenseitig. Störungen entstehen dann, wenn die Anpassung überwiegt und das Kind seine elementaren Bedürfnisse nicht mehr spüren und nur gehemmt und auf Umwegen befriedigen kann.

Narzissmus als eine Störung des freien Kindes

Zu einer narzisstischen Entwicklung kommt es, wenn diese Entlastung durch die Bindung an eine Bezugsperson fehlt oder zu schwach ist. Das Kind bleibt frei und muss gleichzeitig mit den Nachteilen dieser Freiheit irgendwie fertig werden, dem Mangel an Schutz und der Übermacht der eigenen Triebe und Impulse. Wie wir gesehen haben, schafft es das mehr oder weniger gut durch Abspalten und Entwirklichen von Gefühlen und Regungen, die sonst zu übermächtig wären, durch Illusionen über die eigene Größe und Unverletzbarkeit, und durch Aufbau einer Fassade, hinter der es das Geheimnis seiner Schwäche vor sich und anderen verbergen kann. Der Grund seines Leidens, soweit es das überhaupt wahrnimmt, liegt jedoch nicht in einem Übermaß an Anpassung und äußerem und innerem Druck, sondern an einem *Übermaß an Freiheit*. Narzissten haben ein freies Kind in sich, das nicht in ihre Persönlichkeit integriert ist, außerhalb der Entwicklung geblieben ist und dennoch als infantiler Kern die Persönlichkeit steuert.

Herkömmliche Psychotherapie und Persönlichkeitsentwicklung war insofern einfach, als es meist darum ging, Menschen zu helfen, sich von zu viel äußerem und innerem Druck zu befreien, um zur Spontaneität und Autonomie des freien Kindes zurückzufinden. Deswegen ist es auch der stärkste Bundesgenosse, auf den Klient und Therapeut bauen können. Anders ist es beim Versuch, aus dem Narzissmus herauszukommen oder jemand dabei zu helfen. Gerade der wichtigste Bundesgenosse ist jetzt der Gegner, der seine Macht und Unabhängigkeit um jeden Preis zu erhalten sucht und mit dem Anspruch auftritt, der wahre, ungebrochene und autonome Kern der Person zu sein, ihr *wahres Selbst*.

Eric Berne hat dieses narzisstische Selbst, verwurzelt und verborgen in frühen infantilen Ich-Zuständen, den *Dämon* genannt. Man übersieht ihn leicht, aber Berne meint, dass die Gefahr des destruktiven Auftretens dieses Dämons immer dann am größten ist, wenn ein Mensch in einer Psychotherapie oder auch bei einer spontanen Persönlichkeitsentwicklung an einem Punkt steht, wo sich tatsächlich etwas wesentlich ändern könnte. Gerade dann greift der Dämon ein und verhindert das, etwa indem die Person die Psychotherapie abbricht, wieder in eine Sucht zurückfällt oder Handlungen begeht, die zurück in ausweglose Verstrickungen führen.

Der Dämon ist die infantile, nicht in Beziehung eingebundene Persönlichkeit, das Rumpelstilzchen des Märchens, eine autonome Teilpersönlichkeit, die ihre Macht nicht aufgeben will. Wie alle lebendigen Systeme will sie leben, auch wenn das auf Kosten von Entwicklung und Integrität der Gesamtpersönlichkeit oder von anderen Menschen geht. Im Gegenteil: Der Versuch, aus dem Narzissmus herauszukommen stellt für diese Teilpersönlichkeit eine tödliche Bedrohung dar, die alle Ängste weckt, die wir im Zusammenhang des narzisstischen Universums besprochen haben.

Die erfolgreiche Flucht vor dem Leiden

Um sich zu ändern, ist in der Regel ein Anlass nötig. Das wichtigste Motiv in dieser Hinsicht ist Leiden, körperlicher oder seelischer Schmerz oder einfach Unbehagen. Das kann die positive Wirkung des Leidens sein, so unangenehm es auch sein mag. Es kann zu Resignation und Verzweiflung führen, aber auch wach machen und Kräfte der Veränderung und Gesundung wecken. Das ist eine Möglichkeit, mit Schmerz und Unbehagen umzugehen. Die andere Möglichkeit besteht darin, mit mehr oder weniger großem Aufwand an Intelligenz und Kreativität Strategien zu entwickeln, um das Leiden zu vermeiden, zu vergessen, zu betäuben oder an andere weiterzugeben. Narzissten sind Künstler in dieser Hinsicht und je erfolgreicher sie sind, umso geringer ist die Chance einer grundlegenden Änderung.

Hinzu kommt, worauf wir schon hingewiesen haben, die Unterstützung durch eine Umwelt, in der ein narzisstischer Lebensstil geradezu zum Erfolgsrezept wird. Die Erfolge sind zwar nicht ohne Preis. Unterschwellig sind sie verbunden mit Gefühlen der Leere und Langeweile, der Unruhe und ständigen Bedrohung in der Konkurrenz mit anderen. Ein Narzisst ist kein Mensch, der gelassen in sich ruht, sondern ständig unter Druck steht, für Ablenkung und Nachschub an Bestätigung und Zuwendung zu sorgen.

Das kann lange gelingen. In unserer Gesellschaft steht ein großes Angebot an Ablenkungen zur Verfügung, vom Shopping bis hin zu Drogen und Süchten. Wenn es dem Narzissten gelingt, sich über bestimmte – z. B. sexuelle – Vorlieben in ein Milieu von Gleichgesinnten zu integrieren, ist er in seiner Freizeit beschäftigt und nicht allein. Auch im Beruf gibt es immer wieder Erfolge, zumal viele Narzissten unter dem Druck ihrer Antreiber sehr tüchtige und hart arbeitende Menschen sind. Auch Beziehungen können beschäftigen und ablenken, z. B. Verliebtheiten, selbst wenn es bei längerer Wiederholung immer gleicher Erfahrungen zunehmend schwierig wird, die begehrten euphorischen Gefühle zu entwickeln. Stärkere Reize und dauerhaftere Beziehungen bieten in diesem Falle die Hass- und Neidbeziehungen, der Kampf gegen einen bösen und verächtlichen Gegner. In der Regel ist das ein Mensch, der früher idealisiert und bewundert wurde und gegen den jetzt jedes Mittel recht ist.

All das sind Verfahren, um einem tieferen und zur Veränderung zwingenden Leiden auszuweichen. Es hilft jedoch nicht wirklich und verlässlich gegen das untergründige Gefühl der Leere und Unverbundenheit mit einem größeren und verlässlichen Ganzen. Im Gegenteil: Der Kampf verbraucht Kräfte, und zwar umso mehr, je mehr dem Narzissten die Unzulänglichkeit seiner Bemühungen im Laufe der Zeit deutlich wird. Erschwerend kommt hinzu, dass die nötigen Kräfte und Ressourcen, die für die mehr oder minder aufwendigen Vermeidungsstrategien nötig sind, durch natürliche Vorgänge wie Alter und Krankheit schwinden. Es wiederholt sich alles, die Öde und Langeweile wächst, und die immer mühsamer errungenen Triumphe bieten nur noch eine schlaffe Befriedigung. Viele Narzissten befinden sich in dieser Lage, dass die Energien, die ihr Lebensstil verbraucht, langsam nachlassen.

Sie haben dann zwei Möglichkeiten:

1. Immer weiter auf derselben Spur wie bisher
2. oder den Versuch, aus dem bisherigen Lebensmuster herauszukommen. Das ist allerdings meist zum Scheitern verurteilt.

Bei der ersten Möglichkeit werden die bisherigen Bemühungen in einer Art trotzigen Aufraffens noch einmal intensiviert, um das wachsende Elend hinter der narzisstischen Fassade wiederholt niederzuhalten. Z. B. kann der Betroffene, auch wenn er mittlerweile schon ein reifes Alter erreicht hat, noch einmal eine Ehe mit einer jungen attraktiven Frau eingehen. Vielleicht kauft er auch ein überschweres Motorrad, das von der ärmeren Jugend gebührend bewundert wird und genießt den Hauch von Freiheit und Abenteuer, auch wenn ihn das in Gefahr bringt, denn die Maschine ist einige Nummern zu groß und zu schwer für ihn. Auch was den körperlichen Verfall betrifft, so gibt es Möglichkeiten, vom Facelifting bis hin zum Bodybuilding für Senioren und zu intensiven Hormongaben. Immer ist es der Versuch, das bisherige großartige Selbstbild und den Absturz in die Gefühle zu verhindern, die schon immer hinter diesem Bilde standen und es überhaupt nötig machten.

All das bietet sich an und wird auch durch die Umwelt und den allgemeinen Lifestyle unterstützt. Der *Ausstieg* aus dem bisherigen Lebensmuster, die zweite Möglichkeit, ist allerdings extrem schwer, vor allem deswegen, weil sie durch zwei Dinge behindert wird:

1. das *Bündnis* des infantilen narzisstischen Selbst mit dem Erwachsenen-Ich
2. die *Entwertung* des Eltern-Ichs.

Narzissten haben in der Regel eine zwar eingeschränkte, aber realistische Sicht der Wirklichkeit. Sie wissen, wie es in der Welt zugeht, und haben sehr oft Recht mit ihrer zynischen Annahme, dass die Menschen in ihrer Umgebung hinter ihrer moralischen Fassade von den gleichen niedrigen Beweggründen geleitet werden wie sie selber. Das gilt natürlich auch für Helfer und Psychotherapeuten. Eingeschränkt und in dieser Hinsicht unrealistisch ist diese Sicht insofern, als Beweggründe wie Liebe und Anteilnahme nicht wahrgenommen werden und deswegen auch nicht genutzt werden können, um die Seele wirklich zu nähren. Im Gegenteil. Da Menschen nicht vollkommen sind, gibt es immer Anlass für die realistisch zynische Sehweise, die bestätigt, dass schließlich alle so sind wie sie selbst, nur oft nicht so erfolgreich. Bei einer Güterabwägung zwischen den Nachteilen des gegenwärtigen Zustands und den Vorteilen einer Änderung, deren Früchte man sich nicht vorstellen kann, spricht also wenig für eine aufwendige Änderung. Wozu sollte man sich bemühen?

Natürlich steht vieles von dem, was Narzissten so tun, im Gegensatz zur traditionellen Moral. Eine Änderung wäre von daher naheliegend. Im vertrauten Gespräch kann man sogar hören, dass ein Narzisst hin und wieder so etwas wie eine Ahnung entwickelt, dass seine Unternehmungen nicht in Ordnung sind und es ihm vielleicht besser ginge, wenn er auf diese Ahnung bzw. die schwache Stimme seines Gewissens mehr Rücksicht nehmen würde. All das wird jedoch schnell wieder beiseitegeschoben, denn es widerspricht der zum Glaubensbekenntnis erhobenen Gewissheit, dass nur das von Bedeutung ist, was dem Eigeninteresse nützt. Werte und Normen sind unter Umständen also durchaus vorhanden, aber sie haben nicht die Kraft, irgendeine äußere oder innere Umkehr zu bewirken. Es reicht meist nicht einmal zum folgenlosen Gewissensbiss des Neurotikers, sondern meist nur zum Selbstmitleid: „Ach ich Armer, ich würde es gern anders haben, aber ich schaffe es einfach nicht! Was bin ich doch für ein schlechter Mensch!"

Paradoxerweise schafft sogar das Predigen von Werten und das moralische Aburteilen von anderen eine gewisse Ablenkung und Erleichterung vom untergründigen narzisstischen Unbehagen. Narzissten können sehr erfolgreich Karriere in wertbezogenen Organisationen wie den Kirchen machen und im Berufskontext all die Werte vertreten, die in ihrem eigenen Leben praktisch bedeutungslos sind. Es gibt gerade unter den Alltagsnarzissten glänzende Prediger, die von der Kanzel herunter beeindruckend über die kalte Gesellschaft klagen oder als Kirchenmusiker wunderbar den musikalischen Lobpreis der Liebe inszenieren können. All das „glauben" sie tatsächlich und vertreten es „authentisch", ohne den Widerspruch zu ihrer Lebenswirklichkeit wahrzunehmen.

Ein realistisches Bild ihrer Persönlichkeit gewinnt man jedoch erst, wenn man z. B. mit ihren Freundinnen oder Ehefrauen spricht, gegenwärtigen und früheren, und einen Eindruck von ihrer Kunst gewinnt, Leiden an andere zu delegieren und selbst unverändert zu bleiben. Manchmal bricht auch die Fassade durch die Konfrontation mit der Realität zusammen, wenn z. B. an die Öffentlichkeit kommt und auch durch die Hilfe der Kirche nicht mehr verschleiert werden kann, dass dieser so fromme und kinderliebe Geistliche jahrelang seine Schutzbefohlenen sexuell missbraucht hat.

Manchen Narzissten gelingt es in einer Art Gewaltakt, ihr kraftloses Eltern-Ich zu reaktivieren. Das geschieht in der Regel im Zusammenhang einer religiösen Bekehrung, gestützt durch eine Gemeinschaft, in der der Narzisst durch das Wunder seiner Umkehr am besten auch gleich Position und Status erringt. Es braucht einen unbefangenen Blick, um in dem Menschen, der mit bewegenden Worten sein früheres Leben beklagt, seine ganz persönliche Begegnung mit Christus schildert, sich nunmehr selbstlos für andere einsetzt und hohe moralische Werte vertritt, den Narzissten zu erkennen, der hier eine neue Bühne gefunden hat, um sich selbst zu inszenieren. Da wir über Narzissten schreiben, erwähnen wir diese Möglichkeit. Dass es auch wirkliche Bekehrungen gibt, soll damit nicht infrage gestellt sein.

Leiden am Narzissmus und die Verlagerung der Identität

Es ist also nicht leicht, und wir wollen das immer wieder betonen, aus dem Narzissmus herauszukommen. Narzissmus ist unter anderem eine habituell gewordene Strategie der Leidvermeidung und gerade darin erfolgreich, dass das unvermeidbare Unbehagen nicht zu einem Motiv der Änderung wird. Narzissten sind Menschen auf der *Flucht vor sich selbst* und diese Flucht gelingt immer wieder, solange sie unter der Herrschaft ihres destruktiven freien Kindes stehen.

Es gibt keine Behandlungstechnik, die daran etwas ändern könnte. Zwar lässt sich sagen, was Narzissten gefehlt hat und fehlt, in erster Linie ein liebevoller Blick, der ihre wahre Persönlichkeit umfasst und alle Ausflüchte überflüssig macht. Gerade dieses Erlebnis, sich in der liebevollen Spiegelung durch einen anderen selbst wahrzunehmen, mit allen Unzulänglichkeiten und Schwächen, ist jedoch, was Narzissten am meisten fürchten. Davor sind sie auf der Flucht. Ohne auf dieser Flucht innezuhalten und sich selbst auch nur ein wenig und ansatzweise ohne grandiose Verzerrung wahrzunehmen, ist ein Ausstieg nicht möglich. Dieses Anhalten aber ist ein *Akt der Freiheit*. Warum er von dem einen vollzogen wird und von anderen nicht, ist im Letzten nicht zu aufzuklären. Erst wenn diese grundlegende Entscheidung getroffen wird, ist eine wirkungsvolle Unterstützung beim Weg aus dem Narzissmus heraus möglich.

Diese Entscheidung schafft etwas, was der Narzisst so bisher von sich nicht gekannt hat: Anfänge einer wahrheitsgemäßen Selbsterkenntnis. Wenn er bisher Schwierigkeiten so bewältigt hat, dass andere die Bösen waren, so dämmert ihm jetzt, dass er selbst sein eigentlicher Gegner sein könnte. Nicht die Frauen sind es, die ihn immer wieder in ihrer Lieblosigkeit verlassen haben. Er selbst hat etwas getan oder an sich, was sie dazu gebracht hat.

Damit verlagert sich die Identität oder das Gefühl für das eigentliche Selbst, weg von dem bisher übermächtigen egozentrischen Kindheits-Ich hin zu einem neuen Kern der Persönlichkeit, der noch unbekannt ist und auch leicht mit narzisstischen Ich-Zuständen verwechselt werden kann. In jedem Fall kommt eine Spannung auf, ein Bruch der Egozentrizität, der bisher so noch nicht bekannt war. Der Betreffende beginnt zu ahnen, dass sein bisheriger Persönlichkeitszustand nicht der einzig mögliche und menschlich normale ist, ohne das Neue innerlich vorwegnehmen zu können. Das Ganze kann zu einer tiefen Krise führen.

18. Die Wandlungskrise

Die Kräfte, die einen Narzissten in seinem Lebensmuster festhalten, sind – wie eben gesagt – übermächtig. Ohne den wirklichen Zusammenbruch seiner bisherigen Bewältigungsstrategien oder zumindest ohne das unabweisbare Erlebnis, dass die bisherige Kosten-Nutzenrechnung zu einem katastrophalen Missverhältnis von Aufwand und Ertrag führt, wird kaum einer seinen bisherigen Stil ändern. Das neue nicht-narzisstische Selbst macht sich gewissermaßen von außen her bemerkbar, in Nöten, die zuerst einmal mit aller Kraft bekämpft werden. Die Krise entsteht, indem die Vergeblichkeit dieser Bemühungen nicht mehr abzuweisen ist.

Eine solche Not kann das Altern sein, obwohl dagegen noch viel unternommen werden kann. Aber auch eine Krankheit, die einfach nicht medizinisch in den Griff zu bekommen ist, geschäftliche Misserfolge, Kündigung und Arbeitslosigkeit, der Zusammenbruch einer Partnerschaft, der nicht mehr wie bisher bewältigt werden kann und die ganze Einsamkeit und Lebensöde offenlegt.

Oft kommt vieles zusammen: Gesundheitsprobleme, Beziehungsschwierigkeiten, und finanzielle Nöte. Als wenn nicht eines schon gereicht hätte! Was stattfindet ist, dass die bisherige Fassade bröckelt und dem Zusammenbruch entgegengeht. Alle Versäumnisse und Lebensfehler werden plötzlich deutlich, allem voran der Mangel an tragfähigen Beziehungen. Besonders schwer getroffen sind Narzissten, deren Fassade mit ihrer Tüchtigkeit und Leistungsfähigkeit verbunden ist und die schon immer viel gearbeitet haben, um ihren Antreibern „Sei stark!" und „Sei perfekt!" zu genügen. Ihre Probleme verdichten sich, wenn sie merken, dass ihre Fähigkeit, diesen Antreibern nachzukommen, nachlässt. Das muss anfangs nicht einmal äußerlich sichtbar werden. Der Betreffende ist weiterhin ein zwar alternder aber durchaus erfolgreicher Manager, Lehrer, Arzt ... Nur er selbst merkt, dass seine Kräfte nachlassen und er zunehmend Substanz verbraucht, die sich nicht erneuert.

Untergründig entwickelt sich vielleicht ein Burnout-Syndrom, das umso schwerer zu akzeptieren ist, je mehr der Betroffene davon ausgeht, dass derartiges nur bei Verlierern und Schwächlingen vorkommt. Das ist keineswegs so. Gerade hoch motivierte und erfolgreiche Leute kommen in Schwierigkeiten, bei nachlassender Kraft die Außenseite von Tüchtigkeit und Erfolg weiter aufrechtzuerhalten. Ein Beispiel ist etwa der Lehrer, der mit seiner lockeren und „coolen" Art bei seinen Schülern beliebt und erfolgreich ist und dennoch alle Symptome schweren beruflichen Ausbrennens entwickelt, weil die so erfolgreich aufrechterhaltene und dennoch nicht authentische Fassade an den Kräften zehrt.

Vieles lässt sich dennoch ertragen, immer in der Hoffnung, mit den bisherigen Mitteln trotz allem die Kontrolle zu bewahren, bis schließlich der Suizid als letzte Möglichkeit auftaucht. Sich selbst zu töten ist gewissermaßen der Höhepunkt der Kontrolle und gleichzeitig ein Weg zurück zu dem lockenden Paradies der frühesten Kindheit, das der Narzisst nie für die Wirklichkeit realer Bindungen und Beziehungen aufgegeben hat.

Zu einer Veränderung und *personalen Erneuerung* kann es also nur kommen, wenn es gelingt, eine Antwort auf die Frage zu finden, die im bisherigen Bezugsrahmen nicht zu beantworten ist: *„Warum sollte ich mich ändern und mich auf die Suche nach einer Alternative zu meinem bisherigen narzisstischen Leben machen?"* Bloßes Leiden reicht dazu nicht aus, da es immer wieder mit den bewährten Mitteln gedämpft und in den bisherigen Lebensstil integriert werden kann. Eine Wandlung ist deswegen nur zu erwarten, wenn es zu einem grundsätzlichen Entschluss kommt, der der Logik des narzisstischen Bezugsrahmens widerspricht. Das bedeutet aber auch, dass der Narzisst beginnt, sich selbst zu misstrauen, seinen körperlichen und psychischen Regungen und seinen bisherigen Selbstverständlichkeiten.

Damit beginnt etwas Neues. Wir könnten sagen, ein Prozess der *Wandlung* weg von der Herrschaft des narzisstisch infantilen Selbst hin zu einem Selbst, das ein tiefer gegründetes Erwachsenen-Ich ist und seinen Sitz in der Mitte der Person hat. Das Wort „Prozess" passt jedoch nur bedingt. Zwar wird der Betreffende merken, dass es so wie bisher nicht weitergeht und dass etwas in ihm sich verändert und woanders hin möchte. Das ist letztlich eine *spirituelle Sehnsucht*, aus der der Anstoß zur Veränderung kommt. Und dennoch: Das neue Selbst muss *erarbeitet* werden durch eine Verbindung von Selbsterkenntnis und Willen, einem Willen, der durch die Auseinandersetzung mit der bleibenden Versuchung durch das infantile Selbst langsam stärker wird – trotz aller Niederlagen, die nicht ausbleiben werden.

Die Auseinandersetzung mit den narzisstischen Masken

Einfach und irgendwie aus dem Narzissmus herauszukommen, sich zu ändern und gar über den eigenen Schatten zu springen, all das sind schon narzisstisch grandiose und illusionäre Zielsetzungen, deren Scheitern abzusehen ist. Deswegen haben wir so ausführlich auf die Schwierigkeiten hingewiesen, die dem entgegenstehen: die Versuchung der Selbsttäuschung und der vielen Vorteile eines narzisstischen Lebensstils. An Zielsetzungen zu scheitern ist der beste Weg, um nur noch tiefer in die alten Zustände hineinzugeraten. Um tatsächlich weiterzukommen ist es nötig, *klein anzufangen*. Das klingt zuerst vielleicht enttäuschend, hat aber den Vorteil, dass es tatsächlich konkrete Schritte und Verfahren gibt, um weiterzukommen.

Ein Anfang kann die Arbeit an den typischen narzisstischen Maschen sein, speziell die Arbeit an den Hauptmaschen *Selbstmitleid* und *Grandiosität*. Dazu ist in der Regel Hilfe und Begleitung durch einen Berater oder Psychotherapeuten nötig. Andererseits ist es eine Arbeit, die durch keinen Helfer abgenommen werden kann und auch mit Begleitung und Unterstützung allein gemacht werden muss. Dafür geben wir im Folgenden einige Hinweise auf die wichtigsten Stolpersteine auf diesem Weg.

Hinter den Masken von Selbstmitleid und Grandiosität

Die Wahrnehmung der Masken durch den Narzissten selbst und durch die Menschen seiner Umgebung, die in seine Wirklichkeit mit eingesponnen sind, ist deswegen so schwierig, weil diese infantilen Impulse in immer neuen *Masken* und Verkleidungen auftreten.

Die Grundgewissheit des Selbstmitleids besteht in der Überzeugung: „Ich bin ein armer Junge / ein armes Mädchen", und um diese Überzeugung zu bestätigen, gibt es dauernd Anlässe. Das kann schon das Wetter sein: „Immer regnet es, wenn ich schon einmal etwas unternehmen möchte!" Die kleinste Widrigkeit kann den Mechanismus der Klage über das Elend des Daseins auslösen und wenn diese Widrigkeit einmal fehlen sollte, gibt es genügend Möglichkeiten, sie real oder einfach in der Vorstellung herzustellen.

Beliebt sind die Klagen über das Geld. Es reicht nicht, und wenn es im Augenblick noch genügend da sein sollte, so ist doch abzusehen, dass das bald anders sein wird. Andere Menschen haben mehr Geld, weil sie einfach mehr Glück haben, z. B. geerbt haben oder so klug waren, ihr Geld rechtzeitig in Aktien clever anzulegen. Wenn das aber ihr Fehler war und sie Geld verloren haben, eignen sie sich immer noch als Beispiel einer bedrohlichen Finanzentwicklung, die bald auch den Klagenden einholen wird. Mit solchen Reden und Gedanken lässt sich viel Zeit verbringen, denn die Lage ist ja in der Regel tatsächlich nicht optimal. Wer hat schon Geld im Überfluss? Alles ist jedoch nur Anlass für die Klage, die sich hinter all den Sorgen und Kalkulationen verbirgt: „Ach, ich Armer ..."

Gut geeignet für Selbstmitleid und Klagen sind auch körperliche Beschwerden, von ernsthaften Krankheiten bis hin zu eingebildeten gesundheitlichen Handicaps. Besonders brauchbar sind hier die vielfältigen Erscheinungen der Psychosomatik und Symptome, die von der Schulmedizin nicht recht einzuordnen sind, Störungen von der Herzneurose bis hin zu Verdauungsbeschwerden. All das kann Anlass zu besorgter Beschäftigung mit sich selbsr sein und den doppelten Nutzen haben, dass die Verständnislosigkeit der Umwelt noch zusätzlich dazu beiträgt, die selbstmitleidige Klage zu nähren: „Niemand versteht mich. Ich bin ganz allein mit meinem Elend. Ach!" Usw.

Besonders schwer zu durchschauen ist die Selbstbezogenheit altruistischer Klagen, wenn es nicht um das eigene Leid geht, sondern um das anderer Menschen. Narzissten können ungemein mitleidsvoll sein und unter Umständen über das Unglück anderer in hemmungsloses Schluchzen ausbrechen. „Wie ist die Welt so böse! Menschen verhungern, Frauen werden vergewaltigt, Krieg und Gewalt überall. Kinder in diese Welt zu setzen wäre verantwortungslos!"

Das sind natürlich zutreffende Feststellungen und schlimme Dinge, denen gegenüber Mitleid und Erschütterung durchaus angemessen sind. Dennoch gibt es auch beim Leiden an dieser Welt Unterschiede. Es kann echt sein oder aber ein Ausdruck narzisstischen Selbstmitleids, das auch hier wieder Anlass findet und sich in der Klage ausdrückt: „Ach ich armes Kind, das in einer solchen Welt leben muss!"

Wenn man einmal diesem Selbstmitleid auf die Spur gekommen ist, wird man es leicht in seinen vielen Verkleidungen erkennen können. Am leichtesten anfangs natürlich bei anderen. Das eigene zu erkennen ist schwierig und fordert Arbeit und Selbstüberwindung. Man wird dann auch sehen, dass zahlreiche Produktionen der Medien und der Literatur Klage und Selbstmitleid bedienen: Unglückliche Lieben, Scheitern am Leben, ungerechte Behandlung durch die Mächtigen der Welt, all das lässt sich in gefahrloser Identifikation im bequemen Kino- oder Fernsehsessel zugleich genießen und betrauern.

Nicht nur im Mitleid verbirgt sich das Selbstmitleid, sondern ebenso in der selbstgerechten Kritik und im Verfolgen von anderen. Beliebt sind die Klagen über das jeweils andere Geschlecht: „Moderne Frauen sind zu wahrer Liebe nicht mehr fähig." „Männer beherrschen die Welt und man sieht, wohin das Patriarchat geführt hat. Frauen haben keine Chance ..." Das sind heikle Themen, die man ernsthaft diskutieren kann, doch kommt es in diesem Zusammenhang auf den Sachgehalt nicht an. Entscheidend ist die *Verwendung* der Dinge, um das Grundgefühl des Selbstmitleids zu nähren.

Typisch für diese Art selbstgerechter Kritik ist die Grandiosität, mit der bestimmte Details hervorgehoben und verallgemeinert werden, vor allem aber die Inkonsequenz, mit der der eigene Beitrag zu der kritisierten Sache übersehen oder verkleinert wird. Das ist nicht nur die Eigenart einzelner narzisstischer Personen, sondern allgegenwärtig. Ausgeprägt narzisstische Züge trägt z. B. die Kriegsberichterstattung, wie wir sie aus den Medien kennen. Mit großer Anteilnahme und Besorgnis wird z. B. über Soldaten berichtet, die auf unserer Seite zu Schaden gekommen sind, jedoch wenig oder gar nicht über die Gegner und über die Bevölkerung der Kriegsgebiete, die durch „Fehler" oder bedauerliche „Kollateralschäden" vernichtet wird. Das fällt natürlich umso leichter, je mehr der Gegner eindeutig „böse" ist, sodass zu seiner Bekämpfung jedes Mittel recht sein muss.

Das sind Auswirkungen narzisstischer Selbstgerechtigkeit im Weltmaßstab. In Miniatur findet Ähnliches immer wieder im Alltag statt, wenn z. B. ein Partner kein gutes Haar an seiner Partnerin lässt, um sein eigenes Handeln zu rechtfertigen, vor allem aber um sein Selbstmitleid zu nähren, das ihm erst die Rechtfertigung für die eigene Rücksichtslosigkeit gibt: Gerade weil es ihm und nur ihm so schlecht geht, ist jeder Akt der Rücksichtslosigkeit gegen die Partnerin berechtigt, zumal die auch noch daran schuld ist und überhaupt ...

Dem Selbstmitleid auf die Spur zu kommen, es bei sich selbst und anderen in immer neuen Verkleidungen zu erkennen, ist ein Forschungsunternehmen, das jedoch befreiend wirken und Spaß machen kann. Es sind ja nicht nur Irrtümer und Illusionen, hinter denen sich das Selbstmitleid verbirgt. Für eigenes Leiden und Kritik an anderen gibt es genug Gründe, wenn man sie sucht und entsprechend verwenden will. Je nach Bildungsstand und persönlichem Niveau lassen sich dafür sogar Philosophien und Glaubensmeinungen verwenden, die allgemein als wissenschaftliche Wahrheit gelten. Allein zu sein in einem Universum, in dem gnadenlos die Kräfte der Evolution im Bund mit dem blinden Zufall wirken, ist so recht eine Weltanschauung, die zum narzisstischen Lebensgefühl passt. Sie entspricht dem Grundgefühl der Einsamkeit und universalen Sinnlosigkeit, das dann wieder selbstmitleidig genossen werden kann. Konsequenterweise wird man sich dann z. B. testamentarisch für ein anonymes Begräbnis oder für eine Feuerbestattung und anschließendes Ausstreuen der Asche auf See entscheiden. Niemand wird und niemand soll einmal des Narzissten gedenken, der zumindest zu Lebzeiten noch in diesem traurigen Bewusstsein schwelgen kann.

Bei all dem geht es, um es noch einmal zu betonen, nicht um die Richtigkeit oder Vernünftigkeit solcher Überzeugungen und Entschlüsse, sondern um die Bestätigung, die der Narzisst aus ihnen zieht. Mit ihr nährt er die Unlust und Unzufriedenheit, von denen er nicht lassen kann, ohne seinen inneren Anspruch auf Mitleid mit sich selbst aufzugeben. Das ist gewissermaßen sein Lebensproviant, denn nach seiner tiefen Überzeugung ist er ja der einzige, der dieses Mitleid mit ihm empfindet.

Charakteristisch ist die Reaktion eines Narzissten, der auf die Frage „Wie geht es?" stets gequält das Gesicht verzieht und allenfalls vor sich hin murmelt: „Nun ja, man schlägt sich durch!" Meist kommt dann die besorgte Rückfrage: „Geht es dir nicht gut?", worauf er jedoch ebenfalls keine bejahende Antwort gibt, denn Mitleid und Zuwendung von anderen anzunehmen ist ihm nicht angenehm. Um die etwas unklare Situation zu beenden, pflegt er dann zu sagen: „Wie soll es einem in dieser

Welt schon gehen? So wie sie ist, muss man sich eben durchschlagen, etwas anderes bleibt gar nicht übrig."

Das ist nicht falsch, aber darum geht es hier nicht. Hinter diesem ausweichenden Reden verbergen sich Selbstmitleid und Klage, die dafür sorgen, dass nie ein Anlass für sie fehlt, auch wenn es einmal überraschend gut gehen sollte. Durch eine Einseitigkeit der Wahrnehmung und ein Verzerren der Wirklichkeit, aber auch durch ein Arrangieren neuer, durchaus realer Schwierigkeiten ist das leicht hinzubekommen.

All das geht nicht nur im Inneren der Psyche vor sich. Wenn man einen Blick dafür gewinnt, werden Klage und Selbstmitleid auch in Mimik und Haltung sichtbar. Charakteristisch ist eine leichte untergründige Traurigkeit, eine leichte Depressivität, die sich zu verstärken pflegt, wenn eigentlich Anlass zur Freude da wäre. Die schwersten Anfälle von Depression und Selbstmitleid erleben Narzissten bei Festen und anlässlich der Freude und Ausgelassenheit anderer. Typisch ist die Flucht vor dem eigenen Geburtstag oder gar vor der Feier wohlverdienter Jubiläen. Manchmal lässt sich das nicht umgehen und der Narzisst muss z. B. aus beruflichen Gründen oder weil seine Umgebung das selbstverständlich so erwartet, der Feier seines 50. Geburtstags beiwohnen. Jetzt sollte er sich freuen und all die Anerkennung und Zuwendung entgegennehmen, die ihm da entgegengebracht wird. Dafür müsste er jedoch sein Leidenskonto verringern und damit auf sein Selbstmitleid verzichten, das unter diesen Umständen aufs Äußerste provoziert wird und ihn dazu bringt, das Ganze als Tortur zu erleben, obwohl er sich zwingt, gute Miene zum bösen Spiel zu machen.

Der nüchterne Blick

Um aus diesen Zuständen herauszukommen, ist ein *Forschungsinteresse* sich selbst gegenüber nötig. Das ist eine Erkenntnishaltung, die immer wieder durch wechselnde Gefühle bedroht wird, aber auch eine neue Art von Befriedigung geben kann. Sich selbst auf die Schliche zu kommen und zu begreifen, wie man eigenes Elend produziert, kann in einer bisher unbekannten Art und Weise lustvoll sein. Allerdings verlangt schon der erste Schritt eine Überwindung. Er besteht darin, wenigstens grundsätzlich anzuerkennen, dass es sich um eigenes Tun und eigene Verantwortung handelt und nicht darum, dass immer „etwas" oder jemand anderes „schuld" ist. Das ist ein anderer Blick auf sich selbst und unterscheidet von der Art und Weise, wie ein Narzisst sich normalerweise wahrnimmt und ist anders auch als der Blick, den er fortwährend vergeblich sucht.

Was er sucht, ist der Blick bedingungsloser Liebe, die ihn in seinem Elend umfasst und bestätigt, vor der er aber auf der Flucht ist, weil er weder an sie glauben noch sie annehmen könnte, wenn sie ihm tatsächlich einmal begegnen sollte. Sollte das einmal der Fall sein, wäre es ein realistischer Blick, der seine Schwäche zwar wahrnimmt, ihn aber trotzdem nicht verurteilt oder verwirft. Das aber kennt er nicht. Er sucht es zwar – und fürchtet es gleichzeitig. Ersatzweise bemitleidet er sich selbst oder er verachtet und verwirft sich radikal, was keinen großen Unterschied macht, weil beides nur immer die zentrale Klage bestätigt: „Ach, ich Armer!"

Die Alternative ist also ein Blick auf selbst, ohne Selbstmitleid und Selbstverachtung, durch den er begreift, wie er sein Elend und seine bisherige narzisstische Identität immer wieder selber herstellt. Das ist ein nüchterner Blick, vielleicht verbunden mit Staunen und wachsender Neugierde, der zuerst einmal ohne Bewertung das eigene Tun und seine Konsequenzen umfasst. Hier eröffnet sich nun ein weites Feld, dessen Bearbeitung unter Umständen Jahre braucht. Es geht darum, Selbstmitleid und Grandiosität unter all den Masken ins Auge zu fassen, unter denen sie sich verbergen, und das ist, wie gesagt, nicht einfach, sondern letztlich eine spirituelle Leistung. Wer begreift schon so ohne weiteres, dass sich hinter seiner Ungeduld, auch wenn sie berechtigt erscheint, seine Grandiosität verbirgt? „Ich bin so wichtig. Mich warten zu lassen, ist eine Zumutung!"

Diese nüchterne Selbsterkenntnis verändert zuerst einmal gar nichts und allein das auszuhalten ist schon eine Leistung, die einem Narzissten nicht leicht fällt, da er immer in der Versuchung steht, seinen Entschluss, nun ein „neues Leben" zu beginnen, grandios zu überschätzen oder abzuwerten. Mit jeder Einsicht in die Machenschaften der narzisstischen Persönlichkeit kräftigt sich jedoch ein neues Ich, das in dieser Weise vorher noch nicht da war bzw. nicht aktiviert wurde. Und schon wieder ist Arbeit nötig, um diese innere Leistung nicht selbstmitleidig oder in Selbstverachtung gering zu schätzen: „Was soll es? Es bringt doch alles nichts! Ach, ich Armer!"

Diesen nüchternen Blick auf sich selbst auszuhalten ist vor allem dann schwer, wenn deutlich wird, was eigentlich die *Kosten* des bisherigen Lebensstils waren. Dafür ist keine moralische Beurteilung nötig. Es reicht die Einsicht, dass vieles zerstört und versäumt wurde und jetzt nicht mehr gutzumachen ist. Das ist ein Schwellenerlebnis, denn mit ihm intensiviert sich auch die Versuchung, einen Weg aufzugeben, der in Krise und Verzweiflung zu führen scheint, zumal die Rückkehr zu den Strategien von Selbstmitleid und Selbstverachtung immer offen steht.

Hier ist meist Begleitung nötig, denn die Freuden der Selbsterkenntnis mit Staunen und Neugierde sind ohne Unterstützung beim Durchgang durch die bisher durch den narzisstischen Lebensstil unter Kontrolle gehaltenen Gefühle der Angst und Verzweiflung kaum ausreichend. Zur grundsätzlichen inneren Entscheidung, sich auf den Weg aus dem Narzissmus heraus zu machen, gehört deswegen auch die Entscheidung, sich eine Umgebung zu schaffen, die auf diesem Weg hilfreich ist.

Das kann grundlegende Veränderungen nötig machen, denn der normale Alltagsnarzissmus ist ungemein verbreitet und viele Vereine und Vereinigungen sind Bühnen gegenseitiger narzisstischer Bestätigung. Auch hier führen abrupte Veränderungen, im Wahn, dass durch eine Art Gewaltakt nun alles anders wird, nicht weiter. Ein solcher Gewaltakt kann z. B. der Wechsel in ein religiöses Milieu sein. Der Betreffende erlebt das als Bekehrung, und nimmt tatsächlich wesentliche Änderungen in seinem Leben vor, verlässt z. B. seine bisherige sexuell alternative Bezugsgruppe, befreit sich von seiner Drogenabhängigkeit und wird als Helfer für andere aktiv. Wir wollen solche Änderungen nicht gering schätzen, aber die Gefahr besteht, dass der Narzissmus heimlich auch in dieses neue Milieu mitwandert. Die wunderbare Bekehrung unterstützt die Grandiosität und verleiht Status und Anerkennung. Die gnadenhafte Erwählung durch eine göttliche Macht bestärkt das Gefühl der Einzigartigkeit, und das Selbstmitleid kommt auf seine Kosten in Form von Reue und traurigem Rückblick auf das bisherige „verpfuschte" Leben.

Wir sprechen von einer Gefahr und schließen nicht aus, dass es auch in diesem Milieu Menschen gibt, die narzisstische Masken und Täuschungsmanöver durchschauen und beim Namen nennen können. Am ehesten wird man diese Fähigkeit jedoch von einem professionellen Helfer, einem psychologischen Berater oder Psychotherapeuten erwarten können, der sich in dieser Hinsicht auskennt. Ohne eine solche Begleitung ist der Ausstieg aus dem Nebel der vielfältigen narzisstischen Selbst- und Fremdtäuschungen schwer möglich, zumal Narzissten eine doppelte Begabung haben, um ihre Masken wirken zu lassen. Das ist die Begabung, nicht authentische Wirklichkeiten aufzubauen und andere mit hineinzuziehen. Und dann ein sicheres Gespür für potenzielle Partner, die von sich aus die Bereitschaft mitbringen, in diese Wirklichkeiten mit einzusteigen. Hiervon sind natürlich auch Psychotherapeuten nicht ausgenommen. Eine wesentliche Voraussetzung, um aus dem Narzissmus herauszukommen, ist deshalb die Fähigkeit, bei der Auswahl von Helfern und auch sonstigen Bezugspersonen sich tatsächlich dem Risiko auszusetzen, dass jemand die narzisstischen Manöver durchschaut und sich nicht kontrollieren lässt.

Der Verzicht auf seelische Plastiknahrung und der Ausstieg aus narzisstischen Symbiosen

Soweit ist der Ausstieg aus dem Narzissmus in erster Linie von der Bereitschaft und Fähigkeit zu einer nüchternen Selbstwahrnehmung abhängig – entgegen der Versuchung, sich selbst zu belügen oder sich von Mitspielern täuschen zu lassen, die kein Interesse an diesem Ausstieg haben Auf diese Weise entwickelt sich langsam und in Ansätzen ein Selbst, das neu und gleichzeitig das eigene und wirkliche Selbst ist, das bisher unter all den Masken und Ausflüchten des destruktiven freien Kindes ohnmächtig verborgen lag.

Auch dieses wirkliche Selbst braucht Nahrung und insofern ist es wichtig, Kraftquellen zu erschließen, die den Wandlungsprozess unterstützen. Ohne Ressourcen im eigenen Inneren und in einer hilfreichen Umgebung werden die bisherigen Ausweichmanöver bald wieder übermächtig werden. Die Selbsterkenntnis, die eine Wandlung in Gang bringen kann, ist ja zuerst einmal unangenehm und kränkend, genauso, wie es das destruktive freie Kind nicht gern hat. Einsichten in die eigenen Ausflüchte, Lügen und Ausweichstrategien sind mit einem Wunschbild von sich selbst nicht zu vereinbaren und schwer zu ertragen. Der Narzisst begegnet seinem *Schatten*, was auch bei weniger hohen Ansprüchen an Perfektion und grandiose Vollkommenheit nicht jedermanns Sache ist.

Aus den bestehenden Beziehungen kommt meist auch wenig Unterstützung, sondern eher Widerstand. Es ist ja keineswegs so, dass die bisherigen Partner einer narzisstischen Lebensinszenierung einen Spielpartner einfach aufgeben und einen anderen Weg gehen lassen. Es handelt sich um eingespielte Muster, von denen alle Beteiligten einen Vorteil haben, den man nicht so leicht aufgeben möchte.

Eine Narzisstin zog auf Komplimente, die ihr wegen ihrer Schönheit gemacht wurden, regelmäßig einen Spiegel hervor, vergewisserte sich, dass dem so war, und genoss das Kompliment im Bewusstsein, dass sie den Bewunderer nicht wirklich brauchte. Sie wusste ja selber, dass sie gut aussah. Andererseits hätte die Bewunderung auch nicht ausbleiben dürfen. Im Gegenteil. Sie konnte kaum genug davon bekommen, solange sie sich weiter einbilden konnte, die volle Kontrolle über sich und den Bewunderer zu behalten. Für dieses Spiel fanden sich immer geeignete Mitspieler, die zumindest intuitiv erfassten, wie sie sich zu verhalten hatten, um ihren Zielen näher zu kommen. Mit denen konnte sie umgehen, in dem Bewusstsein, alles im Griff zu haben. Partner für andere Inszenierungen wirkten entweder fremd oder bedrohlich, wofür sich immer ausreichend Gründe finden ließen.

Wenn man solche Beziehungen mustert, wird deutlich, dass sie im besten Fall auf gegenseitigem Nutzen oder gar auf Ausbeutung beruhen, obwohl sie durchaus funktionieren. Viele Narzissten haben ein dichtes Beziehungsnetz und sind fortwährend in verschiedenen Szenen aktiv. Oft sind diese sozialen Netze sogar perfekt ausgestaltet. Eine Narzisstin hatte z. B. für verschiedene Zwecke den jeweils passenden Partner. Da gab es einen, der für Sex zuständig war, ein anderer war der passende Mann für Gespräche über Kultur und Kunst, ein anderer war handwerklich geschickt und kam bereitwillig, wenn es im Haushalt Probleme gab, und wieder mit einem anderen ließen sich wunderbare Bergtouren machen. Für ihre beruflichen Unternehmungen hatte sie sogar einen kleinen Förderverein gegründet, in dem ganz verschiedene Menschen vereinigt waren. Jeder hatte seine spezielle Begabung und seinen Nutzen. Ihre Beziehungen waren optimal gestaltet und dennoch gab es niemand, der ihr wirklich wichtig war.

Zentral in einem solchen Gefüge ist das Ich der Narzisstin, das seine Macht über all diese nützlichen Partner genießt und sorgfältig darüber wacht, dass keiner einen Vorsprung vor dem anderen gewinnt. Es selbst bleibt jedoch draußen und innerlich unberührt.

An einer solchen Lebenskonstruktion wird die ganze Schwierigkeit deutlich, aus einer narzisstischen Lebensinszenierung herauszukommen. Es funktioniert alles nur zu gut. Und trotzdem! Von keinem dieser Partner kann sie letztlich das erwarten, was sie ihm selbst verweigert: Liebe und die Anerkennung seiner über den Nutzen hinausgehenden Einzigartigkeit. Daran ändert auch nichts, dass die Inszenierung für alle erotisch spannend ist, zumal die Einsätze überschaubar sind und niemand bei diesem Spiel viel riskiert. Sie selbst merkt, dass sie nicht wirklich davon satt wird, und steht nun vor der Entscheidung, wieder einmal mit Energie den tatsächlich optimalen Partner zu suchen oder irgendetwas anders zu machen. Letzteres wäre ein wirkliches Abenteuer, nicht nur in Hinsicht auf die Selbsterkenntnis, sondern auch in Hinsicht auf neue Gefühle und Erlebnisse

Ein solcher Schritt ist, wie bereits gesagt, ein Wagnis. Deshalb müssen die ersten neuen Erfahrungen wie zarte Pflanzen gepflegt werden, um die Zuversicht und Stärke zu bewahren gegenüber der steten Versuchung, sich immer wieder in klagende Unzufriedenheit, Verzweiflung und Hoffnungslosigkeit fallen zu lassen. Damit bahnt sich eine Wandlung der Persönlichkeit an, die in den Anfängen kaum zu bemerken und stets gefährdet ist. Dann kann es überraschend und neu sein, wenn der Betreffende merkt, dass sich bei ihm eine Fähigkeit entwickelt, auch einmal zu warten, sich auf schicksalhafte Unwägbarkeiten einzulassen, und dass sich Stärken wie Hoffnung und Geduld langsam und kaum merklich festigen.

All das hat Auswirkungen auf die bisherigen Beziehungen, die in der Regel nicht einfach zu ändern oder gar zu beenden sind. Schließlich entsprechen sie der Persönlichkeit des Narzissten und bilden elementare Strukturen seines Lebens. Entgegen dem Klischee, dass Narzissten einfach Egoisten sind, sind sie oft über lange Jahre hinweg durchaus treue und verlässliche Partner und übertreffen in Hinsicht von Beziehungsperfektion sogar Neurotiker, die trotz ihrer Gewissensbisse und Depressionen weniger auf Konstanz und Kontrolle angewiesen sind und Ausflüchte finden. Manche hingegen können sich z. B. in der Pflege eines behinderten Partners bis zum Kollaps der eigenen Gesundheit und völligem Burnout verzehren. Das kann beeindruckend aussehen, ist jedoch aus der narzisstischen Logik heraus verständlich, weil die Beziehung zu einem behinderten Partner ein hohes Maß an Kontrolle und sicherer Statik gewährt. Eine solche Situation kommt eben dem Bedürfnis nach Kontrolle, Sicherheit und Bestätigung der eigenen Großartigkeit bei der Bewältigung einer sonst von niemand zu meisternden Situation optimal entgegen.

Abgesehen von solchen Ausnahmesituationen handelt es sich im normalen Alltag jedoch meist um ganz triviale und mehr oder weniger gut eingespielte Beziehungen, die eine Art Sogwirkung entfalten und eine Entwicklung behindern. Es sind Beziehungen, die nach außen hin sogar den Schein der Harmonie und Perfektion zeigen, jedoch eigentlich „tot" sind, wie man z. B. an den Schwierigkeiten der Kinder sehen kann. Manchmal sind diese Beziehungen noch eingebettet in umfassende Strukturen, z. B. in das Gefüge einer Kirche, in der beide Partner gerade wegen der Vorbildlichkeit ihrer Beziehung und ihres Familienlebens hohes Prestige genießen. Selbst Krisen stehen dann unter der Erwartung vorbildlicher Bewältigung und können, wenn es gelingt, die Fassade zu wahren oder zu erneuern, zur begehrten Gewissheit der Souveränität und Vollkommenheit beitragen.

Trotzdem sind solche Beziehungen steril und unlebendig, was nur andere Worte für ihren narzisstischen Charakter sind. Sie funktionieren, bis einem der Partner oder auch beiden die Öde und Leere bewusst wird. Es ist alles bestens in Ordnung, aber es fehlt gerade das, was sich bei einem Abschied vom Narzissmus als tiefes menschliches Bedürfnis geltend macht: wahrgenommen und ohne funktional erbrachte Leistung als Person betätigt zu werden.

Wir wollen hier nicht im Einzelnen auf die Varianten einer solchen narzisstischen Ablösungskrise eingehen. Dramatisch wird es in der Regel dann, wenn der um Veränderung bemühte Narzisst versucht, den Partner bzw. die Partnerin ebenfalls zu Veränderungen zu bewegen und gewissermaßen mitzunehmen. Dann öffnen sich alle Fallen des Narzissmus: die Enttäuschung über die Unzulänglichkeit des anderen, der sich ja auch in der Beziehung eingerichtet hat und auf die neue Zumutung zuerst einmal oder grundsätzlich mit Abwehr reagiert; Hass und Wut über die erneute Kränkung, nicht das zu bekommen, was man unbedingt zu brauchen glaubt; euphorische Hoffnung, in einer anderen Beziehung endlich *das* zu bekommen, was fehlt.

Handelt es sich beim Partner aber selbst um einen Narzissten, wird er in der Regel auch nicht einfach zusehen, wie ihm der andere entgleitet bzw. sich seiner Kontrolle entzieht. Dann kann es zu dramatischen Eskalationen kommen, um ihn wieder in die bisherige Abhängigkeit zurückzuzwingen oder für seine Befreiungsversuche zu bestrafen. Das kann bis zum Versuch gehen, ihn zu vernichten.

Damit wollen wir die Möglichkeit einer Intensivierung und Vertiefung einer langjährig narzisstisch geprägten Beziehung nicht ausschließen. Sicher ist jedoch: Wenn die eigene Entwicklung davon abhängig bleibt, den Partner zu kontrollieren bzw. ihn den neu erwachten Bedürfnissen des Narzissten anzupassen, wird sich die narzisstische Falle nur erneut schließen.

19. Kleine Schritte zur rechten Eigenliebe

Gemeinhin wird Narzissmus mit Ich-Bezogenheit und übertriebener Selbstliebe in Zusammenhang gebracht. Das Gegenteil ist jedoch genauso richtig. Ein Narzisst ist sich seiner selbst nicht sicher und braucht deswegen immer wieder Bestätigung durch andere. Da er sich selbst nicht lieben kann, ist er ständig damit beschäftigt, diesen Mangel durch Zuwendung von anderen und durch den Besitz von Fetischen auszugleichen, die den Anspruch verbürgen, geliebt zu werden: z. B. einen optimalen Körper, Status, ein entsprechendes Auto, Geld. Um all das bereitzustellen und zu pflegen, ist Zeit und Energie nötig, die dann für andere Dinge nicht zur Verfügung steht, und insofern ist es natürlich richtig, dass ein Narzisst ständig mit sich und seinen Bedürfnissen beschäftigt ist. Schaut man hinter die Oberfläche, ist das Zwanghafte und Getriebene all dieser Bemühungen jedoch deutlich, denn die einfache Fähigkeit, sich selbst anzunehmen und so, wie man eben ist, wohlwollend zu akzeptieren, ist nicht vorhanden oder nur unzureichend ausgebildet. Diese Fähigkeit wird durch Erfahrung gelernt, von der frühesten Kindheit an, und es gehört zum Elend des Narzissmus, dass diese Erfahrungen fehlen oder später durch die typisch narzisstischen Bemühungen, sich von ihnen unabhängig zu machen, entwertet werden.

Auch hier taucht also wieder ein Hindernis auf beim Versuch, sich aus dem Narzissmus herauszuarbeiten. Es wäre unüberwindlich, wenn es so etwas wie den „Narzissmus" in Reinform und als geschlossenes System tatsächlich gäbe. Dann gäbe es wirklich Anlass zur definitiven narzisstischen Klage: „Ach ich Armer, niemand liebte mich. Ich kann es auch nicht. Dem Zustand kann man nicht entrinnen und deswegen muss alles so bleiben, wie es ist."

Richtig daran ist, dass ein narzisstischer Lebensentwurf ein System ist, das sich von den Anfängen in der frühen Kindheit her immer mehr festigt und gegen alternative Erfahrungen abschließt, sodass ein Ausweg nicht möglich scheint. In jedem Leben gibt es jedoch Erfahrungen von Liebe und Anerkennung, die angenommen und zur Wirkung gebracht werden können. Das kann einfach dadurch geschehen, dass die *Entwertung* dieser Erlebnisse durch narzisstische Klagen und unersättliche Perfektionsansprüche geringer wird. Grundsätzlich vorhandene und in keinem Leben fehlende gute Erlebnisse und Erinnerungen an wirklich nährende Erfahrungen und

Beziehungen werden dann zu Kräften der Veränderung, immer vorausgesetzt, dass sie nicht gleich wieder durch Kritik, Klagen und Entwertungen zunichte gemacht werden. Ein gutes Hilfsmittel, sich diesem Ziel in kleinen Schritten zu nähern, ist die Stroke-Ökonomie der Transaktionsanalyse.

Die Stroke-Ökonomie

Statt von Liebe von *positiven Strokes* zu sprechen hat den Vorteil, dass die Liebe nicht nur als Gefühl oder innere Gewissheit verstanden, sondern auch als reale Zuwendung *beobachtbar* wird. In der Transaktionsanalyse gehen wir davon aus, dass diese Zuwendung, vom einfachen Wahrnehmen und Blickkontakt bis zur physischen Berührung, für das körperliche und seelische Überleben unumgänglich nötig ist und wir haben deswegen den Narzissmus auch schon als ein Problem der seelischen Ernährung dargestellt.

Nun möchte jeder Mensch möglichst viel von diesem kostbaren Gut, der Liebe oder den positiven Strokes, für sich haben. Bei Kindern ist das noch ganz deutlich wahrnehmbar. Als Erwachsene haben wir jedoch meist eine Reihe von Strategien entwickelt, mit denen wir uns in dieser Hinsicht im Wege sind und uns knapp halten. Um diese Strategien geht es in der *Stroke-Ökonomie* Claude Steiners. Es ist die Beschreibung eines Zustands der psychischen Armut und chronischen Entbehrung, der durch die verschiedenen Versuche, ihm zu entgehen, zugleich geschaffen und aufrechterhalten wird. Steiner hat dieses Verfahren, mit dem Menschen die Zuwendung, die sie bekommen könnten, künstlich knapp halten, mit einigen prägnanten Sätzen charakterisiert. Die drei zum Verständnis des Narzissmus wichtigsten wollen wir im Folgenden behandeln.

Nimm keine Strokes an!

Jedem von uns ist der gute Freund oder die gute Freundin bekannt, die auf eine anerkennende Bemerkung oder sonst ein Kompliment hin mit der Bemerkung reagiert: „Ach, das war ganz billig ..." Oder: „Zufall!" „Glück gehabt!" Das Kompliment kommt nicht an und der Lobende fühlt sich mehr oder weniger unbehaglich. Hat er etwas Falsches gesagt? Da die Konvention jedoch fordert, die Sache nicht einfach auf sich beruhen zu lassen, entwickelt sich nun das typische Ringen um die Annahme des Kompliments, das sein Urbild im Versuch der Mutter hat, ihr widerstrebendes Kind zu füttern: Der Lobende besteht auf seinem Kompliment, der andere wehrt bescheiden ab, bis es dem Lobenden gelingt, aus diesem Spiel herauszukommen. Irgendwie spürt er, dass er in eine Falle geraten ist und statt der ursprünglichen Nettigkeit immer noch mehr Komplimente nachschieben und begründen muss, ohne dass der andere endlich einmal ruhig ist und die Freundlichkeit annimmt.

Ein häufiger Grund für diesen Unwillen, Strokes anzunehmen, ist, dass der Betreffende schon früh in der Kindheit gelernt hat, dass er keine Anerkennung verdient oder dass dem Lob und den Komplimenten anderer nicht zu trauen ist. Daran kann insofern einiges richtig sein, als Lob und Anerkennung oft zu Zwecken der Manipulation eingesetzt werden und ein gewisses Misstrauen als Selbstschutz berechtigt ist. Je größer die Unfähigkeit ist, sich selbst realistisch einzuschätzen, umso größer ist auch das Misstrauen gegenüber anderen und gleichzeitig die Abhängigkeit von ihnen, was zu dem eben erwähnten Spiel des *Fischens nach Komplimenten* führt, die hervorgelockt und gleichzeitig abgewehrt werden.

Dennoch hat die Person, die in dieser Weise Strokes abwehrt, durch ihr Tun nicht unbedingt ein Bewusstsein des Mangels. In der Regel gehört es zu ihrem Selbstbild, aus dem sie Stabilität und Sicherheit gewinnt, dass sie Lob und Anerkennung oder gar Komplimente von anderen gar nicht braucht. Das kann auch durchaus berechtigt sein, da sie die nötige Zufuhr aus anderen Quellen gewinnt und außerdem durch Strategien wie das Fischen nach Komplimenten auch einiges hereinkommt.

Extrem wird der Konflikt zwischen dem Bedürfnis nach Strokes und der Unfähigkeit bzw. dem Unwillen, sie auch anzunehmen, jedoch bei narzisstischen Voraussetzungen. Dazu gehört zuerst einmal ein extremer Hunger nach Strokes, der umso mehr verleugnet werden muss, je größer der Mangel und das verborgene Bewusstsein der Bedürftigkeit ist. Jedes Lob und jede Anerkennung oder gar ein noch so kleiner Liebeserweis kann die brüchige Sicherheit in der Illusion der Unabhängigkeit zum Einsturz bringen und die verleugnete kindliche Unersättlichkeit bewusst machen. Liebe bzw. alles, was in irgendeiner Weise mit dieser elementaren psychischen Nahrung zusammenhängt, gehört deswegen für einen Narzissten zum Bedrohlichsten, was es geben kann. Jedes Angebot in dieser Hinsicht rührt an das Übermaß an Bedürftigkeit und verborgener Gier und weckt gleichzeitig die Angst vor Abhängigkeit und dem Absturz in die Hoffnungslosigkeit der narzisstischen Grundhaltung: „Ich bin nicht o.k., denn ich bin hilflos und überschwemmt von einem Übermaß an Gier und Bedürftigkeit. Und „ihr", die Welt und alles, seid auch nicht o.k., denn ihr könnt mich nicht satt machen und versucht mich allenfalls zu betrügen und in Abhängigkeit zu bringen." Insofern könnte man von einer *psychischen Essstörung* sprechen.

Je ausgeprägter die narzisstische Symptomatik ist, umso größer ist deswegen der Konflikt zwischen der verborgenen und verleugneten Bedürftigkeit und dem Zwang, die Illusion der Unabhängigkeit und Bedürfnislosigkeit aufrechtzuerhalten. Praktisch zeigt sich das in vielfältigen Strategien, andere zu Zuwendungsleistungen – Bewunderung, Anerkennung, aber auch zu konkreten Dienstleistungen – zu bringen, diese aber gleichzeitig so umzudefinieren, dass sie nicht als Strokes anerkannt werden müssen. So schaffte es ein Narzisst, die Bedrohlichkeit, die seine sexuellen Bedürfnisse gegenüber seiner Freundin für ihn hatten, zu reduzieren, indem er sie ganz auf sie projizierte: Sie war es, die nach seiner Definition immerzu Sex wollte, was ihm die Möglichkeit gab, seinen sexuellen Wünschen in einer Haltung gütigen Mitleids ihr gegenüber im Besonderen und den Frauen im Allgemeinen nachzukommen. Er „brauchte das nicht" und konnte auch in dieser Hinsicht „der Gebende" sein.

Begibt man sich auf die Ebene kindlichen Denkens, so sind diese narzisstischen Strategien durchaus verständlich und nachvollziehbar, so hoch ihre Kosten auch sein mögen. Sie schützen ein schwaches Selbst, das die Konfrontation mit der Übermacht seiner Bedürfnisse und Triebe fürchtet und sich deswegen in die Illusion einer Unabhängigkeit und Größe flüchtet, die allerdings auf Dauer zu fortschreitender psychischer Verarmung und Entleerung führt. Das große und überlegene Selbst verhungert, weil es jede Art von Strokes bzw. seelischer Nahrung entwerten muss.

In Mythologie und Märchen ist manchmal die Rede davon, dass ein Mensch im größten Überfluss schlimme Qualen aushalten muss und immer mehr von Kräften kommt, weil eine Art neidischer Vögel, bei den Griechen Harpyien genannt, jeden Bissen beschmutzen, den er zu sich nehmen will. In der Psyche des Narzissten entsprechen diesen Vögeln die Abwertungen und negativen Umdeutungen, mit denen jede seelische Zufuhr vernichtet wird, damit nur ja das Gefühl der Abhängigkeit und Bedürftigkeit nicht spürbar wird, das die illusionäre Unabhängigkeit in Frage stellen könnte.

Im Übrigen handelt es sich bei diesen Abwertungen von Strokes zunächst um einen inneren Prozess, der nach außen hin ganz anders zum Ausdruck gebracht werden kann. Zwar gibt es Narzissten wie den eben genannten Liebhaber, die die Zuwendung und die Liebesdienste anderer konsequent verkleinern oder als Ausdruck von deren Selbstsucht umdeuten, nur um die eigene Bedürftigkeit nicht anerkennen zu müssen. Paradoxerweise kann die Dankbarkeit jedoch demselben Zweck dienen.

Das ist nicht immer leicht zu durchschauen. Vielleicht fällt zuerst nur eine gewisse Überschwänglichkeit oder stereotype Promptheit des Dankens auf und es braucht noch weitere Erfahrungen, um sicher zu sein, dass man es mit einem Narzissten zu tun hat. Dann beginnt man zu ahnen, was es mit dieser irgendwie merkwürdigen Dankbarkeit auf sich hat: Der Dank kommt so prompt und mehr oder weniger übertrieben, weil der Narzisst nichts geschenkt haben will und sofort mit der einfachsten Münze zurückzahlt, dem Dank. Dann ist die Rechnung wieder ausgeglichen und er schuldet nichts. Unter Umständen lässt sich das Verhältnis sogar wieder umkehren, indem der Dank unverhältnismäßig stark zum Ausdruck gebracht und vielleicht noch mit zusätzlichen Komplimenten verbunden wird, sodass sich der Narzisst wieder als den Gebenden sehen kann. In jedem Fall aber ist die bedrohliche Schenkung, die das Gleichgewicht der Überlegenheit gefährden könnte, unter Kontrolle gebracht.

Die Unfähigkeit, Strokes anzunehmen, ist also wesentlich für den Narzissmus. Paradoxerweise verbindet sich das mit den vielfältigsten Strategien, Menschen durch Zwang und Manipulation dazu zu bringen, Strokes abzuliefern. Sie machen jedoch nicht satt, weil ihre Qualität als psychische Nahrung immer wieder durch Entwertung vernichtet wird, was zur Folge hat, dass es sich *immer* um *Ausbeutung* des anderen handelt.

Um das Gleichgewicht im Geben und Nehmen aufrechtzuerhalten, wird dem anderen die Anerkennung versagt, dass das, was er zu geben hat, einen inneren Wert hat: Er tut es ja nur, um ebenfalls zu manipulieren oder irgendwelche Vorteile zu erreichen. Deswegen ist Dankbarkeit überflüssig, auch wenn der Narzisst sie durchaus zum Ausdruck bringen kann, wenn es gerade nützlich ist und der vordergründigen Idealisierung des anderen dient.

Auch in Dankbarkeit schwelgen kann ein Narzisst, wenn er endlich den Menschen getroffen hat, der sie – wie er zuerst meint – im Unterschied zu allen bisherigen Beziehungspartnern verdient. Das ist eine Dankbarkeit, die zu den schon beschriebenen narzisstischen Lügen gehört und nicht bedeutet, dass der Narzisst tatsächlich anerkennt, dass er nun wirklich etwas bekommen hat. Der Zustand des Hungers bleibt und lässt sich auf Dauer mit den bewährten Strategien nur schlecht und recht kontrollieren, sonst wächst die Verzweiflung und mit ihr der Druck, nun endlich einmal aus diesem Zustand herauszukommen. Das ist der Zustand eines Kindes, das sich in einer Sackgasse gefangen sieht, alles auf einmal ändern will, und in die Hoffnungslosigkeit seiner Verzweiflung abstürzt, wenn sich das nicht machen lässt. Gesteigert wird das noch durch die Neigung des narzisstischen freien Kindes, alles grandios zu übertreiben – und damit auch die Auswegslosigkeit, in der es sich befindet.

Die Anwendung der Stroke-Ökonomie kann einen Weg zeigen, wie Schritt für Schritt etwas zu ändern ist. Das setzt allerdings als ersten und entscheidenden Schritt den Wechsel ins Erwachsenen-Ich und die Bereitschaft voraus, ohne große und überwältigende Erfolgserlebnisse etwas Neues regelrecht zu *üben*. Soweit Narzissten nicht rundum Narzissten sind und freie Kräfte besitzen, sind sie zu einem solchen Neubeginn durchaus in der Lage. Danach kommt es allerdings auf das jeweilige Durchhaltevermögen und auf einigermaßen günstige Umstände an.

Die *Übung,* um die geht, ist auch nicht so schwierig, wie es in der grandios verzerrten Sicht des narzisstischen inneren Kindes aussehen mag. Sie besteht darin, sich bei jedem Stroke, den man bekommt, die sich mehr oder minder unbewusst und reflexhaft einstellende Abwertung bewusst zu machen und durch eine positive Deutung zu ersetzen. Das ist, wie gesagt, regelrecht zu üben. Dafür ein Beispiel.

Beispiel:
Franz, als Psychotherapeut tätig, hat auf einem Kongress einen Vortrag gehalten, der ihm viel Anerkennung einbringt. Natürlich hat er gelernt, dass man Anerkennung anzunehmen hat, wenn man den Stand psychischer Gesundheit erreicht hat, den man bei seinem Beruf voraussetzen kann. Wenn ihm also Hörer seines Vortrags ihre Anerkennung und sogar Dank aussprechen, nickt er, bedankt sich seinerseits und sagt, dass er sich freue. Das hat aber keine wirkliche Bedeutung für ihn und gehört zu den narzisstischen Lügen. Was er wirklich empfindet, kommt eher in der Rede zum Ausdruck, die er vor befreundeten Kollegen und vor guten Bekannten hören lässt: „Ach, weißt du, ich habe schon so viele Vorträge gehalten. Es geht immer gleich. Die Leute sind wieder mal begeistert. Ich kenne das schon. Früher war mir das wichtig, aber jetzt langweilt es mich eher." Er empfindet das auch so. Die Anerkennung, die er bekommt, nährt ihn nicht, und trotz seiner Erfolge kommt er dem Zustand immer näher, völlig ausgebrannt und leer zu sein.

Was er nicht merkt ist, dass sein grandioses narzisstisches Kind jeden Stroke aufsaugt, um ihn dann wegzuwerfen. In dessen Perspektive gibt es überhaupt keine Anerkennung, die seiner Bedeutung gerecht würde. Er kann sich nicht freuen, weil er dann anerkennen müsste, dass seine Zuhörer die Freiheit besitzen und sich das Recht herausnehmen, ihn zu beurteilen. In seiner Sicht ist er so erfolgreich, weil er eben so gut ist, und deswegen ist es eigentlich selbstverständlich, dass die Zuhörer begeistert sind. Das bringt ihn dazu, bei seinen öffentlichen Auftritten immer besser zu werden – inhaltlich und rhetorisch –, um sein Publikum immer sicherer zu kontrollieren. Solche Erfolge bringen jedoch keine wirkliche Befriedigung, außer der narzisstischen Bestätigung, dass er die Dinge „im Griff " hat.

Die Alternative

Dieser Abwertungs- und Kontrollmechanismus verläuft in der Regel unbewusst und so, dass er selbstverständlich und alternativlos erscheint. Sich das bewusst zu machen, ist schon ein wichtiger Schritt, um aus der Sackgasse herauszukommen. Strokes werden entwertet durch abschätzige Annahmen über die Motive der gebenden Personen, über die Person selbst, durch die grandiose Unersättlichkeit, für die nie etwas ausreicht, vor allem aber durch das *Geheimnis*, die Mystifizierung der eigenen unverstandenen und unerkannten Persönlichkeit. Ein Rumpelstilzchen kann niemand loben, denn niemand außer ihm selbst kennt es. Versucht es trotzdem jemand, muss dieses Lob falsch und wertlos sein.

Der nächste Schritt besteht in der Einsicht, dass schließlich der bisherige Stil der Abwertungen auch nur eine Angewohnheit war. Je nachdem wie groß der Druck der Verzweiflung ist, unter dem der Narzisst steht, und seine noch vorhandene Freiheit, Neues auszuprobieren, wird er sich leichter oder schwerer auf etwas anderes einlassen. In jedem Fall besteht der Ausweg aus dem Zustand langsamen seelischen Verhungerns in der Leistung, sich zu entschließen, die Gaben der Welt nicht mehr gering zu schätzen.

Allerdings ist der Hunger in der Regel gewaltig und alltägliche Strokes und Erfolge sind an diesem Hunger gemessen klein und unscheinbar. Manchmal ist schon eine schwere narzisstische Krise eingetreten, eventuell hat es sogar schon einen Suizidversuch gegeben. Was hier noch helfen kann, sind offenbar nur große rettende Ereignisse, die sich aber doch nicht einstellen, und nicht das freundliche Lächeln des Nachbarn, ein anerkennendes Wort im Beruf, ein zufälliges Treffen mit einem Freund oder einer Freundin. All das ist Alltag, sind Trivialitäten und damit alles andere als das Herausragende und Besondere, das der Narzisst erwartet. Sollte es tatsächlich einmal eintreten, wird er dazu neigen, es zu übersehen und abzuwerten. Gerade die Kleinigkeiten aber sind es, die die Seele nähren. Das wahrzunehmen und im einzelnen Fall immer wieder anzuerkennen, ist eine zentrale Übung und Voraussetzung, um aus dem narzisstischen Gefängnis herauszukommen.

Dabei entstehen starke Widerstände und innere Spannungen, denn dieser neue Stil des Umgangs mit seelisch nährenden Angeboten ist ungewohnt und antithetisch zur bisherigen Haltung der grandiosen Ansprüche. Vor allem steht er im Gegensatz zu einer zentralen Überlebenstechnik, nämlich sich selbst mit Lob und Anerkennung zu versorgen und damit unabhängig von anderen zu sein.

Gib dir selbst keine Strokes

Dass Narzissten Schwierigkeiten haben, sich selbst zu loben und mit Anerkennung zu versorgen, ist zuerst einmal erstaunlich. Schließlich sind sie Künstler darin, anderen Bewunderung und Beifall abzuringen und sind sich auch ihrer bemerkenswerten Eigenschaften durchaus bewusst. Eitelkeit und die Angewohnheit, die eigenen Vorzüge herauszustreichen, sind geradezu charakteristisch für sie. Ihre oft schwer erträgliche Überheblichkeit besteht ja gerade darin, dass der Betreffende sich im Besitz irgendwelcher vortrefflichen Eigenschaften weiß und sich das selbst und anderen immer wieder sagen kann. Nicht-Narzissten können so viel Selbstgefälligkeit manchmal kaum fassen.

Und dennoch: Das narzisstische Eigenlob ist Ausdruck einer Schwäche, sich selbst wirklich Lob, Anerkennung und Liebe zu geben. Es gilt nicht der Person, die innerlich danach lechzt, sondern einem *Fetisch*, der für diese stellvertretend ist. Ein solcher Fetisch ist bevorzugt der eigene Körper, wenn er bestimmten Kriterien entspricht, muskulös und fettlos, im Bodybuilding-Studio nach dem Ideal gestylt – wenigstens soweit wie möglich. Manchmal ist es auch der Körper der Freundin, der misstrauisch kontrolliert wird, ob sie nicht vielleicht zugenommen hat. Dann wäre das Ideal eines weiblichen Körpers, auf dessen Besitz der Freund so stolz ist, gefährdet. So pflegte ein Narzisst in regelmäßigen Abständen den Hüftumfang seiner Freundin mit dem Metermaß nachzumessen, um sich zu vergewissern, dass sein Idol keinen Schaden genommen hatte. Die Fetische sind vielfältig: Jugend, Aussehen, Status, der Besitz prestigeträchtiger Gegenstände – Auto, Markenkleidung, oder im ganz bescheidenen Rahmen, das neueste Handy. Derartiges bietet sich an und wird auch so vermarktet.

Zur Krise kommt es, wenn der Fetisch verloren geht oder gefährdet ist: Der korrekte Körper altert, die Stellung wird gekündigt, all das fällt weg, worauf sich das narzisstische Selbstbewusstsein bisher gegründet hat. Dann wäre es wichtig, dass der Betreffende in sich etwas findet, was ihm die Bestätigung gibt, dass er trotz dieser Mängel ein Recht hat, da zu sein und dass er Qualitäten besitzt, die ihm nicht genommen werden können, weil sie mit seiner Person zusammenhängen und nicht vom Besitz eines solchen Fetischs abhängig sind.

Wichtig ist also ein Wechsel in der Art der Anerkennung, die sich ein Mensch gibt. Dafür ist ein Umlernen nötig und ein Bewusstsein für Stärken und persönliche Qualitäten, die bisher gering geschätzt wurden, weil sie nicht den Charakter von Fetischen tragen, mit denen sich prahlen lässt. Der Entschluss, sich auf die Suche nach diesen Stärken zu machen und damit anzufangen, sich für sie Anerkennung zu geben, ist ein wichtiger Schritt zur Befreiung aus der Abhängigkeit von Werten, die mit immer neuem Aufwand von Kraft, Zeit und Geld erworben werden und letztlich doch nicht zu sichern sind.

Ein Beispiel für den Wegfall des bisher stützenden Milieus und die Unfähigkeit, sich selbst zu stroken, ist die Krise, in die viele Menschen durch Arbeitslosigkeit – durch Entlassung oder auch reguläre Berentung – geraten. Diese Krise ist umso schwerer, je mehr das Selbstgefühl von der bisherigen Fassade abhängig war. Alles bisher Bestätigende, Status oder Einkommen, fällt weg oder wird bedeutungslos, auch wenn der Betreffende sich vielleicht noch daran klammert. Jetzt müsste die Fähigkeit vorhanden sein, sich ohne den Umweg über diese Symbole des Selbstwerts zu stroken, für Werte und Eigenschaften der Person, die sich jedoch nur dem liebevoll interessierten Blick erschließen. Das können Begabungen sein oder Tugenden, die im narzisstischen Kontext immer schon da waren aber pervertiert wurden, wie Beharrlichkeit und Wissbegierde. Diese Stärken bei sich anzuerkennen, auch und gerade dann, wenn sie sich nicht unmittelbar in Geld oder Prestige umsetzen lassen, ist nicht leicht, aber der einzige Weg, um aus der riskanten Abhängigkeit von Werten herauszukommen, die sich nicht auf Dauer als tragfähig erweisen.

Dass bisherige Sicherheiten wegfallen, in denen Menschen ihr Leben eingerichtet haben, ist eine Erfahrung, die natürlich nicht nur Narzissten machen. Es handelt sich um eine menschliche Grunderfahrung, auf die Narzissten jedoch besonders schlecht vorbereitet sind. Ihre auf Kontrolle angelegte Lebensstrategie, um nicht in Angst, Verzweiflung und Hoffnungslosigkeit zu versinken, ist grundsätzlich riskant und dann besonders, wenn die bisherigen Kraftquellen, die Fetische, abhandenkommen. Dann ist eben die Rückwendung zu inneren Stärken nötig, auf die sie so wenig vorbereitet sind. Auch das kann jedoch geübt werden, ebenso wie die zuerst genannte Fähigkeit, Strokes anzuerkennen und nicht gleich wieder durch Abwertung zunichte zu machen.

Dabei ist die Unterstützung durch Helfer und Vorbilder nötig, durch Freunde, Partner, oder auch professionelle Helfer wie Psychotherapeuten und Berater. Wir betonen jedoch die Notwendigkeit des Übens, denn gerade das beharrliche Üben in kleinen Schritten ist die Antithese zu narzisstischer Grandiosität und Ungeduld, die doch wieder zum Absturz in Resignation, Hoffnungslosigkeit und Klage führt: „Ach, ich armer ..."

Weise keine Strokes zurück!

Hier geht es um die Fähigkeit, echte und geheuchelte Anerkennung zu unterscheiden. Die Unfähigkeit dazu ist die schwache Seite von Narzissten, über die sie trotz ihres tief verwurzelten Misstrauens anderen Menschen gegenüber selber manipuliert und in Abhängigkeit gebracht werden können.

Traditionelle Neurotiker haben meist gelernt, dass „Eigenlob stinkt" oder gar den Grundsatz verinnerlicht, dass man mehr „sein" als „scheinen" sollte. Sie sind deswegen oft tief beeindruckt von der Virtuosität, mit der Narzissten sich in das beste Licht rücken und von der Hemmungslosigkeit, mit der sie Lob und Schmeicheleien annehmen und aus anderen herausholen Zu tiefer Verblüffung führt manchmal die Erkenntnis, dass sie offensichtlich nicht einmal die Ironie verstehen, mit der die von so viel Selbstsicherheit irritierten Neurotiker ihnen einen Wink geben wollen, dass sie die narzisstische Fassade durchschauen. Keine Schmeichelei kann so plump und dick aufgetragen sein: Der Narzisst nimmt sie als Tribut, der ihm selbstverständlich zukommt.

Trotzdem ist die Reaktion auf diese bemerkenswerte Fähigkeit, sich ungehemmt in fremder und eigener Bewunderung zu sonnen, zwiespältig. Auf der einen Seite herrscht über so viel kindliche Eitelkeit und Selbstüberschätzung der kritische Unmut vor. Auf der anderen Seite gibt es eine Art widerwilliger Bewunderung gegenüber dem scheinbar ungebrochenen Selbstbewusstsein des Narzissten und seiner Begabung, sich selbst immer nur im besten Lichte zu sehen. Durchschaut man aber die gekonnte Selbstinszenierung, sind Schmeicheleien und unechtes Lob ein wirksames Mittel, um Narzissten zu manipulieren. Durch ihre übergroße Gier nach Lob und

Bestätigung sind sie meist nicht recht in der Lage, echtes und falsches Lob zu unterscheiden. Je nachdem wie groß ihre ständige oder augenblickliche Bedürftigkeit ist, hilft ihnen dann weder ihre Menschenkenntnis noch ihre realistische Kenntnis niederer menschlicher Beweggründe.

Berne hat einen solchen Angriff auf eitle Menschen als ein Spiel beschrieben, dessen Motto der Satz ist: „Sie sind wunderbar, Herr Michelmeier!" Wer sich darauf einlässt, ist in Gefahr, sich ausbeuten zu lassen. Narzissten haben vordergründig einen gewissen Schutz dagegen durch ihre Grandiosität und Selbstbezogenheit, die sie davon abhält, Hinterabsichten zu verstehen oder gar Verpflichtungen einzugehen. Ihr Selbstwertgefühl ist zwar mehr oder weniger schwer beschädigt, aber das wird ausgeglichen durch ihre Fähigkeit, Schmeicheleien für bare Münze zu nehmen und sich deswegen auch nicht zu irgendwelchen Gegenleistungen verpflichtet zu fühlen. Hinzu kommt auch noch die beschriebene Praxis, empfangene Strokes grundsätzlich zu entwerten, um Abhängigkeit und den phantasierten Zwang zur Gegenleistung zu vermeiden.

Auf der anderen Seite ist dieses kindlich grandiose Ich jedoch angewiesen auf ständige Bestätigung und Bewunderung. So entsteht das Paradox extremer Undankbarkeit bei gleichzeitiger süchtiger Gier nach Schmeicheleien aller Art, die aufgesogen werden, völlig unabhängig davon, ob sie der Wahrheit entsprechen oder nicht. Das schafft Abhängigkeiten, die die Betroffenen in der Regel nicht begreifen. Wer also Narzissten durch diese Schwäche in Abhängigkeit bringen will, hat große Möglichkeiten, vorausgesetzt er respektiert ihren Selbstbetrug hinsichtlich Freiheit und Selbstgenügsamkeit. „Sie sind wunderbar, Herr Michelmeier!" ist gerade bei Narzissten eine hochwirksame Manipulationstechnik, vorausgesetzt der Angreifer kann das Verfahren verfeinern und auf ihre Besonderheiten hin vervollkommnen. Wir wollen hier nicht im Einzelnen darauf eingehen, nur als Hinweis geben, dass die Doppeltechnik, Narzissten eine vorgebliche Unterdrückung bewusst zu machen und sie dann zu loben, wenn sie den gewünschten Weg eingeschlagen haben, eine in Politik, Werbung und überhaupt im Alltag sehr wirksame Technik ist, gegen die sich ein Unerfahrener kaum zur Wehr setzen kann.

Das Verfahren setzt bei der Schwäche des anderen an, nicht wirklich zu wissen, was er selbst will. Das hängt damit zusammen, dass viele Narzissten von früher Kindheit an mit Strokes nicht knapp gehalten, sondern sogar reichlich damit genährt wurden, allerdings mit einer Diät von unechten Strokes, die sie nicht zurückweisen konnten. Sie haben durchaus Zuwendung und Bewunderung bekommen, oft sogar im verwöhnenden Übermaß, allerdings für Dinge, die anderen wichtig waren, etwa wenn die Mutter über die langen blonden Locken ihres Söhnchens entzückt war, das zudem schon so beeindruckend früh laufen lernte.

Diese unechten Strokes machen nicht satt sondern süchtig. Sie betäuben den Hunger und schaffen das Verlangen nach immer mehr. Das scheinbar großartige Selbstbewusstsein von Narzissten, mit dem sie die größten Schmeicheleien wie selbstverständlich entgegennehmen, ist also weniger eine Stärke als der Ausdruck ihrer Unfähigkeit, echte und unechte Strokes zu unterscheiden und die unechten zurückzuweisen. Das erklärt ihre massive Abhängigkeit von jeglicher Art „Stroke-Zufuhr", verbunden mit krasser Undankbarkeit. Dankbarkeit als Anerkennung der erhaltenen Strokes würde die Abhängigkeit bewusst machen und wird deswegen vermieden. Außerdem ist sowieso klar, dass die anderen lügen. Ihr Lob ist nicht wirklich etwas wert, auch wenn man danach süchtig ist und es deswegen auch nicht zurückweisen kann.

Die Sucht nach Strokes entsteht also aus einer übermächtigen Bedürftigkeit und der Unfähigkeit, echte und unechte, geheuchelte und manipulative Zuwendung zu unterscheiden und gegebenenfalls zurückzuweisen. Wenn es gelingt, einen Narzissten in der Überzeugung von seiner Souveränität, Größe, Freiheit und Einzigartigkeit zu bestätigen, ist er so gut wie wehrlos gegenüber einem geschickten Angreifer, der oft selbst ein Narzisst ist und sich in dieser Hinsicht gut auskennt – zumindest bei anderen Narzissten! Verkäufer sind umso erfolgreicher, je mehr sie einen Blick für die narzisstischen Schwächen ihrer Kunden haben. Künstler dieser Art sind in der Großstadt tätig wie auf dem Dorf, denn Narzissten gibt es auch hier. Wichtig ist nur die genaue Kenntnis des Milieus und der speziellen Klientel.

So gelang es einem geschickten Verkäufer, einem Bauern eine Maschine zu verkaufen, die der sich keineswegs leisten konnte, indem er vor Zuhörern beiläufig bemerkte: „Man sieht doch gleich, dass Sie ein großer Bauer sind." Da konnte der Kunde nicht anders und musste um seiner Fassade willen kaufen. Er hätte sich viel Geld und Ärger sparen können, wenn er diesen Stroke nicht beachtet oder zurückgewiesen hätte, etwa mit den Worten: „So groß nun auch wieder nicht!" Das war ihm aber nicht möglich, denn dafür war ihm seine Fassade zu wichtig.

20. Hilfe bei der Persönlichkeitsentwicklung

Wie wir gesehen haben, ist die Frage nicht einfach zu beantworten, ob eine narzisstische Persönlichkeit als pathologisch anzusehen ist oder nicht. Psychotherapeutische Maßstäbe sind kulturell bedingt und wenn Menschen in gesellschaftlichen Spitzenpositionen eindeutig narzisstische Züge tragen und definieren, was „Erfolg" und „Misserfolg" ist, was „gesund" und „krank" heißt, verliert die Diagnose ihren Sinn. Hinzu kommt, dass ein wesentliches Merkmal pathologischer Zustände logischerweise fehlt, solange das System funktioniert: das *Leiden*.

Narzissmus lässt sich als psychisches und soziales Arrangement verstehen, um Leiden zu vermeiden und an andere zu delegieren. Solange das gelingt und sogar sehr erfolgreich, besteht kaum ein Anlass, diesen Zustand infrage zu stellen oder gar zu ändern. Außerdem ist es ja ungemein leicht ist, sich selbst und andere in dieser Hinsicht zu täuschen. Ein angehender Psychotherapeut hat vielleicht in persönlicher Therapie und Lehranalyse „seinen" Narzissmus gründlich durchgearbeitet, da das zur Ausbildung gehört. Dabei hat er sich sogar in dramatische Schmerzzustände hineinbegeben, was für seine psychotherapeutischen Begleiter und auch für ihn selbst beeindruckend sein kann. Dennoch braucht das nichts an seiner narzisstischen Grundstruktur zu ändern, dem Geheimnis, dass irgendwo im Hintergrund ein unerkanntes Selbst all dem zuschaut, unberührt in seiner eigenen Welt, und nun auch dieses hinter sich bringt, da das für seine Zwecke wichtig ist. Jetzt hat es auch diese tiefe Schmerzen miterlebt, kennt seine Traumata, ist „durchtherapiert", in die Geheimnisse der Psyche eingeweiht und alle Kollegen, die das gleiche durchgemacht haben, werden bestätigen, dass auf seinem Einweihungswege auch der Narzissmus „durchgearbeitet" wurde. Aber Rumpelstilzchen feiert umso mehr seinen Triumph: „Ach wie gut, dass niemand weiß ..."

Das eigentliche Problem, dass der narzisstische Lebensentwurf auf Dauer die Kräfte der Person aufzehrt und keine wirkliche Entwicklung zulässt, ist durch solche Triumphe dennoch nicht aus der Welt geschafft. Immer wieder kommt es zu Bedrohungen des Selbstgefühls in der Konkurrenz mit Schöneren und Besseren. Idealisierte Menschen, die das Selbstbild stützen, entziehen sich der Kontrolle, die Kraft von Fetischen wie Jugend und normgerechte Schönheit schwinden. Die akute oder schleichende Krise, die daraus entsteht, führt zwar meist nur dazu, mit den erprobten Mitteln wieder alles in den Griff zu bekommen und den früheren Zustand wieder herzustellen. Manchmal gibt diese Krise jedoch auch Anlass, sich nach Hilfe umzusehen, um sich wieder besser zu fühlen.

In diesem Kapitel werden wir diesen Ausstieg aus dem Narzissmus deswegen aus der Sicht des helfenden Begleiters betrachten. Wir sprechen dabei bewusst von Persönlichkeitsentwicklung und nicht von Psychotherapie, da es nicht um Heilung und Behandlung einer psychischen Krankheit geht, sondern um eine personale Weiterentwicklung, die bis in den Bereich von Ethik und Spiritualität reicht.

Voraussetzungen und Chancen

Wenn tatsächlich Hilfe gesucht wird, so ist der konkrete Anlass selten die Einsicht in das eigentliche Grundproblem, die narzisstische Persönlichkeitsstruktur, sondern irgendeine Schwierigkeit, z. B. Beziehungsprobleme, Ärger mit Vorgesetzten oder Erschöpfungszustände und Depressionen. Aus diesen Anlässen ergibt sich dann der Arbeitsvertrag. Der Helfer – Psychotherapeut oder Berater – soll machen, dass es mit diesen Schwierigkeiten besser wird.

Das ist auch durchaus möglich. Unabhängig davon, mit welcher Methode der Helfer arbeitet, wirken oft schon Interesse und Zuwendung soweit stützend, dass die narzisstische Krise gemildert wird. Charakteristisch für diese Phase leichter Erfolge sind die schmeichelhafte Dankbarkeit und die Bewunderung durch den Klienten, der sich unter Umständen noch zusätzlich durch seine Idealisierung des Helfers aufbaut. Offensichtlich ist er auf einen besonders fähigen und kompetenten Helfer gestoßen, was nun wieder zu seiner eigenen Vortrefflichkeit passt.

Wir schätzen diese Art von Hilfe nicht gering. Sie kann helfen, eine akute Krise zu überstehen und wieder eine gewisse Stabilität zu erreichen. Nur ändert sie nichts an den Voraussetzungen der Krise und kann zu einer Abhängigkeit vom Helfer führen, was unter Umständen auch die unangenehmen Seiten des narzisstischen Systems aktiviert: Aus dem idealisierten Helfer wird ein bedrohlicher Verfolger, der abgewehrt, kontrolliert und gegebenenfalls bestraft werden muss, wenn er sich auf Dauer nicht in das System seines Klienten einbauen lässt.

Die Chance, dass es zu einer förderlichen Zusammenarbeit kommt, ist umso größer, je mehr nicht-narzisstische Persönlichkeitsanteile der Klient zur Verfügung hat. Wir haben das schon bei den elementaren Bedingungen eines Ausstiegs aus dem Narzissmus dargestellt. Der erste und entscheidende Schritt muss bereits getan sein, nämlich die Bereitschaft, grundsätzlich etwas zu ändern und zu sich selbst auf Distanz zu gehen. Damit ist der Kern eines Erwachsenen-Ichs geschaffen, das nicht völlig vom narzisstischen Selbst kontrolliert wird und vom Helfer dabei unterstützt werden kann, langsam immer mehr Raum und Kraft zu gewinnen. Je nach Erfahrung und Kompetenz kann der Helfer einschätzen, wieweit dieses autonome Ich schon in Ansätzen mitwirkt. Voraussetzung dafür ist die Fähigkeit, Manipulationen zu erkennen, und vor allem die Fähigkeit des Klienten, Frustrationen beim Fehlschlagen seiner verschiedenen Kontrolltechniken auszuhalten, ohne auf Techniken des Rückzugs bis hin zum Angriff und zur Gewalt zurückzugreifen.

Wir wollen es deutlich aussprechen: Narzissmus bedeutet eine Stagnation der Persönlichkeit, durch den beharrlichen und fatalerweise erfolgreichen Versuch, in einem Kernbereich der Seele unverändert und kindlich zu bleiben. Das bedeutet auch die Herrschaft eines elementaren psychischen und biologischen Mechanismus, nämlich Unangenehmes zu vermeiden und Angenehmes zu erstreben. Die Überzeugung von der fraglosen Gültigkeit dieses Mechanismus bildet zugleich den zentralen Glaubenssatz eines Narzissten, ganz unabhängig davon welchen Ideologien oder Religionen er auch sonst anhängen mag. Wie wir immer wieder gesehen haben, besteht seine Kunst darin, diesen Glaubenssatz möglichst erfolgreich zu verwirklichen und dafür setzt er unter Umständen sehr viel Intelligenz, Intuition und Begabung ein.

Unter dieser Voraussetzung bedeutet Narzisst zu sein, sich einfach *rational* zu verhalten. Wenn der Partner nicht die erhoffte Zuwendung und den gewünschten Freizeitspaß erbringt, dann ist es doch „vernünftig", sich nach einem besser geeigneten umzuschauen. Das Problem ist nur, dass bei dieser Haltung auch die noch bestehende Beziehung unergiebig wird, zumal der so nüchtern Kalkulierende jederzeit zum Gegenstand der gleichen Kosten-Nutzen-Rechnung werden kann.

Narzissten ringen mit den *Nebenwirkungen ihrer Rationalität*. Oft sind sie darin sehr erfolgreich und wenn das nicht mehr so gut gelingt, suchen sie eventuell auch fachliche Hilfe. Die Schwierigkeit bei der Arbeit mit ihnen besteht darin, dass ein Fortschritt nur in dem Maße möglich ist, in dem der Betreffende imstande ist, diesen zentralen Glaubenssatz infrage zu stellen, dass Lust gut und Unlust schlecht ist.

Das schließt nicht aus, dass ein Narzisst gegebenenfalls im Rahmen einer Güterabwägung auch bereit ist, Leiden auf sich zu nehmen, ganz abgesehen davon, dass sein Zustand für den mitfühlenden Betrachter tatsächlich schlimm und bedrückend aussehen kann. Vielleicht äußert er sogar den Wunsch, endlich einmal hemmungslos und unaufhörlich weinen zu dürfen, oder bringt in einer Gruppentherapie zur tiefen Ergriffenheit aller Anwesenden seinen Schmerz über all die Verletzungen, die ihm das Leben zugefügt hat, dramatisch zum Ausdruck. All das ist *kontrolliertes Leiden*, schafft vorübergehende Erleichterung und gehört zu seinen narzisstischen Bewältigungstechniken, ändert jedoch nichts an seiner Grundhaltung.

Was er fürchtet und möglichst auf jeden Fall vermeiden möchte, ist das *nicht kontrollierbare* Leiden: Die unangenehme Wahrheit, den Blick auf sich selbst, der all die Schwächen und Unvollkommenheiten aufdeckt, die nun einmal zur kreatürlichen Normalität gehören, die Einsicht in Grenzen und Beschränkungen, die das verborgene Gefühl der Allmacht und Gottähnlichkeit kränken. Kurz gesagt: Es ist das Leiden, das aus der Berührung mit der Wirklichkeit entsteht, und das er deswegen fürchtet, weil ihm, abgesehen von seinen narzisstischen Abwehrmechanismen, die normalen inneren Hilfen fehlen, nicht nur mit der Unvollkommenheit leben zu können, sondern gerade durch sie innerlich lebendig zu bleiben: Die Fähigkeit, zu erkennen, dass wir Fehler machen und unvollkommen sind und uns dennoch grundsätzlich anzunehmen und zu bejahen. Diese Fähigkeit ist die Voraussetzung für seelische Erneuerungsprozesse wie Reue oder anderen und sich selbst zu verzeihen. Durch entsprechende Erfahrungen schon in der frühen Kindheit werden diese Begabungen erworben. Fehlen diese Erfahrungen oder werden sie innerlich entwertet, entsteht der Narzissmus als seelisches Gefängnis, in dem es immer um „Alles oder Nichts" geht: entweder vollkommen und makellos oder abgestürzt und mitleidslos verworfen.

Dieses Gefängnis macht das Leiden immer größer, vor allem dann, wenn es zur Krise kommt und die bisherigen Verfahren, es an andere zu delegieren oder zu überspielen und unter Kontrolle zu halten, an Wirksamkeit verlieren. Paradoxerweise ist es aber nicht dieses Leiden, das einen hoffnungsvollen Ausblick auf neue Entwicklungen der Persönlichkeit eröffnet. Als Ausdruck der narzisstischen *Klage* ist es vielmehr der Höhepunkt des narzisstischen Protests gegen die böse und frustrierende Wirklichkeit und der verzweifelte Versuch, sich am Selbstmitleid zu nähren.

Also nicht das *Unglück* des Klienten ist das zentrale Kriterium dafür, dass tatsächlich Fortschritte zu erwarten sind und etwas Neues in Gang kommen kann, sondern seine Fähigkeit, sich selbst gegenüber ein *Forschungsinteresse* zu entwickeln und damit zumindest das Risiko einzugehen, sich den wirklichen heiklen Punkten seines Lebensentwurfs zu nähern. Wir denken zum Beispiel an einen narzisstischen Familienvater, der unter der mangelnden Zuwendung von Frau und Kindern leidet, sich durch Klagen bei Freunden und Bekannten hilft, dabei chronisch unter Symptomen einer behandlungsresistenten Grippe mit Gliederreißen leidet und sich schließlich mit der Klage ins Bett legt, dass das Leben sinnlos ist. Er will sterben, wie er sagt, macht aber die Erfahrung, dass selbst das die Familie nicht im Mindesten beeindruckt, was ihn noch mehr von ihrer Hartherzigkeit und Lieblosigkeit überzeugt. Es geht ihm körperlich und seelisch tatsächlich nicht gut und er kann einem wirklich leidtun. Eine Änderung zum Besseren ist dennoch unwahrscheinlich, weil ihm einfach die Idee fehlt, das Verhalten der Familie könnte auch etwas mit ihm selbst zu tun haben, ganz zu schweigen von der Möglichkeit, dass ihm hier eine selbstbezogene Lieblosigkeit entgegenkommt, deren Vorbild er selber ist.

Trifft er als Klient mit einem Helfer zusammen, ist zu erwarten, dass er zuerst einmal sein persönliches Elend zum Thema macht und über die lieblosen Familiengenossen klagt. Sicher möchte er einen Weg finden, dass es ihm wieder besser geht, und natürlich auch, wenn irgend möglich, irgendwelche Hinweise, wie er Frau und Kinder in der für ihn wichtigen Hinsicht verändern kann. Da es ihm wirklich schlecht geht und er im Übrigen durchaus sympathisch ist, gelingt es ihm wahrscheinlich auch, Mitgefühl und empathisches Verständnis des Helfers zu gewinnen. Damit hat er viel erreicht. Das Zuwendungsdefizit, unter dem er in seiner Familie leidet, wird von diesem einigermaßen ausgeglichen und sein Elend gerät nicht weiter krisenhaft außer Kontrolle.

Wir sagten schon, dass wir diese Art rettender Hilfe nicht gering schätzen. Am Grundproblem, an der narzisstischen Persönlichkeitsstruktur des Klienten und ihrer Auswirkung auf die Menschen seiner Umgebung ändert sie nichts. Der Helfer kann ohne weiteres erleben, dass der so bedürftige und dankbare Klient plötzlich und ohne Erklärung die Zusammenarbeit beendet, vielleicht auch noch das Honorar schuldig bleibt, soweit das nicht über die Krankenkasse geregelt ist. Er hat einfach eine andere Lösung für sein Problem gefunden, z. B. eine Freundin, die seine psychischen Defizite wirksamer und vor allem für ihn angenehmer ausgleicht.

Die Voraussetzung dafür, dass überhaupt eine Chance besteht, mit einem Klienten an seinem Grundproblem des Narzissmus zu arbeiten, ist also

1. seine Fähigkeit und Bereitschaft, soweit zu sich Distanz zu nehmen, dass er sich selbst – sein Denken, Fühlen und Verhalten – zum Gegenstand eines kritischen Interesses machen kann. Das meinen wir mit dem Ausdruck „Forschungsinteresse".
2. Hinzu kommt als zweite wichtige Voraussetzung die Bereitschaft, zumindest grundsätzlich und Schritt für Schritt für die Auswirkungen des eigenen Denkens, Fühlens und Verhaltens *Verantwortung* zu übernehmen. Beides ist *antithetisch* zum narzisstischen Grundmuster, die *Schuld* für alle möglichen Schwierigkeiten immer bei anderen zu sehen und dann natürlich viel Energie zu brauchen, um die anderen dann unter Kontrolle zu halten.
3. Die dritte Voraussetzung ist die *Frustrationstoleranz* bzw. die Fähigkeit, in einem gewissen Ausmaß auch Unangenehmes zu ertragen: Erkenntnisse, die das grandiose narzisstische Selbstbild stören; Rückschläge beim Versuch, persönlich weiterzukommen; überhaupt die Langsamkeit und Schwierigkeit der Arbeit an sich selbst.
4. Die dritte Voraussetzung hängt mit der vierten Bedingung zusammen, einer gewissen *Ambiguitätstoleranz*, der Fähigkeit, Entwicklungen, uneindeutige und somit unentschiedene Situationen zu ertragen und von dem Grundsatz „Alles oder Nichts" abzugehen: entweder großartig, gesund, schön, erfolgreich, optimal funktionierend oder „fertig", „am Ende", wertlos und nichtig.

Diese Persönlichkeitseigenschaften zu stärken ist Ziel der Arbeit. Wenn überhaupt eine Aussicht bestehen soll, müssen sie jedoch in Ansätzen schon vorhanden sein. Mit einem von seinem grandiosen Kindheits-Ich gesteuerten Klienten ist kein gültiger Arbeitsvertrag möglich. Er wird vielmehr alles tun, um den Helfer in sein System einzubauen. Das kann, wie wir schon mehrmals sagten, zeitweilige Vorteile für den Klienten haben und ihn psychisch stabilisieren, weil er wieder einmal die Erfahrung macht, dass der die Dinge im Griff hat. Es ändert jedoch nichts an seiner personalen Struktur und birgt für den Helfer absehbare Risiken: von der Wahrscheinlichkeit, über kurz oder lang als nutzlos „abserviert" zu werden bis hin zu Verführung und Bedrohung. Eine ganz wesentliche Voraussetzung für eine tragfähige Arbeit mit einem narzisstischen Klienten ist deswegen der Einbezug seiner Persönlichkeitsproblematik in den konkreten Arbeitsvertrag.

Ziele

Bei den Zielen besteht die Gefahr, verführt durch die eigene Grandiosität und auch durch eine gewisse Naivität, diese zu hoch und unrealistisch anzusetzen. Es kann nicht darum gehen, aus einem Narzissten einen mehr oder weniger gelungenen Neurotiker zu machen, auch wenn der Helfer selbst noch diese altmodische Persönlichkeitsstruktur verkörpert. Ein Mensch, der die entsprechenden Beziehungserlebnisse nicht gehabt oder abgelehnt hat, wird diese auch nicht in der Beziehung zu seinem psychologischen Helfer bzw. in der „Übertragung" auf ihn reaktivieren. Was er braucht sind neue Erfahrungen und ein neuer Anfang, die sich nach seinen eigenen Kriterien als vorteilhaft und befreiend erweisen. Dazu gehört in erster Linie, dass der Druck der narzisstischen Krise nachlässt, Depressionen, Angstzustände, auch psychosomatische Symptome schwinden und sich ein Gefühl der Entlastung, größerer Freiheit und neu gewonnener Energie einstellt.

Dazu gehört auch, dass sich in den Bereichen etwas ändert, die bisher im Zusammenhang mit dem Narzissmus entstanden sind. Es ist durchaus ein Erfolg, wenn eine Narzisstin, die immer wieder abgelehnt und aus Teams ausgeschlossen wird, jetzt die Erfahrung macht, dass sie akzeptiert wird und ihre Fähigkeiten sogar als Teamleiterin einsetzen kann. Diese Position hilft ihr natürlich, ihre nach wie vor vorhandene narzisstische Grundstruktur zu bewahren, denn sie ist die anerkannte und bewunderte Autorität. Sie wäre jedoch nicht in diese Position gewählt worden und würde sie wahrscheinlich auch nicht ohne fortwährende Spannungen und Konflikte behalten können, wenn sie nicht einen entsprechenden Prozess der Reifung und Persönlichkeitsentwicklung durchgemacht hätte.

Es geht also nicht darum, die narzisstische Persönlichkeitsstruktur völlig zu verändern oder gar zu ersetzen, sondern sie von ihren eigenen Möglichkeiten und Voraussetzungen aus weiterzuentwickeln. Der Weg dahin führt über eine größere Bewusstheit und die Fähigkeit, das, was ist, zur Kenntnis zu nehmen und auszuhalten. Dazu gehört in erster Linie auch, nüchtern zur Kenntnis zu nehmen, dass durch das Zusammenspiel von negativen Erfahrungen und unbewussten Entscheidungen eben diese Persönlichkeitsstruktur zustande gekommen ist, die sich in mancher Hinsicht bewährt hat, nur im Ganzen mehr Nachteile als Vorteile hat. Es ist dieser Prozess wachsender Selbsterkenntnis und Geduld mit sich selbst, ohne auszuweichen oder zu verurteilen, der allmählich eine Wandlung bewirkt. Dabei ist die Unterstützung eines kundigen Begleiters hilfreich, auch wenn solche Prozesse unter günstigen Bedingungen und unter dem Druck psychischer Not hin und wieder auch ohne fachliche Hilfe stattfinden. Es sollte auch deutlich sein, dass diese Wandlung der Persönlichkeit allmählich und schrittweise stattfindet, in der Regel nicht kontinuierlich, sondern immer wieder durch Krisen und Neuanfänge hindurch, die vom Helfer wie vom Klienten Kraft und Glauben verlangen. Für das Selbstgefühl des Narzissten geht es ja darum, „Unmögliches" zu schaffen, sich der tief verborgenen Schwäche seines Wesens zu stellen, ohne auf die bisherigen rettenden Techniken zurückzugreifen.

Das ist nicht möglich ohne eine Zeit einer tiefen Angst und Verunsicherung. Gerade dann ist die Begleitung durch einen Helfer entlastend. Durch seine Erfahrung und sein Wissen kann er die Gewissheit stärken, dass diese Zustände zur Wandlung gehören, weil er sie von entsprechenden narzisstischen Zuständen unterscheiden kann. Erst nach dieser Phase kommt es dann zu einer Beruhigung. Der Klient macht die Erfahrung, dass die Energie zurückkehrt, Angst und Bedrohungsgefühle schwinden und dass die für den Ausstieg aus dem Narzissmus ergriffenen Maßnahmen tatsächlich wirken. Um diese wird es in den nächsten Abschnitten gehen.

Ziel der Arbeit mit Narzissten ist also:

1. *Eine bessere Selbsterkenntnis*, zu der in erster Linie die Erkenntnis der eigenen Persönlichkeitsstruktur und der mit ihr zusammenhängenden Verhaltensmuster gehört. Wir gehen davon aus, dass jeder Mensch einzigartig ist und insofern auch nicht durch psychologische Konzepte erschöpfend zu erfassen ist. Typisch und deswegen zu beschreiben sind jedoch die Persönlichkeitsmuster, mit denen Menschen die Wirklichkeit in den Griff zu bekommen suchen und die sie oft irrtümlicherweise für ihr wahres Ich halten. Diesen Irrtum aufzulösen und ein neues Zentrum in sich zu finden, das nicht mehr in dieser Weise gefährdet ist und nach Bestätigung giert, sollte das Ziel der Arbeit sein. Dabei geht es nicht nach dem Prinzip „Alles oder Nichts", sondern um eine schrittweise Ausweitung der Distanz zum bisherigen narzisstischen Selbst und eine Festigung alternativer Erfahrungen. Krisen und Rückfälle sind dabei nicht ausgeschlossen. Was sich ändern kann, ist jedoch die Art des Umgangs mit der Krise: Statt der bisherigen narzisstischen Fluchtmanöver findet nun eine bewusste Suche nach den Ursa-

chen und wirksamen und nicht nur auf Illusion und Ausbeutung beruhenden Gegenmaßnahmen statt.
2. *Eine neue Art der Autarkie* durch das Erlebnis der Unabhängigkeit von den bisherigen Hilfsmitteln und Manövern, um das trotz seiner Grandiosität immer unsichere und unersättliche narzisstische Selbst zu stützen. Diese Unabhängigkeit zeigt sich unter anderem dadurch, dass die eigene Bedürftigkeit und Angewiesenheit auf Zuwendung und Unterstützung durch andere nicht mehr verleugnet und überspielt, sondern anerkannt wird. Das ist ein Ergebnis der Wandlungskrise, das durch die Erfahrung gestützt wird, dass man durch Veränderungen in der Stroke-Ökonomie tatsächlich satt werden kann.
3. Eine stärkere *Belastbarkeit und Leidensfähigkeit.*

Wie wir gesehen haben, gibt es verschiedene Zugänge, um den Narzissmus zu verstehen. Ein wesentlicher Aspekt dabei ist der mit ihm verbundene Versuch, allem Unangenehmen dieser Welt so weit wie möglich aus dem Weg zu gehen bzw. Leiden um jeden Preis zu vermeiden. Dahinter steht die Illusion, dass das möglich ist, verbunden jedoch mit der heimlichen Gewissheit, es nicht aushalten zu können. Daraus entsteht dann der typische Lebensstil, der bei allen Vorteilen und Erfolgen doch eine auf Dauer die Kräfte verzehrende und zum Scheitern verurteilte Flucht ist.

Mit Leidensfähigkeit meinen wir allerdings nicht die Bereitschaft zu passivem Ertragen, sondern eine aktive Kraft im Umgang mit all den Widrigkeiten, die nun einmal zum Leben gehören und nicht einfach verschwinden, wenn ein Mensch sich in seiner Persönlichkeit weiterentwickelt. Krankheit, Altern, Kränkungen durch geliebte Menschen, all das bleibt als reale Möglichkeit, ganz zu schweigen von den Risiken des modernen Berufslebens, der Belastung durch die Sinnlosigkeit vieler Jobs, deren Verlust gleichzeitig gefürchtet wird, weil sie zum Gelderwerb nötig sind. Leidensfähigkeit in diesem Sinne heißt, den Mut und die Fähigkeit zu besitzen, mit all dem eine konstruktive Auseinandersetzung aufzunehmen.

Empathie und Zuwendung

Ein besonderes Problem bei der Arbeit mit Narzissten, die in eine mehr oder weniger tiefe Krise gekommen sind, sind die Gefühle von Mitleid, Verständnis und Sympathie, die sie erwecken. Wie wir gesehen haben, ist der Narzissmus nicht nur Flucht vor Leiden, sondern auch eine Lebensstrategie, um mit einer seelischen Unterernährung, dem chronischen *Hunger* nach Anerkennung, Liebe und Verstanden-Werden fertig zu werden, ohne dabei je satt zu werden. Je hektischer die Flucht vor dem Leiden ist, umso stärker macht sich dieser Hunger untergründig bemerkbar, bis schließlich alle noch freien Kräfte der Persönlichkeit aufgezehrt sind und chronische Erschöpfung vorherrscht.

Für Menschen, die mit Narzissten in eine über das Alltägliche hinausgehende Berührung kommen, bei einfachen Begegnungen, als Partner und eben auch als Helfer und psychologische Begleiter, entsteht damit eine schwierige Situation. Elend und Bedürftigkeit des anderen sind spürbar und erwecken alle „guten" Regungen, Liebe, Mitleid, den Wunsch, zu helfen und dem anderen aus seinem Elend herauszuhelfen. Das wird noch dadurch begünstigt, dass dieser andere immer wieder Signale gibt, dass es das ist, was er sucht und braucht und nach vielen Enttäuschungen jetzt endlich zu bekommen hofft.

Es ist ja tatsächlich so, dass viele Narzissten von Kindheit an Schlimmes erlebt haben: Ablehnung, Unverständnis, Gewalt. Wer wird dann nicht verstehen, wenn ein Klient sagt, er wolle eigentlich nur weinen, stundenlang weinen? – In seinen bisherigen Psychotherapien sei ihm das nicht möglich gewesen, und jetzt hoffe er, es einmal tun zu können. Wenn dann noch der Blick für die mannigfachen Begabungen und den Charme des anderen hinzukommt, all die Schätze, die unerkannt oder missachtet in dieser Persönlichkeit liegen, dann ist es kaum zu vermeiden, dass der Helfer, Freund oder Partner in Versuchung gerät, endlich einmal das zu tun und zu geben, was bisher offensichtlich immer versäumt wurde. Das ist so verständlich wie riskant.

Liebe, unbedingte Zuwendung, rückhaltloses Akzeptieren, all das, wonach sich ein Narzisst im Tiefsten sehnt, ist zumindest am Anfang der Arbeit kein geeignetes Mittel, um eine Veränderung in Gang zu bringen. Das ist gerade dann nicht leicht zu begreifen, wenn aus Gründen, die wir eben genannt haben, all das aufseiten des Helfers oder Partners durchaus vorhanden ist. Es jedoch offen zu zeigen oder gar zu glauben, damit eine positive Änderung in Gang zu bringen, ist nicht realistisch.

Wir müssen uns klarmachen, dass dasjenige, was der Narzisst ersehnt und was ihm auch tatsächlich fehlt, grade dasjenige ist, was er am meisten fürchtet. Gesehen werden, in Schwächen und Unzulänglichkeiten erfasst und dennoch geliebt zu werden, ist bedrohlich, denn es entzieht sich der Kontrolle, auf der seine Sicherheit und sein Gefühl narzisstischer Größe und Unverletzlichkeit beruhen. Diese Bedrohung muss seinen Widerstand wecken. Entweder gelingt es ihm, diese bedrohliche Zuwendung mit bewährten Mitteln unter Kontrolle zu halten, indem er z. B. dem anderen erfolgreich schmeichelt, dass er der Größte und Beste ist. Gelingt die Manipulation, gibt ihm das ein Gefühl der Überlegenheit, das ihm wiederum hilft, die bedrohliche Zuwendung durch Abwertungen zu neutralisieren. Gelingt das nicht und erweisen sich auch andere Versuche als schwierig, den liebenden „Angreifer" durch Abwertungen innerlich auf Distanz zu halten, so kommen all die Mechanismen in Gang, die wir schon besprochen haben. Der Helfer oder Partner, der doch nur das Beste will, wird beneidet und gehasst, alles Böse wird ihm unterstellt, sodass im Extrem auch Gewalt als Notwehr gerechtfertigt erscheint.

Ein anderes Verfahren der Abwehr kann darin bestehen, den „Spieß umzudrehen" und ihn liebend zu bedrängen, in verschiedenen Intensitätsgraden, vom Flirt bis hin zum massiven Stalking. Das Ziel ist jedenfalls erreicht, wenn der andere wieder in die Position gebracht ist, in der er den Narzissten nicht mehr beunruhigt, wenn er also offensichtlich verunsichert ist, die Situation nicht mehr im Griff hat oder ersichtlich nicht o.k. ist. Ob er das nun tatsächlich ist, z. B. grandios und selbstsüchtig, und Interesse und Liebe nur vortäuscht oder ob das durch die Manipulationen des bedrängten Narzissten nur so aussieht, spielt dabei keine Rolle. Entscheidend ist, dass dieser hinreichend Anzeichen dafür findet und sich wieder in seinem Gehäuse sicher fühlen kann.

Eine elementare Regel in der Arbeit und überhaupt im Umgang mit Narzissten ist deswegen, dessen Grenzen zu achten und ihn in keinem Fall mit unbedingter Zuwendung bzw. Liebe zu bedrängen. Es ist wichtig, sich das aufgrund der Einsicht in das narzisstische System klarzumachen und nicht der Versuchung zu erliegen, im Überschwang des Helfens zu versuchen, „einfach so" den tiefen Hunger zu stillen, der so oft bei Narzissten spürbar ist.

Die Naivität bei diesem Versuch, den anderen einfach einmal satt zu machen, besteht in der Annahme, dass es möglich ist, einen anderen zu nähren, dessen psychisches Verdauungssystem nicht in Ordnung ist. Stattdessen geht es zuerst einmal darum, seine Fähigkeit zu stärken, Zuwendung ohne Abwertung, ohne Illusionen und negative Umdeutungen aufzunehmen und seelisch zu nutzen. Alles andere wird nur die narzisstische Abwehr in allen Varianten und Intensitätsgraden aktivieren.

Das verlangt einen bestimmten *Kommunikationsstil* beim Helfer und Begleiter. Wichtig ist ein eher *distanziertes* Wohlwollen mit einer bewussten Selbstkontrolle in Hinsicht auf Anerkennung, Lob und Freude über eventuelle positive Veränderungen des anderen. Es erhöht auch die Glaubwürdigkeit des Helfers, wenn er Kritik offen äußert, wobei es entscheidend auf den Ich-Zustand ankommt, in dem das getan wird. Nicht förderlich sind elterliche Bewertungen, sowohl positiver wie negativer Art, wohl aber klare sachliche und überprüfbare Feststellungen. Es ist sogar ein Maßstab für die Fortschritte des Klienten, inwieweit er derartiges „verträgt", ohne in die Defensive zu gehen.

Authentizität

Entscheidend ist in jedem Fall die *Authentizität* des Helfers, die sich vor allem darin zeigt, dass er bei seinen Kommentaren tatsächlich ausdrückt, was er denkt und fühlt und keine bewusste oder auch unbewusste *Absicht* damit verfolgt. Das ist ja gerade die tiefste Überzeugung eines Narzissten, dass jeder, er selbst natürlich eingeschlossen, bei allem eine Absicht verfolgt und insofern nicht authentisch ist. Ob diese Absicht „gut" oder „nicht gut" ist, spielt keine Rolle. In jedem Fall wird unter dieser Voraussetzung jede Kommunikation zur Manipulation. Man sagt etwas, weil man damit etwas bewirken will und kann Gegenstrategien entwickeln, wenn man diese Absicht beim anderen erkannt hat.

Auch die beste Absicht des Helfers zu helfen und zu fördern führt so in die Symbiose bzw. macht ihn von dem anderen abhängig, der entscheiden kann, wieweit er dem Helfer den Gefallen tun will, Fortschritte zu machen, wenn er sich nicht überhaupt bedroht fühlt, weil der Helfer etwas für ihn will.

Authentizität ist der Gegensatz zu der psychischen Konstellation, die als *„Helfersyndrom"* bezeichnet wird. Gemeint damit ist ein Einsatz für andere, der bis zur Aufopferung gehen kann, aber mehr oder minder doch dem Helfer selbst gilt: Vielleicht will er ein schlechtes Gewissen beruhigen, das aus seiner Biographie stammt. Dann versucht er z. B. noch immer, in seinen Klienten Vater oder Mutter zu retten, die als Narzissten Einfühlung und Verständnis ihres Kindes für sich missbraucht haben. Vielleicht geht es ihm auch um die Befriedigung, diesen „schwierigen" Fall zu bewältigen und auch diesen Klienten zu „heilen".

All diese verborgenen Motive und Absichten werden über kurz oder lang von narzisstischen Klienten erspürt, die bei aller anfänglichen Bewunderung und Idealisierung ihres Helfers in jedem Fall versuchen, ihn möglichst bald zu „durchschauen". Gelingt das, ist die narzisstische Welt wieder heil. Es ändert sich zwar nichts und das Elend bleibt, aber das Grundbedürfnis nach Überlegenheit und Kontrolle ist wieder einmal befriedigt.

Dagegen gibt es nur einen Schutz, nämlich darauf zu verzichten, irgendetwas *für* den Klienten zu wollen und überhaupt damit aufzuhören, den Klienten retten oder ihm helfen zu wollen. Pointiert ausgedrückt: Ein Narzisst ist nicht zu retten und so gesehen auch nicht durch Psychotherapie zu heilen. All das sind für ihn Versuche, sein bedrohtes Ich zu „überlagern", wogegen er sich mit den bekannten Mitteln zur Wehr setzen wird.

Authentizität bedeutet, dass der Helfer in seiner eigenen Person verwirklicht, was dem Narzissten fehlt, nämlich ohne Hintergedanken, Absichten und Vorbehalte zum Ausdruck zu bringen, was er denkt und fühlt. Das schließt nicht aus, dass darin sein Wissen über den Narzissmus mit eingeht. Entscheidend ist jedoch der Verzicht auf jede, auch noch so gut und heilend gemeinte Manipulation.

Das wird ihm sein Klient natürlich nicht einfach glauben, sondern irgendeine ganz besonders gut verborgene Absicht dahinter vermuten. Das ist nicht zu vermeiden. Hier geht es jedoch nur um das, was gesagt wird. Worte ändern nichts und dienen in der Sicht von Narzissten eher zum Verschleiern der wirklichen Absichten. Was

Narzissten brauchen, sind wirkliche Erfahrungen mit Menschen, die ohne verborgene Absichten und heimliches Eigeninteresse Authentizität vorleben. Wer diese Authentizität selbst nicht erreicht hat, als Partner wie als professioneller Helfer, wird im Umgang mit Narzissten immer in der Gefahr sein, durchschaut und in mehr oder minder unangenehmer und gefährlicher Weise unter Kontrolle gebracht zu werden.

21. Methoden

Der Vertrag

Die entscheidende Voraussetzung für eine wirksame Unterstützung beim Versuch, über den Narzissmus hinauszukommen, besteht darin, dass beide, Helfer und Klient, begreifen, worum es eigentlich geht und sie sich darauf einigen. Das meinen wir hier mit dem „Vertrag". Das ist nicht selbstverständlich, denn der Anlass, um Hilfe zu suchen, ist– wie schon gesagt – in der Regel der Kampf mit den *Nebenwirkungen* des narzisstischen Lebensstils und der schleichenden oder offenen narzisstischen Krise. Die Unannehmlichkeiten sollen beseitigt werden, ohne dass eine persönliche Änderung ins Auge gefasst oder auch nur für möglich erachtet wird. Lässt sich der Helfer auf diese reduzierte Sicht der Dinge ein, ist der Ablauf voraussehbar. Er stellt dann eben eine weitere Station auf dem Wege seines Klienten dar, der sich bei ihm neue Kraft holt, um weiterzumachen wie bisher. Für den Helfer als Mittel zum Zweck besteht ein hohes Risiko, dass die Angelegenheit schlecht ausgeht. Zumindest wird er das Gefühl haben, irgendwie missbraucht und dann fallen gelassen zu werden.

Bei der Arbeit mit einem narzisstischen Klienten sollte diese Voraussetzung also benannt und in den Grundvertrag mit aufgenommen werden. Das heißt nicht, dass es in jedem Fall um eine Persönlichkeitsentwicklung gehen muss. Es ist durchaus möglich, dass aktuelle Probleme Gegenstand der Zusammenarbeit sind. Der Helfer sollte jedoch die Möglichkeit haben, den Zusammenhang dieser Probleme mit den persönlichen Voraussetzungen des Klienten benennen und vor allem deren Auswirkungen in der aktuellen Beziehung mit seinem Klienten zum Thema machen zu können.

Wir nennen das einen *erweiterten Konfrontationsvertrag.* Das bedeutet, dass von Anfang an Übereinstimmung hergestellt wird, dass auch die verborgene Thematik der Macht, Kontrolle, Manipulation und all dessen, was zum Narzissmus gehört, im *Hier und Jetzt* der Beziehung ins Bewusstsein gehoben und benannt werden kann.

Ein Beispiel:

Ein Klient sucht Hilfe mit der Klage, dass seine Beziehungen zu Frauen immer wieder scheitern und er sich zunehmend einsamer fühlt. Woran dieses stereotype Fiasko liegen könnte, ist ihm nicht recht klar. Immer wieder macht er einen neuen Anlauf, knüpft Kontakte über das Internet und trifft sich mit Interessentinnen, aber dann wird doch nichts Rechtes aus der Beziehung. Über kurz oder lang verlässt ihn die Betreffende oder pflegt eine Nebenbeziehung, bis dann irgendwann doch das unwiderrufliche Ende kommt.

In der Beratung sucht er Hinweise, wie er es anstellen könnte, eine wirklich passende Partnerin zu finden und – vor allem – zum Bleiben zu bewegen, denn er wird schon älter und sieht seine erotische Attraktivität im gleichen Maße schwinden wie seine Bedürftigkeit nach Zuwendung und Versorgung zunimmt. Ganz besonders geht es ihm in der Beratung jedoch um eine Gelegenheit zum Klagen: über all die schlimmen Erlebnisse der Zurückweisung, die er schon gehabt hat, über seine Einsamkeit, über die Unaufrichtigkeit und den Egoismus der Frauen ...

Kein Thema für ihn ist sein eigener Beitrag zu diesem Elend. Hört man den Berichten über seine trostlosen Erlebnisse eine Weile zu, verspürt man tatsächlich Mitleid für dieses ungeliebte und immer wieder verstoßene Kind. Schon in der frühen Kindheit hat es ja begonnen. Seine Mutter war immer mit anderem beschäftigt und nicht imstande oder willens, ihm die Liebe zu geben, die er brauchte.

All das kann die Öde und Langeweile nicht verdecken, die aus diesen traurigen Berichten aufsteigt. Schließlich kann selbst ein engagierter Helfer in Konflikte kommen. Ja, es ist traurig, was dieser Mann alles erlebt und erlitten hat. Man sollte ihm unbedingt helfen und dennoch, es ist einfach öde, was er klagend vorbringt und irgendwie kann man diese so „grausamen und „lieblosen" Partnerinnen, die ihn immer wieder allein zurücklassen, sogar verstehen.

Spürt man diesen Regungen nach, wird man merken, dass es dem Klienten eigentlich nicht um diese Partnerinnen geht. Die sind ihm jetzt völlig gleichgültig und waren es wohl auch bereits zu Zeiten der Beziehung. Worum es ihm geht, ist er selbst, seine sexuelle und emotionale Versorgung. Seinen Interessen gelten seine Sorge und sein Klagen und eigentlich interessiert er sich überhaupt nicht für Frauen. Dass sie das bald merken und das Interesse an ihm verlieren, ist verständlich. Allenfalls setzen sie ihn ihrerseits in ihre Berechnungen ein, was er dann durchschaut und zum Anlass für Klagen und inneren wie äußeren Rückzug nimmt.

Paradoxerweise liegt der Grund für sein Elend darin, dass seine Bedürfnisse durchaus nachvollziehbar und berechtigt sind. Es ist verständlich, dass er geliebt und versorgt werden möchte, besonders jetzt an der Schwelle des Alters. Das sind elementare kindliche und auch allgemein menschliche Bedürfnisse. Sein Problem liegt nur darin, dass er sich für die Personen, von denen er diese Versorgung erwartet, schlichtweg nicht interessiert. Das heißt nicht, dass er nicht charmant und einfühlsam sein könnte. Wir haben das schon wiederholt in Beispielen gesehen. Natürlich hat er seine bewährten Verfahren, um gekonnt Beziehungen anzuknüpfen. Nur eben: Eigentlich interessieren ihn diese Menschen gar nicht. Er ist nett und gewinnend, weil er seine Ziele und Absichten hat, denen die anderen nützlich sein sollen. Dabei ist er immer wieder euphorisch verliebt, was jedoch nichts anderes bedeutet, als dass er meint, nun endlich die für seine Zwecke passende Person gefunden zu haben.

Kommentar

Es ist verständlich, dass ein Klient mit diesen Voraussetzungen auch mit der Beratung kein anderes Ziel verfolgt als sonst auch. Er meint, dass er wohl irgendetwas falsch macht und möchte das ändern. Dazu soll ihm der Berater helfen, abgesehen von der Möglichkeit, endlich einmal all den aufgestauten Jammer vor einem verständnisvollen Zuhörer ausbreiten zu dürfen. Dieser wird so zu einer Art Partnerin-Ersatz. Wenn schon die Beziehungen nicht halten, so gibt es doch den Berater, der vertragsgemäß und gegen Honorar verpflichtet ist, Verlässlichkeit und Zuwendung zu bieten. Warum er das tut, ist klar und natürlich auch wieder ein Grund, diese Verlässlichkeit und diese Zuwendung abzuwerten. Schließlich ist sie ja nur gekauft und nicht das, was er eigentlich sucht.

Unter solchen Voraussetzungen ist es unbedingt wichtig, dass der Helfer begreift, dass die Problematik seines Klienten nicht in dieser oder jener Schwierigkeit liegt, sondern in dessen Persönlichkeit selber: in seiner Grundhaltung, seinen elementaren Überzeugungen, seinen übermächtigen kindlichen Bedürfnissen, die ihn gleichzeitig hindern, irgendwann einmal satt zu werden. Wenn das nicht begriffen wird, ist der Verlauf der Beratung voraussehbar. Der Helfer wird seine Rolle im Spiel des Klienten einnehmen und im besten Falle eine vorübergehende Entlastung bewirken.

Die Alternative besteht darin, diesen voraussehbaren Verlauf und seine Gründe in der Persönlichkeit des Klienten anzusprechen und Übereinstimmung herzustellen, dass dieser Gesichtspunkt gegebenenfalls zum Thema gemacht werden kann, also das zu vereinbaren, was wir einen *erweiterten Konfrontationsvertrag* nennen. Dann wird sich zeigen, wieweit der Klient fähig und willens zu einer konstruktiven Zusammenarbeit ist oder ob er nur eine Entlastung im Rahmen seines unveränderten Systems sucht.

Der Berater braucht also Sicherheit in der Einschätzung seines Klienten und sollte diese Einschätzung auch zum Thema des Arbeitsvertrages machen. Wie er das tut, ist Sache seiner kommunikativen Kompetenz. Es sollte in einer Weise geschehen, die für seinen Klienten akzeptabel ist und nicht voraussehbar dessen narzisstische Empfindlichkeit aktiviert. Dann wird sich zeigen, wie weit sein Spielraum und wie groß seine Bereitschaft ist, nicht nur einzelne Probleme, sondern deren Ursachen zum Thema zu machen.

Praktisch kann das so aussehen, dass der Berater nach einer Zeit der Orientierung und des Kennenlernens seinem Klienten eine Einschätzung und Erklärung der Problematik gibt. Hierbei sollte er auf in der Persönlichkeit des Klienten liegende Gründe hinweisen und die Notwendigkeit betonen, diesen Gesichtspunkt in die Arbeit mit einzubeziehen. Willigt der Klient grundsätzlich ein, sollten gleich noch Absprachen für voraussehbare Krisen getroffen werden. Z. B. ist ja voraussehbar, dass der Klient über kurz oder lang und trotz aller Behutsamkeit seines Helfers an die Grenzen seiner Empfindlichkeit kommen wird und dann Abwehrmaßnahmen in Gang setzen wird, wie inneren Rückzug oder ein abruptes Abbrechen der Arbeitsbeziehung.

Bei dieser Vertragsarbeit ist viel Fingerspitzengefühl nötig, denn alles, was wir bisher über den Narzissmus als innere Wirklichkeit und Stil des Umgangs mit anderen Menschen gesagt haben, ist auch bei diesem Klienten vorauszusetzen. So wird er wahrscheinlich nicht wirklich bereit sein, die Verträge auch einzuhalten. Vielleicht wird er zustimmen, weil ihm am Zustandekommen der Beratung gelegen ist. Sich wirklich verpflichten wird er jedoch keineswegs. Die Zustimmung ist ein zweckrationales Verhalten mit dem inneren Vorbehalt, dass seine Autonomie davon nicht betroffen ist und er es auch anders machen wird, wenn ihm das nützlich erscheint.

Das zu wissen gehört zu den Voraussetzungen der Arbeit mit Narzissten. Und dennoch ist ein solcher expliziter Konfrontationsvertrag nicht überflüssig. Er klärt und definiert die Position des Helfers und gibt ihm das Recht, auch die eigentlich heiklen Punkte anzusprechen. Das ist die elementare Voraussetzung für eine konstruktive Arbeit und er muss schon ganz früh im Kontakt, bei den ersten Weichenstellungen und vor allen anderen expliziten Regelungen gemacht werden, schon beim ersten Telefongespräch. In jedem Fall definiert der Vertrag die Position des Helfers und ermöglicht eine Prognose für den Erfolg der Arbeit, je nachdem, wie der Klient auf dieses Ansinnen reagiert, die Wirklichkeit eines anderen zu respektieren.

Aufspüren von Klagen

Ziele wie „Persönlichkeitsentwicklung", „Änderung" der Persönlichkeit, „persönliches Weiterkommen" oder „inneres Wachstum" haben den Nachteil, dass diese Begriffe so großartig wie diffus sind und allein damit schon eine Versuchung für die Narzissten unter Klienten wie Helfern darstellen. Sie eignen sich bestens für einen euphorischen Neuanfang, dem dann über kurz oder lang Enttäuschung, Depression und die Suche nach neuen Illusionen folgen. Die bekannten Mechanismen also, um sich trotz allem einigermaßen aufrechtzuerhalten. Das Gleiche gilt auch dann, wenn das Ziel fachlich benannt wird und etwa von einer „narzisstischen Persönlichkeitsstruktur" gesprochen wird, die überwunden werden sollte. Unabhängig davon, ob dieses Ziel durch persönliche Leistung erreicht werden soll oder der Klient von einem Therapeuten die Heilung seiner Pathologie erwartet: In jedem Fall handelt es sich um eine globale Zielsetzung, bei der unklar bleibt, womit konkret angefangen werden soll.

Deswegen ist es hilfreich, mit einer typischen Verhaltensweise des Narzissmus anzufangen und darauf zu vertrauen, dass sich dies auf das Ganze auswirken wird. Alle Denkweisen, Gefühle und Verhaltensweisen hängen schließlich zusammen und bilden ein System. In unserer Arbeit beginnen wir deswegen mit einem zentralen Muster, dem *Klagen*.

Zentral ist es deswegen, weil der Narzissmus, wie wir gesehen haben, ein Problem der psychischen Ernährung ist bzw. der Versuch, in einer chronischen Situation der Armut und des Mangels unabhängig zu bleiben. Klagen sind Versuche, Zuwendung von anderen zu bekommen, vor allem aber, das *Selbstmitleid* als wichtigste Quelle der psychischen Zufuhr zu aktivieren. Es ist logisch, dass bei dieser Lebenstechnik auch immer für Anlässe gesorgt werden muss, die Stoff zum Klagen geben, entweder durch Inszenieren fataler Lebenssituationen oder – wenn sich diese gerade einmal nicht einstellen – durch Verwertung früherer Misshelligkeiten. Es gibt immer Anlässe und Erinnerungen, die den Satz bestätigen: „Ach, ich Armer!"

Unbemerkt vor sich selbst Klagen zu konstruieren, die das Selbstmitleid nähren, ist eine Kunst, die viele Narzissten zur Virtuosität gebracht haben. In dieses Verfahren gehen alle Besonderheiten ein, die sonst noch zu diesem Persönlichkeitsmuster gehören:

- Der *Neid*, denn es lässt sich trefflich klagen, wenn man immer mit einem Seitenblick auf den scheinbar begünstigten anderen lebt.
- Die *Grandiosität*, denn sie bewirkt selbst unter vorteilhaften Umständen eine chronische Unzufriedenheit mit sich selbst und der Welt, denn nichts ist gut genug und entspricht den großartigen Erwartungen.
- Die *Unbelehrbarkeit*, denn fortwährend erneuern sich die Erfahrungen, die zum Klagen Anlass geben.

Klagen gehören elementar zur Welt des Narzissmus und machen sie zum unentrinnbaren Gefängnis, wenn dem Klagenden nicht bewusst ist, dass er klagt und sein Selbstmitleid pflegt. In seiner Sicht sind es nicht Klagen, sondern Feststellungen: Die Welt *ist* hart und mitleidslos, die Partnerinnen *sind* egoistisch, die eigene Biographie *ist* traurig, die Zukunft hoffnungslos. Diskussionen darüber sind fruchtlos, denn es gibt immer Gründe für diese Sicht und vor allem kann der Betreffende diese Sehweise nicht einfach aufgeben, weil er sie braucht, um sich an seinem eigenen Elend zu nähren.

Klagen als Klagen zu erkennen ist also ein erster wichtiger Schritt zur Veränderung. Ob sich jemand darauf einlässt und auch das Ausmaß, in dem hier ein Erfolg zu erwarten ist, hängt allerdings davon ab, wie viel freie, nicht narzisstisch gebundene Forschungsenergie zur Verfügung steht. Dann kann es Spaß machen und in einer guten Weise Energie freisetzen, sich selbst auf die Schliche zu kommen und die Unterstützung durch andere dabei zu nutzen. Hier hat der Begleiter eine ganz wichtige Aufgabe. da die Masken des Selbstmitleids oft sehr subtil sind und der eigenen Aufmerksamkeit allzu leicht entgehen.

Die am schwersten zu durchschauende und auch für den Helfer verführerische Maske ist die der *Tatsachen*. Viele Narzissten haben Schlimmes erlebt und erleben es noch. Ihre Klagen sind also berechtigt und ein entsprechendes Mitgefühl ist durchaus angebracht. Ein Klient erzählt zum Beispiel, dass er in seiner Familie immer ein Außenseiter war, sich fremd und ungeliebt fühlte. Die Mutter hat ihm offensichtlich immer die Geschwister vorgezogen. Diese Fremdheit und das Gefühl, fehl am Platze und ohne emotionale Geborgenheit zu sein, begleitet ihn in seinem ganzen Leben und in allen späteren Beziehungen, in denen er Liebe und Freundschaft sucht. Dabei ist er beruflich sehr erfolgreich und hat sich als einziger seiner Familie aus dem ursprünglichen Arbeitermilieu zum Akademiker emporgearbeitet und ist mittlerweile ein angesehener und gesuchter Arzt. Bemerkenswerterweise sind die Besonderheiten, die ihn für seine Patienten so attraktiv machen, sein Verständnis und seine Zuwendung für sie. Wenn die Praxis jedoch am Abend geschlossen ist, dann sitzt er in seiner teuer und geschmackvoll eingerichteten Wohnung, trinkt Bier und durchkostet sein Elend, fremd und ungeliebt zu sein. Dabei machen ihn der Beruf, sein Erfolg, seine männlich attraktive Erscheinung und die leichte Traurigkeit, die ihn stets umgibt, zu einem durchaus gesuchten Partner. Immer wieder versuchen Co-Narzisstinnen diesen so viel versprechenden Mann für sich zu retten. Die Beziehungen enden jedoch durchweg in Entfremdung und Hoffnungslosigkeit. Die Sitzungen mit der Bierflasche sind offensichtlich attraktiver für ihn als das, was die Partnerinnen zu bieten haben.

Dass dieser Klient unglücklich ist, ist nicht zu bezweifeln Wenn er allein in seinem Zimmer sitzt, geht er all sein Unglück systematisch durch, von der Ablehnung durch die Mutter bis hin zum Elend mit der neuesten Partnerin. Auch der Ekel vor dem Herumhängen im Sessel und der Bierflasche gehört mit zu diesem Elend. Schuld daran sind alle, die ihn nicht geliebt und ihm das verweigert haben, was er braucht. Aber das kann auch wechseln. Dann sieht er alle Schuld bei sich, bei seiner Passivität und Trägheit, die ihn hindert, sich aufzuraffen. Schließlich ist ihm ja alles bewusst.

Natürlich hat er schon lange psychotherapeutische Hilfe aufgesucht und erkannt, woran es liegt. Alles ist klar und umso schlimmer ist es, dass er immer noch nicht imstande ist, etwas in seinem Leben zu ändern. Aber vielleicht würde es helfen, wenn endlich einmal hemmungslos und ungehindert all sein Elend in einer entsprechenden Psychotherapie herausschreien könnte ...

Dieses Elend mitzuerleben ist verführerisch für den Helfer. Es geht dem Klienten wirklich schlecht, der Bericht über die erlittenen Kränkungen ist durchaus glaubwürdig und das aufkommende Mitgefühl ist völlig angebracht. Dabei sind die Verletzungen, um die es in diesem Beispiel geht, noch verhältnismäßig „geringfügig". Viele Menschen haben Schlimmeres erlebt – von Schlägen, Vergewaltigung und sexueller Demütigung bis hin zu völliger physischer und psychischer Verwahrlosung. In all dem steckt die Botschaft: Du bist nichts wert, allenfalls kurzfristig und vorübergehend als Objekt für die Interessen und Triebe eines anderen. All das sind Tatsachen und die Klage darüber ist berechtigt. Der Klient hat ein menschliches Recht darauf, dass das anerkannt wird.

Der Nachteil ist, dass weder die Klage noch das noch so verständliche Mitgefühl aus dem Elend herausführen. Sie sind ein Notbehelf, dessen Preis darin besteht, die erlittene Kränkung immer wieder neu zu durchleben und gegenwärtig zu halten. Wichtig wäre ein Neubeginn und mit ihm die überraschende Erfahrung, dass neue Kräfte sich bemerkbar machen und ein neuer Lebenshorizont mit Aussichten, Interessen und Erfahrungen sich herausbildet. Um den Weg dazu freizumachen, muss der Klient jedoch das Klammern am eigenen Unglück aufgeben und darauf verzichten, sich durch Klagen immer wieder eine zweifelhafte innere Zufuhr zu verschaffen. Da es sich um eine zentrale Überlebensstrategie handelt, sträubt sich alles dagegen und auch für den Helfer ist es in der Regel nicht leicht, sich dem Sog eines verständlichen Mitleids zu entziehen.

Die Antithese besteht in der Verbindung des Mitgefühls mit einem *psychoökonomischen* Denken. Sein Grundsatz ist eine Frage, die gerade Narzissten sehr einleuchtet und ihrer Grundhaltung entspricht. Es ist die Frage: „Nützt mir das, was ich tue?" Und im Anschluss daran: „Will ich es wirklich?"

Es ist ein Unterschied, ob es etwa dem Klienten unseres Beispiels gelingt, durch den Bericht seines Unglücks den Helfer dazu zu bringen, ihn bei einem Klageexzess stundenlangen Weinens und Schreiens zu unterstützen oder ob er die Entscheidung trifft, dass derartige Exzesse tatsächlich nicht das sind, was er will und braucht. Im ersten Fall hätte er einen manipulativen Erfolg erreicht, im zweiten Fall wäre er in Kontakt mit seinem nicht narzisstischen Selbst gekommen, das zwar Schmerz, Zorn und Trauer spüren kann, aber gewiss keine Lust auf Jammerexzesse hat.

22. Jenseits von Narzissmus und Neurose

22.1 Autonomie und Skript

Veränderung und persönliche Entwicklung setzen ein Motiv voraus, das stark genug ist, alle Widerstände zu überwinden, die sich einem solchen Fortschritt entgegenstellen. Das kann ein äußeres Motiv sein – Prestige, Geld, Sex –, das den Anstoß zum Lernen gibt. Aber wir haben gesehen, dass diese Motive dann versagen, wenn die Erfolge in dieser Hinsicht doch nicht den trotz allem vorhandenen seelischen Hunger stillen. Wir haben auch immer wieder darauf hingewiesen, dass Alltagsnarzissten sogar sehr erfolgreich sein können und dennoch in tiefe untergründige oder akute Krisen kommen.

Trotzdem sind paradoxerweise diese narzisstischen Hauptmotive und speziell der Wunsch nach Freiheit und Selbstbestimmung auch die stärksten Motive, um aus diesem letztlich doch unbefriedigenden Zustand herauszukommen. Voraussetzung dafür ist allerdings, dass diese Motive aus dem Bann der Irrtümer und Illusionen befreit werden, die gewissermaßen die Wände des narzisstischen Käfigs ausmachen. Der erste und wichtigste Schritt dazu ist die Einsicht, dass die mit narzisstischen Mitteln erreichbare Freiheit und Selbstbestimmung mit einer unerkannten und deswegen umso tieferen Fremdbestimmung verbunden ist. Es ist die Freiheit eines Kindes, das ungehindert von äußeren Zwängen und Einschränkungen durch andere Menschen tun möchte, was es will. Zu begreifen, dass das in tiefe Zwänge und Abhängigkeiten führt, ist nicht einfach.

Zuerst einmal bedeutet es, dass jedes Mittel recht ist, um das Ziel unbeschränkter persönlicher Freiheit zu erreichen. Moral und Ethik sind in dieser kindlich-primitiven Sicht allenfalls Sache einer Güterabwägung. Den Ausschlag gibt allein die Überlegung, ob sich das Risiko einer verbotenen Handlung lohnt oder nicht doch Unannehmlichkeiten mit ihr verbunden sind, die den Nutzen überwiegen. Nicht die Moral ist entscheidend, sondern die Intelligenz. Je intelligenter jemand ist, um seine Taten zu verbergen oder nach außen hin legal erscheinen zu lassen, umso größer ist auch sein Handlungsspielraum bzw. seine Freiheit.

Das sind die Kernsätze des narzisstischen Realismus, der konsequent zu Ende gedacht in völlige Amoralität führt, aber nur der Ausdruck einer kindlichen Egozentrik ist, die andere Menschen und letztlich die ganze Welt auf sich selbst und den eigenen Nutzen bezieht. Damit kann man sehr erfolgreich sein, wir betonen das immer wieder, es schließt jedoch paradoxerweise die Unfähigkeit ein, wirklich zu wissen, was man will.

Ein Narzisst weiß, was er nicht will, nämlich Einschränkungen, Abhängigkeiten und Verpflichtungen. Er weiß auch, was die Bedingung für diese Art der Freiheit ist, nämlich Macht und Kontrolle über andere, die dieses Ziel gefährden könnten. Da er sich selbst aber nicht wirklich kennt, weiß er auch nicht, was er *wirklich* will und wie groß seine Abhängigkeit von unbewussten Programmierungen ist.

Das zeigt sich schon darin, dass es für den Kundigen ungemein leicht ist, Narzissten zu manipulieren, im alltäglichen Umgang und professionell durch die zuständigen Fachleute für Manipulation und Bewusstseinsbildung. Es ist einfach, ihnen ihre Illusionen über sich selbst zu lassen, diese sogar noch zu stärken, und im Übrigen unbemerkt ihre Wünsche zu formen. Die dabei verwendeten Techniken sind den Verfahren geschickter Hypnotiseure ähnlich. Ein erfolgreicher Verkäufer wird es z. B. vermeiden, seinem Kunden zu widersprechen oder ihn gar durch Kritik zu kränken. Er wird ihm vielmehr zustimmen, unauffällig seine wichtigsten Werte, die Fetische, auf die sich sein Selbstgefühl stützt, bestätigen und ihn so nebenbei in die Richtung lenken, die ihm, dem Verkäufer, nützlich ist.

Wichtig ist in jedem Fall, dass der Kunde während des gesamten Vorgangs der Meinung ist, dass er alles in der Hand hat, alles durchschaut, und nur seine eigenen Entscheidungen trifft. Besonders geschickte Verkäufer verstehen es, dafür sogar die Rebellion des Kunden zu nutzen, indem sie z. B. ein bestimmtes Produkt vorschlagen, das der Kunde gerade nicht wählen soll. Er setzt sich dann gegen den Vorschlag des Verkäufers durch und trifft seine „eigene" Entscheidung, die genau dem entspricht, was der Verkäufer möchte. Vielleicht wird dieser dann noch die „Selbstständigkeit" des Kunden mit einer Mischung von scheinbarem Bedauern und Anerkennung zur Kenntnis nehmen.

Diese *illusionäre Autonomie* ist also die beste Voraussetzung dafür, von anderen gesteuert zu werden. Diese anderen brauchen nur einen nüchternen Blick, um sich nicht vom Glanz der narzisstischen Fassade täuschen zu lassen und ein gewisses kommunikatives Handwerkszeug, um den anderen dahin zu leiten, wo sie ihn haben wollen.

Das gilt nicht nur für Narzissten, auf deren spezielle Situation wir gleich eingehen werden, sondern für alle Menschen. Gesteuert durch Programmierungen und unerkannte Einflüsse sind jedoch nicht nur die alltäglichen Entscheidungen, sondern auch die großen Entscheidungen und Entschlüsse unseres Lebens, die sogenannten Weichenstellungen. Bei denen machen wir uns meist noch weniger klar, dass auch hier Einflüsse wirken, die umso stärker sind, je weniger wir die untergründige Fremdsteuerung begreifen.

Auf diese Illusion der Freiheit bei gleichzeitiger Fremdsteuerung bezieht sich ein zentrales Konzept der Transaktionsanalyse: die *Skripttheorie*.

Der unbemerkte Lebensplan

Bei der Skripttheorie handelt es sich um die von der Erfahrung immer wieder bestätigte Annahme, dass das menschliche Leben durch einen heimlichen Lebensplan bestimmt ist, der in seinen Grundzügen in der frühen Kindheit entwickelt wird und dazu führt, dass das Leben einen voraussehbaren Verlauf nimmt. Wer unter dem Einfluss dieses Lebensplanes steht, hat zwar subjektiv den Eindruck, dass ihm die Ereignisse mehr oder weniger „zufällig" begegnen. Vielleicht fühlt er sich sogar veranlasst, seine Erlebnisse, vor allem die unangenehmen, philosophisch oder religiös zu erklären und spricht dann vom Schicksal oder vom Willen Gottes. Nüchtern betrachtet fällt jedoch auf, dass sich in diesen Erlebnissen eine Art Gleichförmigkeit abzeichnet. Die Erlebnisse wiederholen sich und führen auf ein verborgenes Ziel hin, das der Betreffende zwar ahnt und unbedingt vermeiden will, es aber, ohne es zu merken, selber ansteuert. Selbst seine Bemühungen, sein Leben zu ändern, bringen ihn dann wieder einen Schritt weiter in die Richtung, die er vermeiden will.

Wir gehen in der Transaktionsanalyse davon aus, dass dieser Zustand der Fremdbestimmung durchaus normal ist. Es handelt sich um ein Erbe der Kindheit, das jeder Mensch mit sich trägt. Das Skript enthält die Botschaften, Erwartungen und Zuschreibungen durch wichtige Personen in der frühen Kindheit, mit denen ein Mensch konfrontiert wird, und aus denen er dann eine Art Gerüst für sein Leben zimmert. Das Skript ist eine wesentliche Voraussetzung für den Aufbau einer Identität. Im Spiegel anderer Menschen und in Reaktion auf ihre Erwartungen lernen wir uns selbst kennen und so gesehen handelt es sich um die notwendige Voraussetzung für jede persönliche Entwicklung. Es gibt jedoch *drei Probleme*, die in diesem Zusammenhang entstehen können.

Das Gewinnerskript

Wenn ein Kind Glück hat und in eine Umgebung hineinwächst, in der es geliebt, wahrgenommen und gefördert wird, bildet es ein *Gewinnerskript*. Die Botschaften und Erwartungen, auf die es trifft, sind tragend und hilfreich und enthalten die *Erlaubnis*, sich zu entwickeln, zu fühlen, selbstständig zu denken, Beziehungen einzugehen, Freude am Leben zu haben und erfolgreich zu sein. Menschen mit einem Gewinnerskript haben eine große Mitgift fürs Leben. Das Problem, das in diesem Zusammenhang auftritt, ist das *Problem des reichen Erben.* Er lebt von dem, was er mitbekommen hat, unter Umständen sogar sehr gut, hat jedoch wenig Veranlassung, aus sich selbst heraus etwas Neues hervorzubringen. Außerdem ist das Erbe oft mit Bedingungen verknüpft, die eine wirklich eigene Lebensgestaltung erschweren. Man denke an die Situation des Erben einer Firma, dessen Lebensweg bei allen äußeren Vorteilen dennoch vorgezeichnet ist. Sich frei zu machen und zu einer tieferen Selbstbestimmung zu kommen, die auch die bewusste und selber entschiedene Annahme dieses Erbes einschließen kann, ist – wenn überhaupt – Sache des reiferen Erwachsenenalters.

Aus einem Gewinnerskript heraus zu einer persönlichen Autonomie zu kommen ist jedoch nicht das Problem der meisten Menschen. Die meisten von uns schlagen sich mit Erblasten herum, die daraus entstanden sind, dass wir als Kinder in der Regel eben nicht mit liebenden und realistischen Blicken wahrgenommen wurden. Das kann von einem Widerwillen der Eltern gegenüber bestimmten Lebensäußerungen des Kindes gehen, seinem Fühlen, Denken, seiner Sexualität, bis hin zu völliger Ablehnung und dem offenen oder heimlichen Wunsch, dass es besser nicht auf die Welt gekommen wäre.

Das triviale und das Verliererskript

Ein Gewinnerskript kann zum „goldenen Käfig" werden. Normal sind jedoch Lebensentwürfe, die in der Transaktionsanalyse als *trivial* oder als *Verliererskript* bezeichnet werden. Ein Verliererskript ist ein unbewusster Lebensplan, in dem alle Weichen auf Scheitern und katastrophale Misserfolge gestellt sind. Wie sehr der Mensch sich auch sträuben mag, unbewusst arbeitet er auf ein fatales Ende in Gefängnis, Psychiatrie oder auf dem Friedhof hin. Die Wege dahin sind verschieden, je nach Milieu und Vorbildern. Die Psychiatrie kann durch Drogen und chaotische Beziehungen, das Gefängnis durch sogenannten Leichtsinn und der Friedhof ebenfalls durch Drogen, Suizid oder durch unachtsames Aufsuchen gefährlicher Situationen erreicht werden. Angst am rechten Platze ist manchmal lebensrettend und das Überspielen und Verleugnen von Angst kann zu einem Verliererskript gehören. Wir denken z. B. an Menschen, die ihr tiefes Gefühl von Unsicherheit und Bedrohung durch eine Kampfsportausbildung ausgleichen möchten und sich dann im Vertrauen auf ihr Training in Situationen begeben, die ihnen zum Verhängnis werden. Ein anderes Beispiel für ein Verliererskript ist auch das Söldnerskript: Hoffnung auf Gewinn und gute Entlohnung und dann die Heimkehr mit schwerer Beschädigung oder im Sarg.

Das sind Lebensläufe, die aus der bürgerlichen Normalität herausfallen. Normal sind Biographien, in denen es keine extreme Katastrophen, aber auch keine wirkliche Befriedigung gibt. Ein Beispiel ist der schwer arbeitende Familienvater, der sich auch noch für seine Firma aufopfert. Eigentlich hätte er einen anderen Beruf gewollt, aber das ging damals nicht, er musste schnell Geld verdienen. Die Ehe ist langweilig und seine Frau betrügt ihn mit einem seiner Kollegen, aber er ist durch die viele Arbeit immer so müde, dass er sich nicht zu irgendwelchen Handlungen aufraffen kann. Dann verliert er nach zwanzigjährigem treuen Dienst für seine Firma auch noch die Stelle. Glücklicherweise findet er dann eine andere Anstellung, aber da muss er weit fahren und die Bezahlung ist auch schlechter. Dennoch lässt er sich nicht „unterkriegen" und lebt mit all diesen Schwierigkeiten. Dass er ein selbstbestimmtes Leben führen könnte, eigene Wünsche und Ziele entwickeln und die auch erreichen könnte, liegt ihm fern. Das ist versunken in der grauen Alltäglichkeit seines Lebens. Das ist so selbstverständlich, wohl schon von seiner Kindheit an, dass er darüber gar nicht weiter nachdenkt und froh ist, wenn es nur einigermaßen erträglich ist und er am Abend sein Bier am Fernseher trinken kann.

In der Transaktionsanalyse sprechen wir in diesem Fall von einem *trivialen Skript*. Gemeinsam ist jedoch allen drei Ausprägungen des Skripts, dem Gewinner, dem Verlierer und dem trivialen Skript, dass sie eine Art Lebensgehäuse bilden. Das kann im Fall des Verliererskripts eine Art Folterkeller sein, beim trivialen Skript eine mehr oder minder trostlose Absteige und nur im Fall des Gewinnerskripts ein wohnliches Haus. In jedem Fall gibt ein solches Skript Geborgenheit in Selbstverständlichkeiten, die aus der frühen Kindheit stammen.

Die Skriptquelle

Kinder haben das Bedürfnis, sich in der Welt zu verankern. Dafür brauchen sie die Beziehung zu einer hinreichend mächtigen Bezugsperson, die Schutz, Geborgenheit, Nahrung und überhaupt alles Lebensnotwendige garantiert. Wir nennen diese Person die *Skriptquelle*. Von ihr gehen die wichtigsten Skriptbotschaften aus, die von anderen noch ergänzt werden, aber hier liegt doch der tragende Grund des Lebens. Heute – bedingt durch den rapiden Bedeutungsverlust des Mannes und Vaters in unserer Gesellschaft – ist das meist die Mutter.

Das heißt leider nicht, dass die von dieser Skriptquelle ausgehenden Botschaften immer gut und förderlich sein müssen. Das Gegenteil ist leider die Regel. Worum es sich beim Skript handelt, versteht man erst, wenn man sich klarmacht, dass vom Gewinnerskript abgesehen diese Botschaften meist widersprüchlich oder schlicht destruktiv sind. Und dennoch kann der betreffende Mensch sich dem bleibenden Einfluss seiner Skriptquelle nicht entziehen, weil ihm sonst die Einbindung und

Verwurzelung in der Welt, die ein menschliches Grundbedürfnis ist, verloren gehen würde.

Das erklärt z. B., dass Kinder, die von ihren Eltern in verschiedener Weise missbraucht und misshandelt werden, dennoch weiter an ihnen hängen und sie nach außen hin schützen. Gerade Menschen, die solche Misshandlungen erlitten haben, neigen dazu, im Rückblick die schlimme Vergangenheit zu idealisieren. Die wirklichkeitsgemäße Erinnerung würde Gefühle der Wut und Verzweiflung wecken, denen sie nicht gewachsen sind, denn nach wie vor ist die misshandelnde Person zumindest seelisch die mächtigste Instanz in ihrem Leben, ihr *Lebensanker*. Diese Abhängigkeit schließt jedoch dauernden Gehorsam gegenüber deren Botschaften ein, sodass z. B. der Suizid des erfolgreichen Arztes ein Akt des Gehorsams gegenüber seiner Mutter sein kann, der schon immer klar war, dass er es nicht schaffen wird, zumal er am besten gar nicht erst auf die Welt gekommen wäre. Und dennoch, um es zu wiederholen: Die Abhängigkeit und der Gehorsam gegenüber der Skriptquelle schaffen eine Geborgenheit und ein vertrautes seelisches Milieu, ein Lebensgehäuse, das selbst im schlimmsten Fall nur schwer zu verlassen ist.

Das narzisstische Skript

Was wir hier beschrieben haben, ist der Normalfall. Menschen mit derartigen Skriptproblemen gehören zu den von uns sogenannten *Neurotikern*. Das heißt: Trotz schwerer Belastungen und Einschränkungen wird ein solches Skriptgehäuse doch von einer zwar verletzten und geschwächten, aber doch im Ganzen intakten Person bewohnt. Wir sprechen in der Transaktionsanalyse deswegen auch vom freien Kind, das soweit gestärkt werden kann, dass es sich schließlich doch aus seinem fatalen oder auch nur trivialen Gefängnis befreien kann. Es leidet allerdings an einer drückenden und schädigenden *Bindung*, doch paradoxerweise ist die Fähigkeit zu einer solchen Bindung trotz aller Nachteile, die daraus erwachsen können, auch wieder eine Stärke. Diese Bindung kann von der Person, die die Skriptquelle darstellt, abgelöst und auf andere übertragen werden und bildet so eine Brücke zur Welt und zu anderen Menschen. Das ist das Hoffnungsvolle, selbst bei schweren Skriptschädigungen. Wenn wir außerdem davon ausgehen, dass jeder Mensch zur Orientierung in der Welt einen solchen unbewussten Lebensplan in Reaktion auf die Botschaften seiner wichtigsten Bezugspersonen bildet, so ist dieses Skript auch wieder die Voraussetzung für jede Art von *Individuation*. Seine drückenden und einschränkenden Seiten bilden den Anstoß zu jeder persönlichen Entwicklung, vorausgesetzt ein Mensch bleibt nicht in neurotischen Kompromissen stecken oder scheitert gänzlich an dieser Aufgabe.

Wie aber verhält es sich nun beim Narzissmus? Wie wir gesehen haben, entsteht eine narzisstische Struktur, indem ein Teil der Persönlichkeit nicht die Beziehung zu einer bedeutsamen Person eingeht, frei und „wild" bleibt oder wieder aus dieser Beziehung herausgenommen wird. Dieser Teil der Persönlichkeit bildet das narzisstische freie Kind und man könnte meinen, dass es in diesem Sinne skriptfrei ist. Es unterliegt zwar weder förderlichen, aber auch keinen destruktiven elterlichen Botschaften und braucht den *Gehorsam* nicht aufzubringen, der im Guten wie im Bösen ein wichtiger Motor der normalen Skriptentwicklung ist. Dennoch ist das kein guter Zustand.

Das Grundgefühl des Narzissmus ist das eines verlassenen Kindes, das zwischen Angst, Wut und Hass auf der einen Seite und rauschhaften Aufschwüngen andererseits schwankt, mit denen es versucht, sich über sein inneres Elend zu erheben: „Ich bin nicht o.k. – ihr seid es auch nicht!" – Und dann wieder: „Ich bin großartig, verachte euch und brauche niemand."

Das heißt natürlich nicht, dass der betreffende Mensch sich aktuell immer in diesen Zuständen befindet. Sie wirken untergründig und bestimmen sein Leben. Das Skript, das unter diesen Umständen entwickelt wird, hat vor allem die Aufgabe, den Absturz in die fatale Position existenzieller Verzweiflung zu vermeiden. Ein auswegloses Gefängnis ist es deswegen, weil der Umweg über die triumphalen Aufschwünge doch immer wieder in dieses Grundgefühl hineinführt. Vom neurotischen Skript unterscheidet es sich in wichtigen Punkten.

Im neurotischen Skript wiederholen sich frühkindliche Dramen mit konkreten Bezugspersonen. Es ist die lieblose und überstrenge Mutter, von der z. B. ein Mann nicht loskommt, und die ihm immer wieder in seinen Frauenbeziehungen begegnet. Die unbewusste Hoffnung, die ihn treibt, ist, endlich einmal eine Frau zu finden, die so wie dieses Urbild ist, aber doch auch ganz anders – frei von den harten und sadistischen Zügen, die ihm von der Mutter her bekannt sind.

In der Transaktionsanalyse sprechen wir in Hinsicht auf eine solche unrealistische Erwartung von der *Skriptillusion*. Es ist zwar nicht ausgeschlossen, dass er einmal Erfolg hat, aber doch sehr unwahrscheinlich, zumal er sich seine Freundinnen gerade danach aussucht, dass sie bereit und in der Lage sind, auf seine unbewussten schlimmen Erwartungen einzugehen. Vielleicht würden sie diese Seite ihrer Persönlichkeit bei einem anderen Partner gar nicht so aktivieren und merken nicht, dass sie hier in ein altes Kindheitsdrama eingebaut werden.

Dennoch stellt eine solche Partnerschaft ein Ringen um Beziehung dar. Der Mann, den wir hier als Beispiel verwenden, bemüht sich um diese konkrete Partnerin, leider mit ungeeigneten Mitteln, indem er sie zu ändern, zu retten, zu therapieren versucht oder sie still erleidet, wie seinerzeit ihr Vorbild in der Kindheit. Er ist in der Lage und willens, eine Beziehung herzustellen, nur geht es leider immer wieder schief, was er so nicht begreifen kann.

Beim narzisstischen Skript fehlt ein solches personales Gegenüber oder es ist in seiner Bedeutung stark abgeschwächt. Der Betreffende befindet sich psychisch in einem Zustand, in dem nach Eric Berne das Skript noch nicht personal ausgearbeitet ist, sondern nur in Grundzügen vorhanden ist. Berne spricht in diesem Zusammenhang von einer Art Urskript oder „Skriptprotokoll", das dann später wie ein antikes *Palimpsest* mit dem eigentlichen Skript überschrieben wird.

Dieses Skriptprotokoll trägt archaische Züge. Statt der unbewussten Erinnerung an konkrete Personen, zu denen eine wenn auch problematische Beziehung bestand, birgt es phantastische Bilder, die zum großen Teil von den eigenen Gefühlen des kleinen Kindes geprägt und verzerrt sind. Es ist nicht eine konkrete Frau und Mutter, die im Skript nachwirkt, sondern *die* Frau und Mutter, auf die sich Hass und Wut und andererseits überschwängliche Erwartungen von Nahrung, Geborgenheit und Liebe richten.

Es ist wieder die Sehnsucht nach dem verlorenen Paradies und einer verlorenen Größe, von der wir schon im Zusammenhang mit dem narzisstischen Universum gesprochen haben. Sie macht den Suchtcharakter der narzisstischen Persönlichkeit aus und führt immer wieder in die ausweglosen Verstrickungen des narzisstischen Skripts. Zu diesem Skript gehören sich wiederholende Aufschwünge, wenn sich wieder einmal eine Situation oder Mensch findet, der der Illusion Nahrung gibt, dass diese Sehnsucht nun endlich Erfüllung finden wird. Und es gehört dazu der Absturz in die immer im Untergrund lauernde narzisstische Verzweiflung, wenn auch diesmal wieder die Illusion unhaltbar wird. Dann treten destruktive Gefühle von Hass, Neid und Zerstörungslust in den Vordergrund, die ebenfalls schon immer da waren, aber in der Aufschwungphase oder in Zeiten relativer Stabilität weniger bemerkbar waren.

Der wesentliche Unterschied zum Skript des Neurotikers besteht darin, dass es bei all dem im Grunde nicht um die Personen geht, an die sich diese Gefühle heften, sondern um *Zustände*. Die Menschen, mit deren Hilfe das narzisstische Drama inszeniert wird, bilden nur Anlass und Mittel zum Zweck, ohne wirklich als Person wahrgenommen zu werden. Das Spiel schafft Dramatik und Stimulation, im Aufschwung wie im Zusammenbruch, der all die zerstörerischen Gefühle von Hass und Destruktivität freisetzt, und kann außerdem im Selbstmitleid genossen werden. Und dennoch: Der Betreffende bleibt immer mit sich allein und kommt zu keiner wirklichen neuen Erfahrung. Wenn die Kräfte nachlassen und die Fetische, die bisher Kraft gegeben haben, ihre Wirkung verlieren, um immer wieder den bekannten Durchgang zu inszenieren, ist das Ende bzw. das absehbare Skriptziel da, die *narzisstische Krise.*

22.2 Spiritualität und der Ausweg aus dem narzisstischen Skript

Es ist hier wie an anderen Stellen dieses Buches deutlich geworden, dass die Chance, aus diesem Zustand des Narzissmus herauszukommen, äußerst gering ist. Das ist nicht nur eine Erfahrungstatsache, sondern wird immer wieder klar, wenn man sich die Logik der narzisstischen Selbstverstrickung bewusst macht.

Für jede menschliche Entwicklung von der frühen Kindheit bis zum Alter – wenn sie dann überhaupt noch stattfindet – ist eine bedeutsame Beziehung zu einem anderen Menschen wichtig. Um über einen gegebenen Persönlichkeitszustand hinauszukommen, ist es nötig, zumindest zeitweilig *exzentrisch* zu werden, sich in Faszination, Liebe und Bewunderung auf diesen anderen zu beziehen. In ihm oder ihr ahnen wir etwas, was für uns wichtig ist und möchten deswegen einen Zugang zu diesem anderen Menschen gewinnen. Das kann in der Bewunderung und Liebe zu einem Lehrer stattfinden und ganz alltäglich in jeder Art von Verliebtheit.

Die eigentliche *Entwicklungsarbeit* findet jedoch erst nach diesem ersten notwendigen Impuls statt. Hier unterscheiden wir uns sehr hinsichtlich der Fähigkeit und Bereitschaft, uns auf diese Arbeit einzulassen. Je geringer die Bereitschaft und die Fähigkeit, umso größer ist die Tendenz, die Person, die den wichtigen Wert für uns verkörpert, äußerlich unter Kontrolle zu halten, sie „leibhaft" besitzen und kontrollieren zu wollen. Wenn jedoch Bereitschaft und Fähigkeit vorhanden sind, sich dem Schmerz der Ablösung und dem Verzicht auf Illusionen zu stellen, besteht auch die Chance, die eigene Persönlichkeit zu erweitern, indem wir diesen Wert in uns selbst entdecken und verwirklichen. Damit ist der andere, der den Anstoß gegeben hat, nicht etwa überflüssig. Die Beziehung kann sich verändern, von gegenseitiger Achtung, bleibender Verbundenheit und von einem tiefen Gefühl der Dankbarkeit gegenüber demjenigen getragen werden, der diesen Anstoß zur Entwicklung bekommen hat.

Diese Entwicklungschance besteht bei einem Menschen mit einer narzisstischen Persönlichkeitsstruktur zuerst einmal nicht. Es ist zwar keineswegs so, dass Impulse durch Menschen und günstige Lebensumstände fehlen, aber, wie wir gesehen haben, besteht sein Elend darin, dass er sich durch Abwertungen und grandiose Erwartungen alle Möglichkeiten selbst zerstört. Hinweise, wie das langsam und Schritt für Schritt aber dennoch verändert werden könnte, haben wir zwar gegeben. Das Problem besteht jedoch darin, dass dafür Zielstrebigkeit und Willenskraft nötig sind, um sich von den Fetischen als Kraftquelle zu lösen, und auch die Kraft, auf all die Vorteile des Narzissmus zu verzichten, die eben nicht vorhanden ist.

All das ist verständlich und logisch, und dennoch gelingt es immer wieder Menschen, sich dieser Logik zu entziehen und sich auf den Weg aus diesem Gefängnis zu machen. Um das zu begreifen und gegebenenfalls als Betroffener sowie als Partner oder Helfer aus dieser Einsicht Kraft zu gewinnen, ist es nötig, sich die Grundtatsache klarzumachen, die wir immer wieder betont haben: dass die Mauern des narzisstischen Gefängnisses durch eine *einseitig realistische Rationalität* geschaffen werden.

Ja, es ist vernünftig, zuerst einmal auf den eigenen Nutzen zu sehen. Andere Menschen sind ebenfalls eigennützig und meistens gerade dann, wenn sie das Gegenteil behaupten. Fetische wie Schönheit, Geld oder Prestige bringen tatsächlich Vorteile und Genuss. Wer anderes behauptet, heuchelt, und schließlich: Was hat ein Helfer, Pfarrer oder Psychotherapeut schon zu bieten, wenn man seine mehr oder weniger eingeschränkte Lebenswirklichkeit kennt? Eine junge Frau, die längere Zeit als Prostituierte gearbeitet hatte, wegen Drogen auffällig geworden war und die gerichtliche Auflage bekommen hatte, die Teilnahme an einer Psychotherapie nachzuweisen, berichtete stolz von Pelzen und Sportwagen, die sie ihrem Freund durch ihre Tätigkeit finanzieren konnte. Sollte sie etwa Verkäuferin werden mit einem Hungerlohn?

Einer solchen Argumentation lässt sich kaum etwas entgegensetzen, zumal Moral und erhobener Zeigefinger schon dadurch endgültig in Misskredit geraten sind, dass die Prostitution auch vom Staat als normaler Gelderwerb besteuert und gefördert wird.

Und dennoch gibt es auch in einem solchen Fall „irrationale" Regungen, das Gefühl der beim Verkauf des eigenen Körpers verletzten Menschenwürde, Ekel und Hass gegenüber den Freiern, Gefühle, die in keiner Beziehung stehen mit den materiellen Vorteilen, die aus dem Geschäft zu gewinnen sind.

Das sind meist nur schwache Regungen, die meist gleich wieder unterdrückt und fortgewischt werden, weil die greifbaren Vorteile aus einem narzisstischen Lebensstil allzu groß sind und deutlich vor Augen stehen. Außerdem machen es „alle" so. Das ist realistisch und die praktische Konsequenz durchaus naheliegend. Und dennoch sind diese schwachen Impulse die Kräfte, die schließlich das Leben des Betreffenden zerstören, wenn sie nicht ernst genommen werden. Im Falle dieser jungen Frau waren sie der Grund für ihren selbstzerstörerischen Drogenkonsum, der schließlich zu ihrem Tode führte.

Gleichzeitig liegt aber auch die Kraft zu einer Veränderung oder gar zu einer inneren Wandlung in diesen schwachen und so leicht überhörten und weggeschobenen Regungen. Der Versuch, aus Narzissten wieder Neurotiker zu machen und sie zu einer Moral zurückzuführen, die sie längst hinter sich gelassen haben, ist sinnlos. Allzu deutlich ist, dass eine egozentrisch-narzisstische Orientierung am persönlichen Nutzen, gedeckt durch intelligente Heuchelei, *das* gesellschaftliche und politische Erfolgsrezept ist. Erfolgreiche Narzissten sind Menschen, die das begriffen haben und es in ihrem Leben verwirklichen. Dass trotzdem in der Logik der narzisstischen

Selbstverwirklichung ein schwerer Fehler liegt, zeigt sich in ihrem untergründigen, zwar mehr oder weniger gut kontrollierten, aber immer wieder hervorbrechenden Elend. Der tiefere Grund dieses Elends, die verletzte Würde des Menschen, verletzt nicht nur von anderen Menschen, sondern durch den Betreffenden selbst, der bei all seinen fragwürdigen Erfolgen immer wieder über die leisen Regungen seines Inneren hinweggeht, lässt sich jedoch nicht ohne Bezug auf eine spirituelle Wirklichkeit begreifen. Wer mit Narzissten umgeht, als Partner oder Entwicklungsbegleiter, braucht die spirituellen Kräfte des *Glaubens,* der *Hoffnung* und der *Liebe* umso nötiger, je erfolgreicher der andere mit seiner Lebensgestaltung und seinen Strategien ist, die Dinge *im Griff* zu behalten.

Wodurch diese antithetischen Kräfte gestärkt werden können, wollen wir hier dahingestellt sein lassen. In keinem Fall meinen wir, dass sie einfach durch die Zugehörigkeit zu einer kirchlichen oder weltanschaulichen Organisation zu gewinnen sind. Gerade hier kann man ja nicht wenige Narzissten erfolgreich und in hohen Positionen am Werke sehen. Voraussetzung ist jedoch in jedem Fall die Arbeit am eigenen Narzissmus. Auf Möglichkeiten, wie dabei Schritt für Schritt und im Detail verfahren werden kann, haben wir hingewiesen. Um die Gefahr für Leser und selbst Betroffene zu vermeiden, dass die Einsicht in die Logik des Narzissmus zugleich in seine Hoffnungslosigkeit hineinführt, haben wir hier noch einmal deutlich gemacht, wo die Kräfte liegen, die über ihn hinausführen. Sie liegen im eigenen Inneren, sofern man bereit ist, sie ernst zu nehmen und als Helfer zu gebrauchen. Ansonsten werden sie sich als Kräfte der Zerstörung herausstellen.

Literatur

Anton, Karl-Heinz (1995): *Mit List und Tücke Argumentieren. Technik der boshaften Rhetorik.* Wiesbaden, Gabler.
Badinter, Elisabeth (1987): *Ich bin Du. Die neue Beziehung zwischen Mann und Frau oder: Die androgyne Revolution.* München, Piper.
Brüder Grimm (1997): *Kinder- und Hausmärchen.* Stuttgart, Reclam.
Hirigoyen, Marie-France (1999): *Die Masken der Niedertracht. Seelische Gewalt im Alltag und wie man sich dagegen wehren kann.* München, Beck.
Kernberg, Otto F. et al. (1996): *Narzisstische Persönlichkeitsstörungen. Übersetzung und Bearbeitung: Bernhard Strauß.* Stuttgart, Schattauer.
Kouwenhoven, Maarten; Kiltz, Rolf-Reiner; Elbing, Ulrich (2002): *Schwere Persönlichkeitsstörungen. Transaktionsanalytische Behandlung nach dem Cathexis-Ansatz.* Wien und New York, Springer.
Stewart, Ian; Joines, Vann (1990): *Die Transaktionsanalyse. Eine Einführung in die TA.* Freiburg, Herder.
Schlegel, Leonhard et. Al (1993): *Handwörterbuch der Transaktionsanalyse.* 2. Aufl., Freiburg, Herder.
Wandel, Fritz (1985): Buchbesprechung zu: Jorgensen, E.W. & Jorgensen, H.I, Eric Berne – Master Gamesman. *Zeitschrift für Transaktionsanalyse* 3, 2, S. 109–110.
Wandel, Fritz (1989): Eric Berne und das Dämonische in Erziehung und Psychotherapie. *Zeitschrift für Transaktionsanalyse* 1, 6, S. 4–15.
Watkins-Jorgensen, Elizabeth; Jorgensen, Henry Irvin (1984): *Eric Berne – Master Gamesman.* New York, Grove Press.

Transaktionsanalyse in Theorie & Praxis

368 Seiten, kart. • € (D) 36,– • ISBN 978-3-87387-654-5
REIHE • FACHBUCH • Transaktionsanalyse

HEINRICH HAGEHÜLSMANN (HRSG.)

»Beratung zu professionellem Wachstum«

Die Kunst ihres professionellen Handelns mit anderen zu teilen, ist das Anliegen von namhaften Autorinnen und Autoren dieses Handbuchs, dessen erster Band auf die Vielfalt der Anwendung der Transaktionsanalyse in Sozialarbeit, Schule, Konfliktmanagement, Team- und Organisationsentwicklung fokussiert.

Neben der Fülle der Themen und Anwendungsfelder besticht die Praxisorientierung, die das Werk als Anregung und als Vergewisserung für das eigene Handeln sowohl für Anfänger als auch für Fortgeschrittene nützlich macht.

Dr. Heinrich Hagehülsmann, Dipl.-Psych., Mitbegründer des Instituts für Transaktionsanalyse in Therapie, Beratung, Weiterbildung und Supervision.

Weitere erfolgreiche Titel:

»Mensch im Spannungsfeld ...«
ISBN 978-3-87387-038-3

»Beratung zur Lebensbewältigung«
ISBN 978-3-87387-767-2

»Lebenspläne ...«
ISBN 978-3-87387-192-2

www.junfermann.de

Persönlichkeiten besser verstehen

264 Seiten, kart. • € (D) 28,– • ISBN 978-3-87387-657-6
REIHE | FACHBUCH | Angewandte Transaktionsanalyse

VANN S. JOINES & IAN STEWART

»Persönlichkeitsstile«

Die Persönlichkeitsstile geben Hinweise auf den Kommunikationsstil, das Kontaktverhalten sowie Lebensmuster und -themen einer Person.
Aus den Untersuchungen von Ware und Kahler sowie aus Beobachtungen und jahrelanger klinischer Erfahrung der Autoren kristallisieren sich sechs konkrete Persönlichkeitstypen heraus, die in diesem Buch ausführlich beschrieben werden. Neben entwicklungspsychologischen Aspekten wird ein besonderes Augenmerk darauf gelegt, wie bestimmte Verhaltensmuster – mithilfe des sogenannten Antreiberverhaltens – erfasst und diagnostiziert werden können.

Dr. Vann S. Joines, klinischer Psychologe, lehrender und supervidierender Transaktionsanalytiker (ITAA).

Dr. Ian Stewart, Psychotherapeut, lehrender und supervidierender Transaktionsanalytiker (EATA, ITAA).

Weitere erfolgreiche Titel:
»Therapeutische Arbeit mit Persönlichkeitsstilen«
ISBN 978-3-87387-709-2
»Beratung zu professionellem Wachstum«
ISBN 978-3-87387-654-5
»Moderieren in Gruppen & Teams«
ISBN 978-3-87387-690-3

www.junfermann.de

Grundlagen der Schematherapie

528 Seiten, kartoniert • € (D) 44,– • ISBN 978-3-87387-578-4
REIHE FACHBUCH • Schematherapie

JEFFREY E. YOUNG et al.
»Schematherapie«
Ein praxisorientiertes Handbuch

Die Schematherapie wurde von Jeffrey E. Young im Hinblick auf schwer behandelbare Persönlichkeitsstörungen und andere komplexe Probleme entwickelt. Sie verbindet bewährte Methoden der kognitiven Verhaltenstherapie mit Elementen anderer Therapieverfahren. Das vorliegende Buch enthält die erste umfassende Anleitung für Kliniker, die diesen mittlerweile populären Ansatz erlernen und anwenden wollen. Ein gründlicher theoretischer Überblick wird durch schrittweise Anleitungen zur Beurteilung und Behandlung ergänzt.

Jeffrey E. Young, Ph.D., ist Gründer und Leiter des Cognitive Therapy Center in New York und Connecticut und des Schema Therapy Institute in New York City.

»Dieses Buch beschreibt auf sehr kenntnisreiche Weise, wie Standardverfahren der kognitiven Therapie sich so erweitern und modifizieren lassen, dass es möglich wird, mit ihrer Hilfe Persönlichkeitsstörungen zu behandeln. Es ist allen Therapeuten sehr zu empfehlen, die Patienten mit diesen sehr schwierigen Problemen behandeln wollen.«
– Aaron T. Beck

Weitere erfolgreiche Titel zum Thema:

»Sein Leben neu erfinden«
ISBN 978-3-87387-619-4
»Somatoforme Dissoziation«
ISBN 978-3-87387-623-1
»Einführung in die DIS«
ISBN 978-3-87387-497-8

www.junfermann.de